PETER WAGNER

ESST MEHR VLEISCH!

Kreativ vegetarisch und vegan mit Fleisch-alternativen

PETER WAGNER

ESST MEHR

Kreativ vegetarisch
und vegan mit Fleisch-
alternativen

VLEISCH!

BROTZEIT & FAST FOOD

BURGER & HACK

AUS ALLER WELT

Asia-Gerichte &
internationale Küche

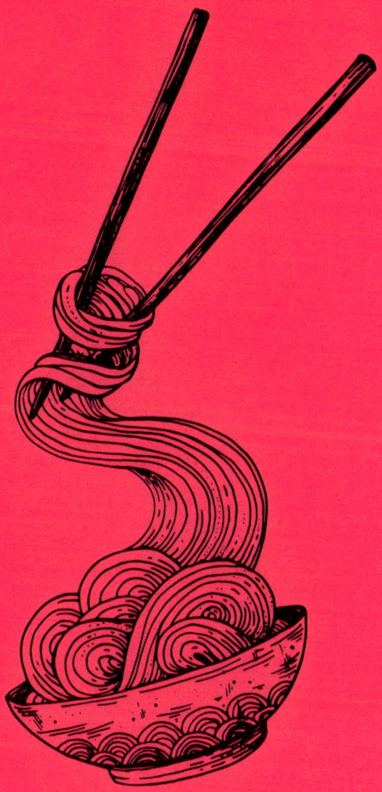

HAUS-MANNS-KOST

Schnitzel, Braten & Visch

VORWORT

„Esst weniger Fleisch!" Wie oft kam mir dieser Aufruf in den Sinn, wenn ich mal wieder genüsslich auf den saftigen Fasern eines medium gegrillten Black Angus Dry Aged Prime Ribeye herumkaute. Tausendmal gehört. Tausendmal nicht berührt. Und nun, nach gefühlten zwanzigtausend Steaks: „Esst mehr Vleisch!" – mit V, wie vegetarisch oder vegan? Echt jetzt? Ausgerechnet ein Buch über diese Fleischimitate, mit denen sich teilzeitvegetarische Flexitarier mehr schlecht als recht von den einstmals geliebten Schnitzeln, Steaks, Bratwürsten, Frikadellen und Burgern zu entwöhnen versuchen? Ganz genau – die perfekte Umsteigerdroge für alle, die weniger Fleisch essen wollen, aber auf das Herzhafte, Mundfüllende und irgendwie „Fleischige" in ihrem Essen (noch) nicht verzichten können oder wollen.

DIE WANDLUNG

Und das kam so: Meine Freunde fragten mich immer öfter, warum sich einer wie ich nicht längst komplett vegetarisch ernährt. Einer, der ja so gut wie alles weiß, was man eigentlich aus seinem Kopf ausblenden müsste, um weiterhin ohne Gewissensbisse Rouladen, Cordon bleu, Hamburger, Ente süßsauer, Kebab oder Hotdogs essen zu können. Fragen, die ich irgendwann nicht mehr erfolgreich verdrängen konnte. Die erste Überlegung am Beginn meines langen Weges vom Carnivoren zum mehr und mehr pflanzlich essenden Flexitarier: Welches Fleischsegment könnte ich am ehesten durch möglichst authentische Ersatzprodukte substituieren? Der „Pferdefleischskandal" 2013 öffnete mir die Augen: Wenn die Leute schon nicht merken, ob gehacktes Rind, Schwein, Huhn oder Pferd in ihrer Tiefkühl-Lasagne verarbeitet ist, könnte man typische Gerichte mit komplett verkochtem Hack wie Pasta bolognese, Chili con Carne, Käse-Lauch-Suppe, Shepherd's Pie, Paprikapfanne oder eben Lasagne auch gleich mit einem pflanzlichen Hackprodukt kochen. Zum Glück konnten die Hersteller dem dafür oft verwendeten Sojaproteingranulat den früher unübertünchbaren Katzenstreu-Geruch austreiben. Inzwischen gibt es in meiner Küche nicht nur diese Hackgerichte nicht mehr mit „echtem" Fleisch, auch Speisen mit geformtem Faschierten, wie der Österreicher sagt (Köttbullar, Frikadellen, Bifteki, Köfte etc.) auf Pflanzen-Basis, wurden immer authentischer, sodass mehr und mehr zum Essen eingeladene Freunde den Unterschied nicht mehr bemerkt haben.

GUT DING WILL WEILE HABEN

Alles in allem brauchten die Rezepte in diesem Buch drei Jahre, um nicht nur den Freundeskreis, sondern vor allem die kritischen Gaumen meiner Frau und mir restlos zu überzeugen. Meine Recherchen und Erfahrungen in der Versuchsküche zeigten: Immer wenn bei einer Speise viele Gewürze, Kräuter, kräftige Saucen und Aromaten im Spiel sind, wird die Konsistenz des Ersatzproduktes wichtiger als dessen Eigengeschmack. Und deren Textur ist bei immer mehr Fleischalternativen im Handel tatsächlich hervorragend und sorgt für ein authentisches Mundgefühl. Nicht zuletzt deshalb waren es ja die unzähligen Foodtrucks, die den Fast-Food-Freunden die ersten wirklich überzeugenden Veggie-Hamburger nahebrachten – auch hier müssen vor allem Konsistenz, Farbe und das Kaugefühl des Pattys stimmen. Den Rest erledigen die Röstaromen beim Braten oder Grillen und natürlich die aromastarken anderen Burger-Komponenten wie Zwiebeln, Tomaten, Gewürzgurken sowie Ketchup und Mayo. Ähnlich „fremdbestimmt" ist ja auch das Aroma von Fleisch-Fast-Food-Schnitzeln und -Nuggets.
Im Convenience-Bereich sind deren Kerne ja meist aus geschmacksschwachem Geflügelformfleisch hergestellt und das, was man beim Essen schmeckt, sind eher die nachträgliche Würzung und die Panierung.

DIE AUSWAHL

Erfahrungen, die von den umfangreichen Vergleichstests, die wir für dieses Buch machten, bestätigt wurden. Von den mehr als 150 Fleischersatzprodukten der verschiedensten Hersteller, die uns entweder zum Testen zur Verfügung gestellt wurden oder die wir direkt im Supermarkt oder Reformhaus gekauft haben, fanden Dutzende ihren Weg in unsere Rezepte – ebenso viele aber auch nicht.

Insgesamt können wir sagen: Die meisten Fleischalternativen sind viel besser als ihr Ruf. So stellte sich heraus, dass in den Bereichen Grundprodukte (z. B. Tofu, Tempeh, Granulate oder Medaillons aus texturierten Proteinen etc.), Hack (halbtrocken oder in nachgeahmter Fleischwolf-Optik), Schnitzel und Nuggets sowie Burger und Frikadellen aktuell eine gute Auswahl brauchbarer Ersatzprodukte angeboten wird. Bei Aufschnitt und Streich-„Wurst" gab es bereits mehr Schatten als Licht, erst recht bei Brat- und Brühwürstchen, bei denen weit mehr als die Hälfte der probierten Produkte noch weit davon entfernt ist, für Omnivoren eine ernsthafte Fleischalternative darzustellen. Auch, weil trotzdem ellenlange Listen mit Zutaten und Zusatzstoffen auf den Packungen stehen. Fazit: Das kann es noch nicht gewesen sein.

SELBST GEMACHT UND VEREDELT

Aus diesem Grunde intensivierten wir unsere Versuche, Industrie-Ersatzprodukte mit Marinaden und Aromen so weit zu verbessern, um sie frech für diverse Rezepte einzusetzen, für die sie eigentlich nicht gedacht sind. Parallel arbeiteten wir daran, mit Zutaten auf pflanzlicher Basis sowie mit veganen Trocken- und Grundprodukten eigene Fleischalternativen zu kreieren, die sich vielen der im Test durchgefallenen Convenience-Produkte zum Teil als weit überlegen zeigen sollten. In diesem Zuge entstanden drei Seitan-Varianten, die man sich aus Glutenpulver und feuchten Aroma-Zutaten ganz einfach selber kneten kann, zwei DIY-Specksorten auf Sojabasis und vor allem unzählige Rezepturen, die vegane Trocken- und Halbfertigprodukte zu unerwartet herzhaften, vollmundigen und größtenteils Lebensmittelchemie-freien Fleischalternativen machen, bei denen sich sogar eingefleischte Carnivoren die Lippen lecken.

DAS ERGEBNIS

Am Ende all dieser „Forschungsarbeit" stand ein kleines Wunder, denn mit diesem Buch kann man endlich die Fleischgerichte vegan oder vegetarisch zubereiten, die wir alle lieben: von Currywurst, Döner, Rouladen, Pizza, Frühlingsrollen, Chili con Carne über Hotdog, Köttbullar, Hamburger, Fleischsalat, Cordon bleu, Schlemmerfilet Bordelaise, Leberwurstbrot, Schaschlik, Gyrosteller, Fajitas bis hin zu Calamares, Quiche, Flammkuchen oder Club Sandwich. Unglaublich? Ja – unglaublich lecker!

BESTE REZEPTUREN

Das alles sind naturgemäß keine 15-Minuten-Happy-Rezepte, aber Gerichte für jeden, der ein bisschen kochen kann, so beschrieben, dass sie auch sicher klappen. Besonders einfach wird diese Fleischvermeidung durch cleveres Prepping: Fast alle unserer Alternativen lassen sich bequem auf Vorrat kochen und im Kühlschrank oder Tiefkühlfach für den Blitz-Einsatz bereithalten – so easy wie Fischstäbchen oder TK-Fleischpattys. Dabei bilden die Grundrezepte so etwas wie das goldene Herz dieses Buches. Sie sorgen für den Upgrade von einfachem, aromaschwachem Veggie-Food hin zu wahren Zungenschnalzern für Feinschmecker auf der Suche nach einem Leben mit immer weniger Fleisch.

In diesem Sinne – esst mehr Vleisch!

DIE VERZEHR-WENDE

FÜR EINE BESSERE ZUKUNFT MIT WENIGER FLEISCH

Die häufigste Frage, die man von eingefleischten Carnivoren zu hören bekommt, wenn es um Fleischalternativen geht, ist diese: „Wenn du kein Fleisch mehr essen willst – warum kaufst du dann dieses Zeug, das so aussehen und schmecken will wie Fleisch?“ Nun, ganz einfach: warum nicht? Wenn's schmeckt. Zum Glück hat jeder das Recht, völlig frei darüber zu bestimmen, was er zu sich nimmt und was nicht. Im besten Fall aber is(s)t man mit sich im Reinen und erfreut sich des Genießerlebens – sei es als allesessender Omnivore oder als einer der laut Allensbacher Markt- und Werbeträger-Analyse aktuell etwa 6,5 Millionen Vegetarier. Was vor vielen Jahren einmal tatsächlich eine Schwarz-Weiß-Welt war, hat längst weit mehr als fünfzig Grautöne in der Mitte dieser beiden Extreme entwickelt. Je nach Umfrage bezeichnen sich 20 bis 40 Millionen Deutsche als Flexitarier. Die meisten von ihnen sind – abhängig vom Blickwinkel – Teilzeitvegetarier, die ab und zu dann doch einmal „schwach“ werden, oder eben Carnivoren, die aus Gesundheits- oder Gewissensgründen weniger Fleisch, Wurst und Fisch essen wollen. Der Effekt aber ist jeweils gleich: Es kommt immer seltener Tierisches auf den Teller. Einer Umfrage der Dualen Hochschule Baden-Württemberg Heilbronn im Auftrag der Zeitschrift „Lebensmittel Praxis“ zufolge sehen sich mittlerweile rund 41 Prozent der Bundesbürger als Flexitarier. Weitere Erkenntnis: Nur 24 Prozent der befragten Omnivoren können sich nicht vorstellen, Alternativprodukte zu probieren. Attraktiver würde die Umstellung auf Fleischersatz durch einen authentischen Geschmack, größere Auswahl und einen niedrigeren Preis.

DER MITTELPUNKT

Doch warum braucht es überhaupt fleischähnliche Ersatzprodukte zur flexitarischen Ernährungsweise? Der Grund ist einfach: Weil nach klassischem europäischen und nordamerikanischen Speisen-Verständnis einem Teller etwas – wenn nicht sogar der Mittelpunkt – fehlt, wenn man das Steak, das Schnitzel oder die Bratwurst dort herausnimmt. Bei gemischten Gerichten wie Suppen, Salaten, Pasta, Risotto oder Bowls besteht dieses Problem eher nicht, weil zumeist keine der Komponenten auf dem Teller eine echte Hauptrolle einnimmt. Aus diesem Grund ist es auch viel einfacher, asiatische, arabische oder indische Menüs mit vielen kleinen Schüsselchen, Tapas oder Mezze vegetarisch zu konzipieren, weil zwischen den Bestandteilen keine hierarchischen Unterschiede bestehen.

DAS SUBSTITUT

Ganz anders ist das bei typischem Essen mit Fleisch oder Fisch als Mittelpunkt, um den herum sich zum Beispiel Saucen, Gemüse oder Sättigungsbeilagen gruppieren. Die aber spielen die zweite Geige und das komplette Konstruktionsprinzip bricht auseinander, wenn man den Protagonisten ohne Ersatz eines zumindest scheinbar gleichwertigen Alternativproduktes vom Teller entfernt. Dahinter steckt ja auch meist keine allzu große Kochkunst, sondern oft genug einfach das schnelle Schnitzel, ein Minutensteak, die Bratwurst oder der Burger aus der Pfanne – zusammen mit Ofenpommes oder Kartoffelsalat aus der Packung ein schnelles, sättigendes und für viele Menschen auch kulinarisch völlig aus-

reichendes Mittag- oder Abendessen. Die hierbei verwendeten Fleischprodukte kommen von Convenience-Herstellern (oder der Supermarkt-Fleischtheke) und werden oft mit hocharomatischen Saucen (Ketchup, BBQ), Dips oder Senf verzehrt. In diesem Kontext ist es tatsächlich ganz einfach, solche „bearbeiteten" Fleischprodukte aus Pflanzen, Fetten und diversen Helferstoffen nachzuahmen. Denn auch diese sind nichts anderes als Konstrukte einer hoch entwickelten Lebensmittelindustrie – und damit Galaxien entfernt von dem seit über tausend Jahren bewährten sojabasierten Eiweiß-Ersatz Tofu für die typischerweise vegetarische oder vegane Ernährung der buddhistischen Mönche und Gläubigen. Oder den Anfängen der nordeuropäischen Vegetarismus-Bewegung des 19. Jahrhunderts. Erst vor wenigen Jahren entstand ein riesiger Markt für diese Ersatzprodukte. Ein Marktsegment mit immenser Polarisierungskraft: überflüssige, ungesunde Imitate für die einen, wohlschmeckende und ethisch einwandfreie Alternativen für die anderen.

Woran mag das liegen, dass sich die Gemüter an so etwas – gemessen an den großen Problemfeldern der Gegenwart – Nebensächlichem erhitzen? Soziologen sind sich sicher, dort, wo das Fleisch war, war immer auch die Macht – der Zugriff auf Ländereien und Weidegründe, das Recht, Tiere zu jagen. Aber auch die Macht der Kirchen, dem einfachen Volk bestimmte Fleischsorten wie Schwein, oder während religiöser Fastenzeiten gleich den ganzen Fleischverzehr zu verbieten, während der Adel munter weiter sein Wildbret schlemmt. Ein Verhältnis, das zumindest hierzulande in den letzten Jahren zu kippen scheint. In Schichten mit hohem Einkommen und Einfluss wird immer weniger Fleisch gegessen. Im Gegenteil, man blickt von einer vermeintlich ethisch überlegenen vegetarischen oder veganen Lebensweise auf die beim Discounter Billigfleisch Kaufenden herab. Gleichzeitig toben in den sozialen Medien und den Foren der alten Medienwelt heftige verbale Auseinandersetzungen um die „richtige“ Lebensweise. Die Veggies erheben den Zeigefinger ob der 14 Prozent der weltweiten CO2-Emissionen, für welche die Fleisch- und Milchwirtschaft verantwortlich ist (Quelle: Heinrich-Böll-Stiftung), während die Carnivoren mit angeblichen Vitamin-Mangelerscheinungen der Fleischverzichtler kontern. Recht haben sie wahrscheinlich alle ein bisschen – aber muss man denn aus jedem Steak, jeder Möhre, jedem Rührei oder jeder Tasse Hafermilch wirklich gleich eine Religion machen, die den jeweilig anderen Lebensstil als Gotteslästerung geißelt?

GUTE FRAGE

Wo es doch so viele handfeste und rationale Ansätze gibt, um über das Thema der Fleischreduzierung durch Einsatz von Alternativprodukten zu diskutieren. Eine absolut bodenständige Frage zum Beispiel ist, warum Fleischersatz eigentlich so viel teurer ist als das „Original“ – obwohl hier doch kein Tier gehalten, gemästet, geschlachtet und verarbeitet werden muss? Und da reden wir noch nicht einmal über das auch nach jahrelanger Forschung noch immer unbezahlbare In-vitro-Kunstfleisch wie den 250.000 Dollar teuren Hamburgerpatty aus im Bioreaktor gezüchteten Fleischfasern, den der niederländische Wissenschaftler Mark Post 2013 vorstellte. Vergleichbares kostet inzwischen knapp unter 100 Dollar. Nein, bleiben wir im Hier und Jetzt. Beim Wurstbrot. Wahrscheinlich wird sich jeder, der schon einmal eine Packung Veggie-Aufschnitt gekauft hat, gefragt haben: Schmeckt ja ganz gut – aber warum ist das so viel teurer als konventioneller Aufschnitt? Gute Frage. An den verwendeten Zutaten kann es kaum liegen. Denn selbst wenn zum Beispiel Schweinefleisch als Basis für einen Ring Lyoner durch ethisch höchst zweifelhafte Massentierhaltung auf unter zwei Euro pro Kilo im Industrie-Einkauf kommt, ist das noch immer viel mehr als Soja- oder Erbsenprotein, Pflanzenfasern, Möhrenfarbstoff und Pflanzenöl kosten, aus denen die Fleischwurst-Alternativen zusammengemischt werden. Auch wenn die Hersteller auf angeblich preisintensivere Produktionsverfahren und verschiedene Mehrwertsteuersätze (Fleisch und Wurst 7, Fleischersatzprodukte 19 Prozent) hinweisen, lässt das Preisgefüge eher darauf schließen, dass hier die gestiegene Nachfrage den Preis bestimmt. So kostet das Kilo Schweine-Lyoner nur etwa die Hälfte der gleichen Menge Veggie-Fleischwurst. Das liegt sicher auch daran, dass sich die Kernzielgruppen der eher besserverdienenden Flexitarier mit Umsteige-Tendenzen diese Preise leisten können (und wollen). Schließlich kann das für diese Klientel auch so etwas wie der Preis dafür sein, etwas für Umwelt und Tierwohl geleistet zu haben. Es könnte das schlechte Gewissen sein, das uns unterbewusst tiefer in die Geldbörse greifen lässt.

DAS ANGEBOT WÄCHST

Gleichzeitig sieht man aber allein die Fläche der Kühlregale, die von den großen Supermarktketten mit Fleischalternativen eingeräumt werden, von Jahr zu Jahr um mehrere Meter wachsen (s. Abb. auf S. 9). Parallel drängen immer mehr Anbieter auf diesen Markt, zahlreiche Start-ups arbeiten an neuen Alternativideen, längst haben fast alle großen Lebensmittel- und Fleischkonzerne ihre Veggie-Marken, und selbst bei den Discountern wächst das Angebot in diesem Segment. Neben unzähligen Foodtrucks und Veggie-Imbissen haben auch die großen Fast-Food-Ketten vegetarische oder vegane Burger und Nuggets im Angebot. Eine Marktdynamik, die früher oder später dazu führen wird, dass allein schon das immer größer werdende Angebot für Preiskonkurrenz sorgt, die diese Produkte auf lange Sicht günstiger werden lässt. Die auf internationale Lebensmittelproduktion spezialisierte Unternehmensberatung A. T. Kearney schätzt, dass schon 2040 nur noch 40 Prozent der weltweit verkauften Fleischmenge von einstmals lebenden Tieren stammt und der Rest aus pflanzlichen Imitaten und synthetisch erzeugtem Fake-Fleisch aus dem Bioreaktor.

DER EIGENE HERD

Außerdem ist niemand, der ein bisschen kochen kann, bei seinen Bemühungen um Fleischsubstitution in seinem Speiseplan auf artifizielle Industrieprodukte angewiesen. Zumal auch die „Originale" keine reinen Naturprodukte sind. Auch aus Fleisch hergestellte Schnitzel, Nuggets, Burger oder Würstchen sind hochverarbeitete Convenience-Lebensmittel mit teilweise sehr langen Zutatenlisten, vielen Zusatzstoffen und teilweise extrem hohem Salzgehalt (allesamt gängige Vorurteile gegen Fleischersatzprodukte ...). Egal ob aus Schwein oder Soja – so etwas wird niemand jeden Tag essen wollen. Vor allem, wenn man sieht, wie sich mithilfe der Grund- und Kochrezepte in diesem Buch raffinierte und ausgesprochen herzhafte Alternativen für Fleisch- und Fischgerichte in der heimischen Küche selber herstellen lassen – ganz ohne Lebensmittelchemie oder Industrie-Pülverchen. Diese Produkte benötigen auch keinerlei Vitaminzusätze, denn sie sind erstens eingebettet in knackig-frische und vitalstoffreiche Beilagen. Und zweitens werden sie meist von undogmatischen Flexitariern nachgekocht, für die der Genuss zwar immer im Vordergrund steht, die aber allein durch ihren flexiblen Speiseplan alles zu sich nehmen, was ihr Körper braucht. Warum also nicht heute einen Veggie-Burger und morgen ein Stück hochwertiges und ethisch/nachhaltig erzeugtes Fleisch? Nicht umsonst empfiehlt die Deutsche Gesellschaft für Ernährung (DGE) nach wie vor drei Portionen Fleisch oder Fleischprodukte pro Woche.

AUF ENTDECKUNGSREISE

An den restlichen Tagen kann man sich auf die spannende und voller kulinarischer Überraschungen steckende Koch-Forschungsreihe mit den Rezepten dieses Buches begeben – von total easy bis superkniffelig. Immer mit dem Ziel, nicht Fleisch in einem Frankenstein-Labor nachzubauen, sondern all das, was wir an Speisen mit Fleisch und seinen Produkten so lieben, mit den Myriaden von Möglichkeiten, die uns die Pflanzenwelt bietet, zu herzhaften, aromastarken und genussversprechenden Alternativen auf dem Teller nachzubauen. Unser modulares Konzept erlaubt es, mithilfe der in den Grundrezepten erklärten Tricks und Basisprodukte überraschend authentische Fleischalternativen in der eigenen Küche ohne jegliche Lebensmittelchemie selbst herzustellen. Lebens-Mittel, die nicht nur weitaus preiswerter, sondern auch qualitativ den Fertigprodukten aus dem Supermarktregal haushoch überlegen sein können. Selbst für verwöhnte Gaumen lassen sich damit Feinschmeckergerichte kreieren, die man rasch dermaßen lieben und schätzen lernt, dass ganz von selbst immer weniger „echtes" Fleisch auf den Tisch kommt. Für eine bessere Zukunft, in der ethisch und nachhaltig erzeugtes Fleisch von Tieren zu einer teuren und so selten wie genussvoll verzehrten Delikatesse wird.

Höchste Zeit also für die Verzehrswende – es lebe die Vleischeslust!

ALTERNATIVE LISTE

DIE GRUNDPRODUKTE – EINE KLEINE WARENKUNDE

Die Frage, was ein weitgehend oder ausschließlich auf Pflanzen basiertes Lebensmittel zu einer Fleischalternative, vielleicht sogar zu einem „Fleischersatz" macht, ist einfach zu beantworten: Es sollte erstens in etwa so viel Protein wie Fleisch enthalten, denn dies ist aus ernährungsphysiologischer Sicht das Hauptargument, Fleisch oder daraus hergestellte Produkte zu essen. Zweitens sollte es im Rahmen eines für omnivore Flexitarier gewohnten und gerne gewählten Gerichts die Funktion von Steak, Schnitzel, Braten, Wurst und Co. erfüllen können. Und das kann es umso besser, wenn Aussehen, Duft, Textur beim Schneiden und Kauen und natürlich vor allem der Geschmack einigermaßen die Erwartungen des Essers erfüllen.

Aus der Sicht eines Allesessers bringen aber leider selbst stark vorgewürzte Fleischersatzprodukte aus dem Supermarktregal oft nicht den erwarteten herzhaft-mundfüllenden Genuss. Andererseits trifft das auch auf viele Fleisch-Convenience-Produkte zu. Generell sind verzehrfertige Veggie-Würstchen oder -Schnitzel natürlich überall dort praktisch und unverzichtbar, wo es schnell gehen muss. Wann immer aber genug Zeit zum Kochen da ist, lassen sich mit unbehandelten Basisprodukten weitaus kreativere kulinarische Ergebnisse erzielen – vor allem jene, die nicht nur im Naturzustand angeboten werden, sondern dabei auch so beschaffen sind, dass sie kräftige, selbst hergestellte Marinaden oder Würzmischungen begierig in sich aufsaugen. Wie auch immer, die Auswahl für selbst kochende Genießer, die öfter einmal ein herzhaftes Ersatzprodukt anstelle eines Stück Fleisches auf dem Teller haben wollen, wird jede Woche größer.
Nachfolgend ein kleiner Überblick der typischerweise zu Fleischalternativen verarbeiteten Pflanzen wie Sojabohnen, Getreide, Hülsenfrüchte und weitere Eiweißlieferanten – ergänzt durch einige Tricks zum Marinieren und Würzen, mit denen man am heimischen Herd teilweise weitaus realistischere Fleisch-Illusionen zaubern kann als die Angebote der Lebensmittelindustrie – und das meist ohne die Verwendung von Zusatzstoffen.

1) SOJABOHNEN

Tofu (S. 13: 2–6) wird, analog zu Käse oder Quark, aus Sojamilch hergestellt, die mithilfe von Kalzium- bzw. Magnesiumsalzen (Nigari) zum Gerinnen gebracht wird – ein Verfahren, das vor mehr

als 2.000 Jahren in China und Japan erfunden und zum Grundpfeiler der buddhistisch geprägten vegetarischen oder veganen Ernährung wurde. Tofu wird meist als gepresste weiße Sojaquark-Bruchmasse in Lake verkauft, als Seidentofu ist er weicher und auch zur Dessertherstellung geeignet. Weil inzwischen für den Anbau von Sojabohnen mehr und mehr Regenwald vernichtet wird, gehen viele Vegetarier dazu über, ihren Tofu aus regional in Europa angebauten Bio-Sojabohnen selbst herzustellen. Das ist im Grunde ganz einfach und hat den Vorteil, dass der Tofu dadurch nicht nur nachhaltiger ist und besser schmeckt, man kann ihn bereits während der Herstellung sogar nach Lust und Laune aromatisieren, etwa mit fein gehackten Kräutern, Gewürzen oder Nüssen.

Unsere Reihentests während der Rezeptentwicklung haben aber auch gezeigt, dass es auf dem Markt bisweilen ganz hervorragenden fertigen **Naturtofu (6)** zu kaufen gibt. Er ist in der asiatischen Küche der wichtigste pflanzliche Eiweißlieferant, hat allerdings im Rohzustand in Sachen Konsistenz und Eigengeschmack selbst in gebratener oder gegrillter Form nicht viel zu bieten. Er muss vor dem Rösten in der Pfanne oder auf dem Grill massiv entwässert (z. B. mit einer Tofu-Presse) und anschließend mit Würzzutaten wie Sojasauce, Limette, Ingwer, Knoblauch, Öl oder mediterranen Kräutern mariniert werden. Noch besser: ausgedrückten Tofu tiefkühlen und beim Auftauen noch stärker auspressen. Dabei nimmt er eine schwammartige Konsistenz an und kann beim Marinieren fast so viel Aroma aufsaugen wie ein selbst aromatisierter Tofu Marke „Eigenbau". Gewürfelt oder in Scheiben wird der aromatisierte Tofu gebraten oder als Einlage in Suppen und Eintöpfen mitgekocht. In feine Brösel zerkleinert kann er als Fleischersatz in Hackgerichten dienen. Noch feiner püriert eignet er sich als Grundstoff für Bratlinge und Burgerpattys oder – in der Industrie – zur Herstellung von Würstchen und Geflügelfleischersatz.

Räuchertofu (S. 13: 5) ist unter den industriell aromatisierten Sojaquarksorten die häufigste und zugleich die heikelste, denn hier gibt es viele völlig überräuchert schmeckende Produkte. Das Problem, geräuchertes fettes Schweinefleisch nachzuahmen, liegt an der Art und Intensität, in der tierisches Fett Raucharomen annimmt. Dabei entwickeln sich komplexe, hocharomatische Harze, die bei der Reaktion von Phenolen im Rauch mit den Proteinen, Lipiden und Stärken auf der Fleischoberfläche entstehen. Vegane Ersatzprodukte in den Rauch zu hängen führt stets zu anderen Ergebnissen, weil deren Eiweiße und Fette pflanzlichen Ursprungs sind – und die schmecken geräuchert am Gaumen eher hart und eindimensional. Zudem werden bei der Räuchertofu-Herstellung oft nur flüssige Rauchessenzen (Liquid Smoke) als Aromaersatz verwendet, weswegen die meisten Sorten nur mit viel Fantasie als Speckersatz verwendet werden können. Im Zweifelsfall also Tofu selbst herstellen, auspressen und z. B. im Wok nach Belieben mit Aromaholzmehlen räuchern. Der abgebildete **Räuchertofu von Taifun (S. 13: 5)** ist mit seinem milden, runden Rauch-aroma eine positive Ausnahme. In diesem Buch wurde er etwa bei den Rezepten für Chimichanga, Carbonara, Rouladen und Grünkohl eingesetzt, während der mildgeräucherte **Algentofu (S. 13: 4)** von Alberts mit dem zarten Meeresaroma der verwendeten Hijiki-Algen nicht nur asiatische Salate krönen kann.

Bei den aromatisierten Sorten jenseits der Räucherware finden sich zwei weitere Produkte (beide von Alberts) in unseren Rezepten: der **Nusstofu (S. 13: 2)** hat einen Anteil von zehn Prozent fein gehackter Haselnüsse und ist mit Sojasauce und Apfelessig beherzt abgeschmeckt. Für das Bami Goreng wird er in Streifen gebraten, in fein geriebener Form dient er als Texturgeber in den Königsberger Klopsen. Er schmeckt aber auch sehr

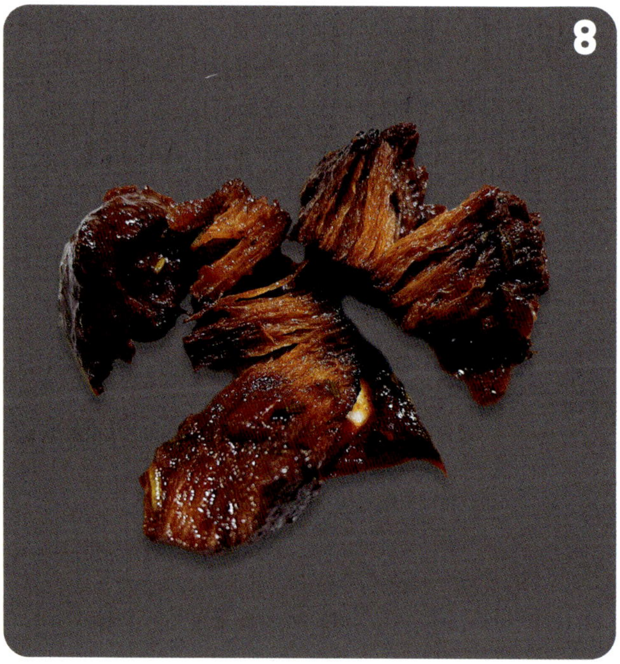

gut zum morgendlichen Rührei, als Topping für Aufläufe oder auf Butterbrot mit etwas Salzflocken bestreut. Ausschließlich im asiatischen oder indischen Speisenkontext liegen dagegen die Stärken des **Currytofu (S. 13: 3)**, der mit seinen gut ausbalancierten Noten von Kurkuma, Kreuzkümmel und Bockshornklee in unserem Rezept für Bami Goreng als Protein-Booster eine ebenso gute Figur macht wie in Currys oder Kormas.

Ebenfalls aus Sojabohnen wird der in Europa im Vergleich zu Tofu noch etwas unbekanntere **Tempeh (S. 12: 1)** hergestellt. Dieses klassische Fermentationsprodukt hat von Indonesien aus seinen Weg in viele nicht nur asiatische Küchen der Welt gefunden. Er wird aus getrockneten, langwierig rehydrierten und sterilisierten Sojabohnen (selten auch aus deutschen Lupinensamen) hergestellt, die nach Impfung mit einer Rhizopus-Pilzkultur einige Tage fermentiert werden. Dabei entwickeln sie einen angenehm ausgewogenen nussig-hefigen Geschmack, der beim Braten fleischähnlich wird. Nebenbei schließt der Pilz die Sojaproteine auf und zersetzt zum Teil die bei Tofu häufig für Magenprobleme sorgenden Oligosaccharide. Herzhaft roh mariniert, gekocht oder gebraten ist Tempeh also vergleichsweise verträglicher und mit vielen Ballaststoffen und einem Proteingehalt von bis zu 20 Prozent ein wertvolles Nahrungsmittel. Im Buch wird er eingesetzt als Einlage der Ramen-Suppe und als Bowl-Topping.

Im Gegensatz zu Tofu und Tempeh sind die Produkte aus industriell extrahiertem Sojaprotein deutlich stärker verarbeitet. Dieser Grundstoff steckt in unzähligen Fleischalternativen wie veganem Hack, V-Schnitzel, Würstchen oder V-Geschnetzeltem, es gibt ihn aber auch roh als Trockenprodukt zu kaufen. Texturiertes Sojaprotein wird meist in drei Formen angeboten: Als Granulat zur Herstellung von Hackvleisch, als Medaillons in der Größe von 2–4 cm und in der Form von ca. 10 x 15 cm großen Platten als **„Big Steaks“ (S. 14: 7)**. Allen gemein ist ihre Saugfähigkeit; sie nehmen beim Marinieren im Volumen um das 2- bis 3-fache, im Gewicht um das 3- bis 5-fache zu und entwickeln bei der späteren Zubereitung die am stärksten an **Fleischfasern (S. 14: 8)** erinnernde Struktur aller Ersatzprodukte. Diese Granulate, Medaillons, Schnetzel oder Steaks bilden auch das Rückgrat vieler Rezepte in diesem Buch, bei denen mit selbst hergestellten Fleischalternativen gekocht wird. Die in den meisten Packungsbeilagen oder auch vielen Veggie-Kochanleitungen beschriebene Zubereitung dieser Trockenwaren durch 15- bis 20-minütiges Einlegen in Gemüsebrühe allein führt allerdings nie zu einem wirklich herzhaften Ergebnis. Das geht besser. Mithilfe der im Kapitel Grundrezepte beschriebenen Marinaden und Würztricks lassen sich mit diesen Produkten sogar dermaßen fleischzentrierte Gerichte wie Gulasch, Jägerschnitzel, Rouladen, Hacksaucen und -braten und unser veganer weicher Speck Nr. 2 herstellen.

Dass inzwischen die Fleischalternativen auf der Basis von texturiertem Sojaprotein (entfettetes Sojamehl) dermaßen die Nase vorn haben, liegt auch daran, dass die Hersteller endlich Möglichkeiten gefunden haben, dem getrockneten Sojaprodukt sein früher so verpöntes „Katzenstreu"-Aroma auszutreiben. Ein hartnäckiger Nebengeruch, der selbst nach langen Kochzeiten und Zugabe vieler aromatischer Zutaten wie Tomaten, Knoblauch oder Kräuter z. B. in einer veganen Bolognese-Sauce erhalten blieb. Weil diese Grundprodukte nun so gut wie geschmacks- und geruchsneutral hergestellt und in fast jede beliebige Geschmacksrichtung aromatisiert werden können, gehören sie auch in diesem Buch zu den ganz großen Hauptdarstellern in den Rezepten. Je nach weiterer Verwendung im Rezept müssen sie vor der eigentlichen Zubereitung noch ausgepresst werden. Dennoch bleibt stets das Aroma der Marinade erhalten. Praktisch: Die Granulate sind im Trockenzustand sehr lange haltbar und lassen sich nach dem Marinieren auch portionsweise tiefkühlen.

Beim Erkalten der Sojamilch in der Tofu-Produktion entsteht eine Haut, die in China als Dou Fu Pi und in Japan als **Yuba (S. 21: 4)** zu einem wichtigen Nahrungsmittel geworden ist. Hierzulande ist diese Haut getrocknet zu Strängen gerollt oder in dünnen Platten erhältlich. Sie ist auch das Träger-

medium für unsere beiden V-Speck-Varianten: den krossen **Yuba-V-Speck Nr. 1 (S. 15: 9)** und den weicheren**Yuba-V-Speck Nr. 2 (S. 15: 10).**

2) GETREIDE

Seitan aus dem puren Gluten der Weizenkörner wurde in China schon im 6. Jahrhundert bei der Nudelherstellung entdeckt: Man muss nur den Teig so lange unter Wasser kneten, bis sich alle wasserlöslichen Bestandteile gelöst haben. Der Rest ist die gummiartige pure Glutenmasse, die unter dem Namen Mien Chin („Muskel des Mehls") als Basis für texturell recht authentische Fleischersatzprodukte dient. Unter der japanischen Bezeichnung Seitan wurde sie weltbekannt. Wenn diese Masse nach längerem Kneten und Falten gekocht oder gedämpft wird, entwickelt sie eine ähnliche Struktur wie **Fleischfasern (S. 16: 11–13)**, vor allem, wenn man den Seitan nach einem unserer drei Grundrezepte aus Glutenpulver und raffinierten Würzflüssigkeiten selbst herstellt (s. S. 33f.). Das ist so einfach wie Brotteig kneten und zusätzlich kann man die Fleischalternative ähnlich wie bei den Produkten aus texturiertem Sojaprotein komplett frei nach Gusto aromatisieren. Das geht so weit, dass wir in diesem Buch DIY-Seitan-basierte Rezepte sogar für vegane Lebervurst, Vühnerfrikassee, Beev Wellington, Rheinischen V-Sauerbraten, Vischstäbchen, V-Schlemmerfilet Bordelaise, V-Grillfackeln und täuschend echt wirkende Vühnerkeulen entwickeln konnten.

Allerdings hat Seitan auch drei nicht unerhebliche Nachteile: Menschen, die an Zöliakie, echter Weizenallergie oder nicht-zöliakischer Glutenunverträglichkeit bzw. nicht-allergischer Weizensensitivität leiden, dürfen das Glutenprodukt nicht essen. Zweitens stecken in 100 g Seitan zwar immerhin 20 bis 30 g Eiweiß, das aber im Vergleich zu Fleisch- und Fischproteinen einen niedrigen Lysin-Gehalt (Aminosäure) aufweist. Es kann vom Körper deutlich weniger gut verwertet werden. Die biologische Wertigkeit lässt sich allerdings steigern, indem man Seitan mit Lebensmitteln wie Sojabohnen, Weizenkeimen, Linsen oder Erbsen kombiniert, die gute Lysin-Quellen sind. Dies geschieht oft bereits auf Herstellerseite, denn viele Schnitzel- oder Hackprodukte auf der Basis von (hier industriell texturiertem) Weizenprotein kombinieren die Rohmasse mit Soja- oder Erbsen-Eiweiß und erzeugen damit realistischere Alternativen als zum Beispiel die in Veganer-Kreisen beliebten getreidebasierten Grünkern-Bratlinge.

3) HÜLSENFRÜCHTE

Bei der Rezeptentwicklung dieses Buches wurden einige Convenience-Burgerpattys auf der Basis von Hülsenfrüchten (meist Bohnen oder Linsen) getestet und mehrere gängige Rezepte, diese veganen Bratlinge selbst herzustellen, ausprobiert. Weil diese Versuche – zumindest aus Omnivoren-Sicht – unbefriedigende, am Gaumen unangenehm breiige Ergebnisse erzielten, tauchen hier auch keine Rezepturen mit diesen Lebensmitteln auf. Für den hier empfohlenen DIY-Burgerpatty wurde getrocknetes Jackfruit-Soja-Granulat in einer aromenstarken Marinade eingeweicht. Dieser Bratling entsprach vom Mundgefühl am ehesten einem Burger aus 100 Prozent Rinderhack, auch weil in allen Convenience-Produkten Bindemittel für Zusammenhalt sorgen – was bei einem „echten" Fleischpatty eigentlich nichts zu suchen hat. Sehr gute Ergebnisse mit Hülsenfrüchten als Fleischalternative ergaben dagegen die dreierlei beim Lasagne-Rezept verwendeten Linsensorten in einer veganen Bolognese-Sauce.

Ebenfalls auf der – wenngleich industriell hochverarbeiteten – Basis von Hülsenfrüchten sind die unzähligen aus dem Eiweiß von hierzulande wachsenden Erbsen und Süßlupinensamen hergestellten Fleischalternativen, von Hack über Geschnetzeltes und Burgerpattys bis hin zu Nuggets und Würstchen. Erbsenprotein und das durch neue Sorten und Herstellungsverfahren von einstmals störenden Bitterstoffen befreite Lupinenprotein gibt es ähnlich wie Gluten inzwischen auch in Pulverform zu kaufen. Das hat auch die Entwicklung unserer Seitan-Rezepte stark beeinflusst, weil diese Eiweiße ganz eigene, im reinen Weizenprotein nicht vorhandene kulinarische Eigenschaften mitbringen. Aufwendige Kreationen wie unser Buffalo

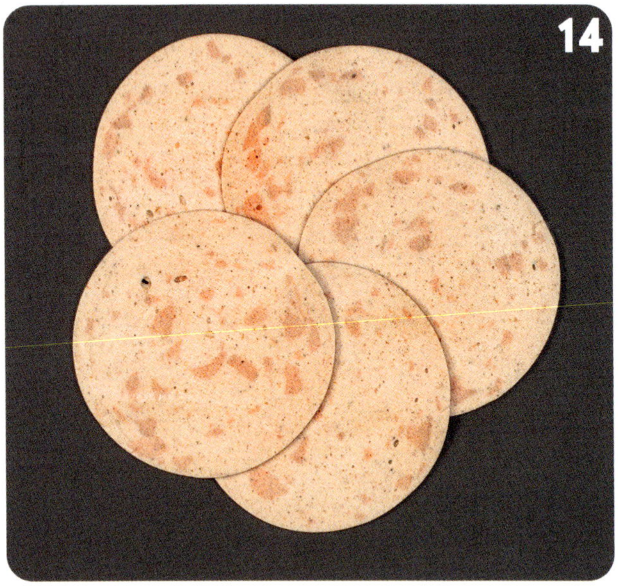

Chicken und die Vischstäbchen wären ohne diese Beimischungen nicht möglich gewesen – und auch als perfekte eiweißbasierte Bindemittel in den Vleischmassen von DIY-Burger-Pattys, Falscher Hase, Königsberger Klopse und Bifteki leisteten die Pulver entscheidende Dienste.

4) WEITERE EIWEISSLIEFERANTEN

Ähnlich hilfreich wie die Erbsenproteinpulver oder die Sojagranulate können bei der Zubereitung eigener Fleischalternativen auch die Eiweiße von Ölsamen wie z. B. Sonnenblumenprotein sein. Als Granulat dienen sie z. B. als Linsenalternative bei unserer Lasagne, sowie als perfekte Basis für alle helleren Hackgerichte wie Vöttbullar, Käse-Hack-Lauch-Suppe, Frühlingsrollen und Königsberger Klopse. In veganen Speisen nicht einsetzbar sind alle Convenience-Produkte, die mithilfe von verarbeiteter Kuhmilch oder Hühnereiweiß hergestellt werden – also sämtliche Fleischalternativen der Marken Valess (Milch) und Herrmann (Eier), aber auch einige Vurst- und Hackspezialitäten von The Vegetarian Butcher oder Rügenwalder Mühle. Bei letzterem Hersteller ist vor allem im Vurst-Bereich vielen Angeboten anzumerken, dass sie von Produktentwicklern optimiert wurden, die früher ausschließlich Wurstwaren auf Fleischbasis designten. Sie sind sehr nah dran am Original.

Andererseits wird aber bei vielen **Aufschnittsorten (14)** das mittlerweile in Verruf geratene Verdickungsmittel Carrageen (E 407) verwendet, was bei einigen Vergleichstests z. B. der Stiftung Warentest oder von Öko-Test zur Abwertung führte. Der aus Rotalgen gewonnene Zusatzstoff steht in Verdacht, Entzündungen im Darm auszulösen, und ist deshalb umstritten. Aber letztlich muss jeder für sich abwägen, ob der erwartete Genuss den Mitverzehr von Lebensmittelchemie rechtfertigt. Eine Entscheidung, die man im Produktesegment Wurst und Aufschnitt auch dann treffen muss, wenn man zu einem fleischhaltigen Produkt greift. Im Direktvergleich mit der Fleischwurst, die wir für das Rezept für Vurstsalat verwenden, tragen beide Produkte des Herstellers Gutfried jede Menge Zusatzstoffe in sich. Unter anderem aus diesem Grunde gehen wir nicht auf das noch umstrittenere, in vielen Bioreaktoren derzeit in Erforschung befindliche In-vitro-Zuchtfleisch oder Fleisch aus dem 3-D-Drucker ein. All das ist im Moment nicht nur unbezahlbare und nirgendwo erhältliche Zukunftsmusik – solange für die Herstellung noch Stammzellen aus lebenden Tieren entnommen werden oder für die Nährlösungen Herzblut aus lebenden Kälberföten, die nach der Entnahme sterben, eingesetzt wird, sind diese Retortenprodukte für alle, die weniger oder gar kein Fleisch mehr essen wollen, ganz bestimmt keine Alternativen.

Komplett unverdächtig in diesem Sinne sind dagegen natürlich gewachsene Pflanzen, Gemüse, Früchte und Pilze, die auch in diesem Buch als Basis für allerlei Vleischrezepte benutzt werden. Damit ist nicht Sellerieschnitzel oder Kohlrabisteak gemeint, sondern raffinierte Verwendungen von zum Beispiel Austernpilzen im Club Sandwich oder Kräuterseitlingen als Gyoza-Füllung, Pulled Vleisch und sogar für vegane Jakobsmuscheln. Shiitake dagegen verleihen beim Schmoren vielen Gerichten kräftige fleischartige Aromen.
Mit einem Proteingehalt von weniger als einem Prozent keine Ernährungsalternative, durch die fleischähnliche Struktur ihrer Fruchtfleischfasern aber als Texturgeber enorm auf dem Vormarsch sind die grünen, noch nicht ausgereiften Früch-

te der asiatischen Jackfruit-Pflanze. Hierzulande meist als Dosenware oder in verarbeiteter Form als Convenience-Produkt gehandelt (manche Asienläden haben auch TK-Ware), macht die Jackfruit auch in diesem Buch Karriere bei Rezepten wie Lebervurst, Buffalo Chicken, Gyozas, Bao Buns, Pulled Trinity, Paella, Rheinischer Sauerbraten, Vischstäbchen oder Schlemmerfilet à la Bordelaise. Zusätzlich sorgt sie mit ihrer geringen Energiedichte dafür, dass diese Speisen deutlich „leichter“ werden.

5) WÜRZUNG, MARINADEN & UMAMI

Wie im Vorwort angedeutet, werden einige der Rezepte in diesem Buch für Veganer oder Vegetarier, die seit Jahren pflanzenbasiert kochen und im Laden nur selten oder nie zu Fleischersatzprodukten greifen, erschreckend stark nach „Fleisch" oder „Fisch" schmecken. Dennoch können auch sie von den Würztricks, die hinter den Rezepten stecken, profitieren. Denn Hefeflocken oder „Marmite“-Pasten sind längst nicht das Ende der Aroma-Fahnenstange. Wir verwenden für die Speisen in diesem Buch alles, was auf pflanzlicher Basis dem Gaumen Freude bereitet, also vor allem Umami-starke Zutaten wie etwa Miso, Sojasauce, **getrocknete Tomaten (1), getrocknete Steinpilze (2), Teriyaki-Sauce (3), Hoisin-Sauce (4), vegane Worcester-Sauce (5), Bohnenpaste (6), BBQ-Sauce (7)**, Lupinensauce, Raucharoma (Liquid Smoke) und Algen. Dazu selbst hergestellte Zwischenprodukte wie die Umami- und Röstzwiebelpaste oder professionelles Self-Convenience aus dem Nähkästchen von Spitzen-Veggie-Chefs wie vegane Fonds, Jus oder Bratensaucen. Diese Grundrezepte (ab S. 28) wie etwa die drei monatelang optimierten Seitan-Varianten und die zwar arbeitsintensiven, aber gut im Voraus kochbaren, wiederverwendbaren und lange haltbaren Basis-Marinaden bilden das kulinarische Rückgrat des Buches. Sie sind so etwas wie das Neue Testament des fleischfreien, aber lebens- und genussbejahenden kreativen Kochens.

DIY-HACK & CO.

VEGANE BASISPRODUKTE ZUR WEITERVERARBEITUNG

HACKGRANULATE

Hackgranulate (S. 21: 5) sind Trockenprodukte mit einem Eiweißgehalt von teilweise bis zu 70 Prozent. Sie wurden früher nur aus Soja hergestellt, inzwischen gibt es sie auch auf der Basis von etwas nussiger schmeckendem Sonnenblumenprotein, dem leicht süßlichen Lupinenschrot oder einer Mischung aus Erbsenprotein und Jackfruitpulver. Diese Mischung eignet sich besonders gut für Bratlinge wie Burgerpattys und Buletten oder dunkle Hackgerichte wie Chili sin Carne, Bolognese, Bifteki und Moussaka. In diesem Buch kommen Granulate, die mit den Marinaden aus unseren Grundrezepten aromatisiert und eingeweicht wurden, bei zwölf Rezepten zum Einsatz. Dabei zeigte sich, dass die Produkte auf Basis von Sonnenblumen und Lupinen sehr gut zu helleren Hackvleischgerichten wie Königsberger Klopsen, Köttbullar, Käse-Hack-Lauch-Suppe und Frühlingsrollen passen, während die sojabasierten Körnchen überall eingesetzt werden können.

MEDAILLONS

Medaillons (S. 21: 2) bekommen ähnlich wie die Big Steaks bei der Herstellung eine texturierte, faserartige Struktur, die im späteren Gericht einen sehr „fleischigen" Eindruck erzeugen kann. Es gibt diese Trockenware als Brocken oder kleinere Chips („Pulled Soja", „Schnetzel", „Geschnetzeltes") und Würfel – allerdings ausschließlich auf der Basis von Sojaprotein. Wer auf dieses Eiweiß allergisch ist, muss also auf küchenfertige (feuchte) Convenience-Produkte aus Lupinen, Sonnenblumen oder Seitan ausweichen. Die Medaillons decken kulinarisch einen großen Bereich ab und lassen sich (wie die Granulate) je nach Marinade in vielen Geschmacksrichtungen aromatisieren – in diesem Buch werden damit beispielsweise Gulasch und Schaschlik zubereitet.

BIG STEAKS

Big Steaks (S. 21: 6) sind ebenso ausschließlich auf Sojabasis erhältlich. Diese getrockneten Platten mauserten sich während der Rezeptentwicklungen für dieses Buch zu wahren Tausendsassas. Sie benötigen im Gegensatz zu Granulat ein längeres Vorkochen in Marinade, können dann aber mannigfaltig weiterverarbeitet werden zu Jägerschnitzel, Cordon bleu, Döner, Grillfackeln, Vitello Sojano oder Pulled Burger – sogar täuschend „echte" Rouladen und softer, rauchiger V-Speck können daraus hergestellt werden.

YUBA - SOJAMILCHHAUT

Ebenfalls nur getrocknet wird **Yuba (S. 21: 4)** angeboten – als gefaltete Stäbchen oder größere hauchdünne Platten (Beancurd Sheets). Yuba entsteht als Nebenprodukt bei der Sojamilchherstellung, bei der sich ähnlich wie bei Kuhmilch nach dem Erhitzen eine dünne Hautschicht auf der „Milch"-Oberfläche bildet. Getrocknet wird diese Haut zu Yuba. Vor der Weiterverarbeitung in heißer Marinade einweichen. In diesem Buch wurde z. B. die Kruste des Schichtbratens damit hergestellt und als krosser V-Speck krönt es etliche Burger und das Saltimbocca.

HACKVLEISCHMASSEN

Eine größere Auswahl bei den aus der industriellen Herstellung verwendeten Zutaten bieten die küchenfertigen **Hackvleischmassen (S. 21: 7)**. Hier können als Basis neben Sojabohnen auch Erbsen, Sonnenblumenkerne, Linsen, Jackfruit, Tofu oder Pilze dienen – im Buch zu finden beispielsweise bei Frikadellen, Burgern und Köften, Hackbraten und Maultaschen. Allerdings beinhalten diese Fertigprodukte oft auch jede Menge Zusatzstoffe, Fette und weitere nicht immer erwünschte Ingredienzien.

JACKFRUIT

Die faserigen Stücke der unreifen **Jackfruit (1)** sind eher texturell als Fleischalternative einsetzbar, ernährungsphysiologisch können sie mit knapp einem Prozent Eiweiß nicht mit anderen Fleischalternativen mithalten. Durch ihre blättrige Faserstruktur verleihen die meist als Dosenware gehandelten, geschmacksneutralen Stücke aber vielen Speisen ein an Fleisch erinnerndes Kaugefühl – in diesem Buch etwa bei der Vühnerkeule, der Füllung von Gyozas, Bao Buns und Pulled Burgern, als Meeresfrüchte-Ersatz auf der Paella, sowie als Texturgeber im Sauerbraten, den Vischstäbchen und dem Schlemmerfilet Bordelaise.

CHUNKS

Sehr praktisch in der Vleisch-Küche und mit äußerst realistischem Mundgefühl ausgestattet sind die meist als Geflügelalternative eingesetzten **Chunks (3)**. Im Handel erhältlich sind sie von verschiedenen Anbietern unter anderem als Like Chicken (Basis: Soja), Mock Duck und vegane Ente (Basis: Seitan) oder auch als Chicken Style Pieces (Basis: Soja- und Weizenprotein). Diese Produkte aus der Kühlung von Supermarkt oder Reformhaus sind küchenfertig und geschmacksneutral, nehmen aber die Aromen einer Marinade gut auf, wie die Rezepte für Vühnerfrikassee, Ente süßsauer, Pad Thai, Saté-Spieße oder Enten-Korma zeigen.

BURGERPATTYS

ACHT VEGANE UND VEGETARISCHE CONVENIENCE- UND DIY-BRATLINGE FÜR HAMBURGER IM VERGLEICH

Noch weit vor Schnitzel und Nuggets gehörten die Bratlinge für Hamburger zu den ersten Convenience-Ersatzprodukten, die ohne Fleisch auskamen. Für dieses Buch wurden mehr als ein Dutzend Pattys und für Burger geeignete Vrikadellen aus den Kühlregalen und Tiefkühltruhen der Supermärkte und Reformhäuser verkostet, von denen sieben einen empfehlenswerten Eindruck hinterlassen haben (1). Im Aroma kommt zwar keiner echtem Rindfleisch auch nur nahe, dafür hat jeder geschmacklich seine ganz eigenen Vorzüge.

REFERENZ-PATTY AUS ERBSEN- UND REISPROTEIN

Der wegen der imperialen US-Maße 113 g schwere, meist als TK-Produkt gehandelte **Beyond Meat Beyond Burger (S. 23: 1)** auf der Basis von Erbsen- und Reisprotein (Zusatzstoffe: Methylcellulose, Sonnenblumenlecithin) erzeugt mit perfektem Mundgefühl und dem Eiweiß-Fett-Verhältnis von gut durchwachsenem Rinderhack (17/19 g pro 100 g) ein authentisches Burger-Feeling. Seine Stärke ist der eigenwillige, aber angenehm runde, vollmundige Geschmack. Mit kräftigen Röstnoten gegrillt oder gebraten, macht er im Hamburger eine sehr gute Figur und ist im Direktvergleich sogar noch um einiges saftiger als so mancher Rindfleischpatty. Der Bratling wurde deshalb während der Rezeptentwicklung dieses Buches als Qualitätsreferenz, sowie als Patty für den Classic Burger verwendet. Mit bereits eingeprägten „Grillroststreifen" (Brandings) kommt der aus Erbsen- und Reisprotein hergestellte **Meatless Farm Burger (1 und S. 23: 3)** aus der Packung und bringt aus der Pfanne urige Röstnoten in die Bun-Brötchen – in unserem Fall in den Gourmet-Burger. Wie der Beyond Burger ist er 113 Gramm schwer und groß genug für ein Standard-Bun. Obwohl er die meisten Zutaten aller verkosteten Pattys hat (21; Zusatzstoffe: Methylcellulose, Kaliumlactat, Ascorbinsäure), schmeckt er vergleichsweise zurückhaltend, passt sich dadurch aber mit ausgeglichenem Eiweiß-Fett-Verhältnis (16,5/13,9 g) in fast alle Burger-Variationen ein.

MIT LUPINE, OHNE ZUSATZSTOFFE

Wer Bio-Produkte ohne Zusatzstoffe bevorzugt, bekommt mit der **Alberts Lupinen Vrikadelle (1, S. 23: 2)** eine Eiweißbombe (27 g bei nur 6,8 g Fett) auf der Basis von Weizenprotein und Süßlupinensamen. Der 100-Gramm-Bratling wird in der Pfanne seltsamerweise heller statt dunkler und

behält seinen herzhaft gemüsigen Geschmack mit angenehmer Zwiebelnote, auch wenn man ihn am nächsten Tag kalt isst. Im normalen Burger irritiert der eher kleine Bratling mit seinem kompakten Biss, qualifiziert sich damit aber für exotischere Kompositionen wie z. B. unseren Welt-Burger.

MIT ALGEN, ERBSENPROTEIN UND RAPSÖL

Der **Viva Maris Algen Burger (S. 22: 1 und 4)** schmeckt nicht fischig. Die zur Herstellung verwendeten Algensorten Eucheuma und Saccharina Latissima dienen nur zur Umami-Verstärkung. Weil neben etwas Erbsenprotein vor allem Rapsöl für Substanz sorgt, macht er mit nur 5,2 g Eiweiß bei 20,8 g Fett einen eher kompakten, schweren Eindruck, der vom Bindemittel Methylcellulose (weitere Zusatzstoffe: Citronensäure, Natriumgluconat) noch unterstützt wird. Der mit 80 g dünn und breit geformte Patty schmeckt allerdings interessant zwiebelig-aromatisch und landet deshalb geraspelt in der Füllung unserer Cappelletti-Pesto-Pfanne.

AUF BASIS VON JACKFRUIT-FRUCHTFASERN

Der Bio-zertifizierte (keine Zusatzstoffe) **Lotao Jackfruit Burger (S. 22: 1 und 5)** ist zwar bei 90 g der im Durchmesser kleinste Patty, geschmacklich durch eine ausgewogene Gewürzmischung aber ein großer: Noten von Muskatblüte, Knoblauch, Koriander und Bockshornklee machen den wegen seiner Fruchtfaserbasis (plus Kichererbsen und Haferflocken) naturgemäß extrem eiweißarmen (1,9 g bei 8,3 g Fett) und schon roh sehr dunklen Bratling zur ersten Wahl für unseren Welt-Burger.

AUF BASIS VON WEIZENGLUTEN

Bratlinge, deren Substanz vor allem aus Seitan besteht, eignen sich nicht besonders gut als Pattys im Hamburger. Auch der eiweißstarke (23 g E bei 13 g F) **Vantastic foods Burger Deluxe (S. 22: 1 und 6)** wird beim Braten so kompakt und homogen, dass er eher als kleiner (75 g) Fleischkäse-Ersatz taugt. Kalt lässt er sich auch gut mit Senf als deftige Brotzeit genießen oder für Vleischsalat in dünne Streifen schneiden. Zusatzstoff: Eisenoxid.

Die **Rügenwalder Vegane Mühlen Frikadellen (S. 22: 1 und 7)** haben bei einem Nährwertverhältnis von 14 g Eiweiß zu 10 g Fett (Zusatzstoff: Methylcellulose) eine für Hamburger besser geeignete Konsistenz und schmecken dazu auch solo oder abgekühlt zum Beispiel auf Brot sehr gut – ein bisschen wie Geflügelbuletten. Deshalb passen die 90-Gramm-Bratlinge auch perfekt zu unserem Riesenpilzrezept Portobello-Burger.

DO-IT-YOURSELF-PATTY

DIY-Burgerpatty (S. 22: 1 rechts unten und 8). Für unseren Burger Marke Eigenbau wird getrocknetes Jackfruitgranulat in der Marinade Nr. 1 (s. S. 31) eingeweicht, gut ausgedrückt und mit Meatless Farm Hack und Erbsenproteinpulver in einer Burgerpresse zu 150-Gramm-Pattys geformt. Wenn man den DIY-Patty noch etwas trockener (Granulat stärker ausdrücken, mehr Proteinpulver verwenden) vorbereitet, lässt er sich gut auf Vorrat zubereiten, tiefkühlen und dann aus dem Tiefkühlfach direkt in die heiße Pfanne legen. Im Direktvergleich mit Convenience-Produkten ähnelt dieser Bratling am ehesten den klassischen Pattys, die ausschließlich aus Rinderhack bestehen.

SCHNITZEL, NUGGETS & CO.

SECHS PANIERTE BRATLINGE IM VERGLEICH

Ein „Schnitzel“ ist im Grunde alles, was (meist paniert) gebraten wird und halbwegs flach in der Pfanne liegt. Für dieses Buch wurden knapp zwei Dutzend Schnitzel, Steaks und Nuggets verkostet. Allen gemein ist ihre eifreie Panierung, ihr in vielen Fällen veganer Kern, meist auf der Basis von Soja- oder Weizenprotein. Und die Tatsache, dass der größte Teil des Gesamtgeschmacks von der Würzung der Panierung herrührt. Aromatisch und texturell (mit feiner Faserstruktur) kommen diese Produkte zwar nicht an echte Fleisch-Schnitzel heran, sehr wohl aber an die typischen Fast-Food-Schnitzel aus Geflügelformfleisch. Sie sind in diesem Lebensmittelsegment ernsthafte Alternativen – im Gegensatz zu reinen Gemüseschnitzeln oder panierten Convenience-Seitanscheiben mit wenig Spannung, zu weicher Textur und dem typischen leicht „brotartigen“ Kaugefühl. Ausnahme: DIY-„Wiener“ aus selbst gemachtem Seitan.

FLEISCHFREI, ABER NICHT VEGAN

Valess Schnitzel (S. 25: 2) und Schnitzelprodukte enthalten Milch und Hühnereiweiß und sind nicht für Veganer geeignet. Schade eigentlich, denn die Verbindung von tierischen Fetten und Eiweißen aus der Kuhmilch mit Weizenstärke und Haferspelzfasern sorgt für eine Schnitzelbasis, die texturell und sogar geschmacklich an Geflügelformfleisch erinnert – die Basis der meisten Fast-Food-Hühner- oder Putenschnitzel und -nuggets. Das Milch-Schnitzel gibt es auch unpaniert als **Valess Steak (S. 25: 3)**, mit gutem Eiweiß-Fett-Verhältnis (16,1 g E zu 2,9 g F), das in vielen unserer Rezepte Verwendung findet: z. B. beim Jägerschnitzel, beim Cordon bleu und beim Club Sandwich – und sogar die Tintenfisch-Mimikry unserer Calamares wird aus diesem – allerdings hochverarbeiteten (Zusatzstoffe: Calciumalginat, Methylcellulose, Kaliumlactat, Polyphosphat) – Produkt gestanzt. Das Innenleben der Valess Schnitzel entspricht dem Steak desselben Herstellers. Es ist das mit Abstand dickste der in diesem Buch verwendeten Schnitzel. Der Geflügel-Eindruck passt sehr gut zum Rezept für Club Sandwich. Dafür muss man es aber vor dem Braten z. B. mit einer Brotschneidemaschine quer halbieren – erfreulicherweise bleibt dabei die geschmacklich etwas zurückhaltende feine Panierung mit Bröseln aus Weizenmehl, Hefe und Salz fest am Schnitzel hängen.

AUF SOJABASIS

Das **Like Meat Like Schnitzel (S. 22: 6)** auf der Basis von Sojaprotein ist eine Freude für alle, die dünne Schnitzel lieben und kein Problem mit einer langen Zusatzstoffliste (Methylcellulose, Maltodextrin, Dinatriumdiphosphat, Natriumcarbonate, Xanthan) haben. Es enthält relativ viel Fett (14 g F zu 11 g E) und auch die ungewöhnliche Panierung mit zerstoßenen Cornflakes saugt in der Pfanne zusätzlich das Bratfett auf. Außerdem nimmt sie bei mittlerer Hitze kaum Farbe an. Wer dieses Schnitzel sehr kross und goldbraun braten will, muss mit hoch erhitzbarem Fett und Temperaturen um die 200° arbeiten. Das vor allem durch die Panierung kräftig schmeckende Produkt eignet sich hervorragend für unser Schnitzel Wiener Art, Schnitzelbrötchen und (mit abgekratzter Panierung) auch für die Calamares.

MIT SOJA- UND WEIZENPROTEIN

Das mitteldicke **Rügenwalder Vegane Mühlen Schnitzel (5)** auf der Basis von Soja- und Weizenprotein benötigt zur Bindung nur etwas Methylcellulose, ist aber ansonsten frei von Zusatzstoffen. Das Innere ähnelt in der leicht faserigen Struktur den Valess-Produkten, ist geschmacklich aber zurückhaltender. Für angenehmes Brataroma sorgt die herzhaft gewürzte Panierung auf Maismehl-Basis, die in der Pfanne zuverlässig knusprig wird. Es ist wie alle hier erwähnten Schnitzel 90 g schwer und eignet sich als Alternative für alle im Buch erwähnten panierten Schnitzel (17 g Eiweiß/11 g Fett).

AUS ERBSEN- UND WEIZENPROTEIN

Die **Endori Veggie Nuggets (1)** bringen mit einer geschickt angemischten Panierung aus Reis-, Kichererbsen- und Maismehl im Rohzustand nur 3,5 g Fett (bei 12 g Eiweiß) auf die Feinwaage. Diese aus Erbsen- und Weizenprotein hergestellten Taler (Zusatzstoff: Methylcellulose) sind mit einem an Hühnerformfleisch erinnernden Mundgefühl eine wirklich gute Alternative zu vergleichbaren Produkten aus hochverarbeiteten Fleischresten. Bei den Verkostungen zu unserem Nuggets-Rezept gehörten sie zu den Stars aus der Fritteuse (auch in Pfanne und Backofen zubereitbar).

SOJA- UND WEIZENPROTEIN MIT SHEABUTTER

Das **The Vegetarian Butcher Wie'n Schnitzel (4)** auf Basis von Soja- und Weizenprotein kommt in unserem Buchrezept für Schnitzelbrötchen zum Einsatz, weil es von allen getesteten Produkten den rundesten und ausgeprägtesten Eigengeschmack mitbringt (Zusatzstoffe: Methylcellulose, Milchsäure, Eisendiphosphat). Das liegt an der verwendeten Sheabutter. Dieses vegane gelblich-weiße Fett aus der Frucht des mittelafrikanischen Karitébaums sorgt zusammen mit der durch Zumischung von Weizenfasern etwas gröberen und schön knusprig (nicht zu heiß!) ausbratbaren Panierung für perfekten, allerdings auch sehr fetthaltigen (18 g Fett auf nur 9,2 g Eiweiß) Schnitzelgenuss.

FRANKFURTER, WIENER & CO.

ACHT VÜRSTCHEN IM VERGLEICH

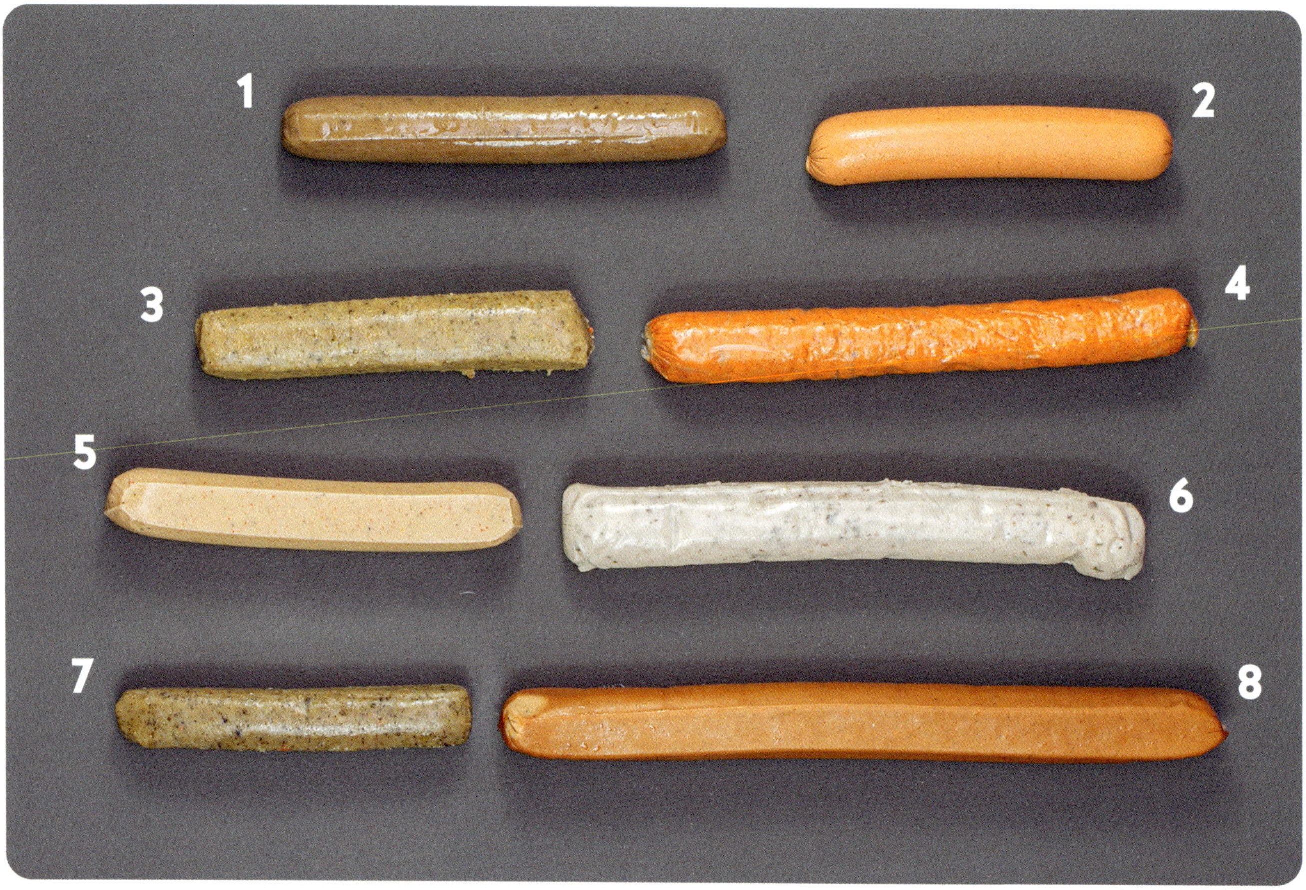

NICHT VEGAN

Von den für unsere Rezeptentwicklung verkosteten Würstchen Wiener Art kommen die **Rügenwalder Vegetarische Mühlen Würstchen (2)** den „Originalen“ aus Schweine- oder Geflügelbrät noch am nächsten – sie erinnern mit ihrem zarten Raucharoma und dem elastischen Biss stark an Fleisch-Wienerle ohne Wurstdarm aus Dose oder Glas. Das liegt sicher auch an dem vergleichbaren Eiweiß-Fett-Verhältnis (8,8/19 g), das wohl vor allem der Hauptzutat Rapsöl geschuldet ist. Durch die Verwendung von Hühnereiweiß (Zusatzstoffe: Methylcellulose, Xanthan, Eisenoxide) sind die Würstchen nicht vegan. Für Nicht-Veganer sind sie gut einsetzbar für: Eintopf, Hotdog, mit Senf oder Ketchup zu Kartoffelsalat, in unserem Rezept für schwäbischen Linsenteller und überall, wo eine an „Wienerle“ erinnernde Textur gefragt ist.

AUS SOJA- UND WEIZENPROTEIN, MIT „WURSTHAUT“

Die **Meatless Farm Bratwürste (S. 26: 4)** sind die einzigen in unserem Rezept für Bratvurst mit Sauerkraut mit einer Art Wursthaut – hier geschickt mit einem Trick aus der spanischen Avantgarde-Küche hergestellt (Wechselbad mit Calciumchlorid und Natriumalginat; außerdem: Kaliumlactat, Kaliumacetat, Methylcellulose). Die Hülle wird beim Braten oder Grillen ein wenig kross und sorgt mit der beherzten Würzung der Basiszutaten Soja- und Weizenprotein und dem hohen Fettanteil von über 24 g für recht authentisches Bratwurst-Feeling – zum Beispiel in unserem Grünkohlrezept.

MIT ALGEN-UMAMI

Bei der **Viva Maris Algen-Bratwurst (S. 26: 6)** sind die Algen nicht schmeckbar, sorgen aber für Umami-Verstärkung (Zusatzstoffe: Cellulose, Citronensäure, Natriumgluconat; Basis: Rapsöl, Erbsen- und Kartoffelprotein). Auf unserem Bratvurst-Teller spielen sie geschmacklich mit gut ausbalanciertem, leicht zwiebeligem Aroma vorne mit, sind aber im Vergleich zu anderen Vürstchen sehr weich und haben mit 20,6 g den zweithöchsten Fettgehalt und sehr wenig Eiweiß (5,2 g).

ERINNNERN AN WIENER WÜRSTCHEN

Die **Taifun Bio-Wiener (S. 26: 8)** haben wir nicht nur wegen ihrer imposanten Länge sofort auf den schwäbischen Linsenteller gelegt – sie schmecken für Tofu-Seitan-basierte (Sojabohnen, Weizenprotein, Hafer) Würste erstaunlich Wienerle-artig und bringen ein ähnlich authentisches Raucharoma mit wie der Räuchertofu dieses Herstellers. Mit relativ wenigen Zusatzstoffen (Magnesiumchlorid, Calciumsulfat) und einem genussfreundlichen Protein-Fett-Quotienten (15 g E zu 20 g F) schmecken diese Würste gut zu Kartoffelsalat oder wegen ihrer fest-elastischen Textur auch in Scheiben als Suppeneinlage.

MIT MILCH UND HÜHNEREIWEISS

Wie alle Produkte dieses Herstellers nicht vegan, bringt auch die **Valess Bratwurst (S. 26: 1)** (Basis: Milch, Hühnerei; Zusatzstoffe: Kaliumlactat, Calciumalginat, Methylcellulose, Polyphosphat; E 14,3/F 11 g) vergleichsweise starke Aromen auf den Teller. Hier liegt das zusätzlich an den winzigen im Wurstbrät verarbeiteten Goudastückchen, die im Gegensatz zu herkömmlichen Käsekrainern beim Braten nicht schmelzen. Die Konsistenz ist die zweitweichste auf unserem Bratvurst-Teller.

SEITAN-WÜRSTE

Das Problem vieler reiner Seitan-Würstchen können auch die **Vantastic Bratwürstchen (S. 26: 3)** nicht verstecken: trotz oder gerade wegen des im Vergleich zur Fleisch-Bratwurst umgekehrten Eiweiß-Fett-Verhältnisses (26 g E zu 12 g F) erzeugt der Seitan auch hier ein leicht brotartiges Kaugefühl. Andererseits entwickeln diese Bio-Würstchen (einziger Zusatzstoff: Johannisbrotkernmehl) beim Grillen und Braten gute Röstnoten und sind durch ihre zurückhaltende Würzung vielfältig einsetzbar, z. B. als Curryvurst.

TOFU MIT GLUTEN IN WURSTFORM

Auch bei den **Alberts Tofu-Würstchen Frankfurter Art (S. 26: 5)** muss ein wenig Weizengluten helfen, um den Tofu aus Sojabohnen ein wurstähnliches Kaugefühl zu verleihen. Das macht dieses komplett zusatzstofffreie Produkt aus Bio-Zutaten mit ausgeglichenem Eiweiß-Verhältnis (16,9 g E zu 17,1 g F) nicht zum Textur-Weltmeister, die Würstchen entwickeln aber vor allem in der Pfanne ein ausgewogenes Gemüse-Pilz-Aroma.

LUPINENWURST MIT GESCHMACK

Bei den **Alberts Lupinen Rostbratwürstchen (S. 26: 7)** gilt ebenfalls: voll Bio, null Chemie und angenehmer Geschmack – eine kräftige Kräuternote von Majoran und Thymian, kombiniert mit Gewürzaromen der klassischen Weißwurst (Ingwer, Kardamom, Muskatblüte). Nach dem Rösten sind sie allerdings die härtesten und auch etwas trockene Kandidaten auf unserem Bratvurst-Teller, was sicher dem niedrigen Fettgehalt (8,8 g F bei 24,2 g Eiweiß; Basis: Süßlupinensamen, Weizenprotein) geschuldet ist. Besser also, nicht zu lange braten und mit saftigen Beilagen wie Senf und Kartoffelsalat oder Sauerkraut servieren.

GRUNDREZEPTE
FONDS, PASTEN & JUS

WURZELGEMÜSEFOND

Ergibt ca. 5 l Fond
Zubereitungszeit: ca. 4,5 Std.
+ 24 Std. Ziehzeit

4 Zwiebeln
1 Staudensellerie, 1 Knolle Sellerie
3 Möhren, 2 Stangen Lauch
1 Knolle Fenchel, 6 Lorbeerblätter
1 EL Pimentkörner
4 Kardamomkapseln
2 TL weiße Pfefferkörner
1 TL Korianderkörner
1 EL gelbe Senfkörner
1 TL Fenchelsamen
500 ml trockener Wermut (z. B. Noilly Prat)
1 l trockener Weißwein
500 g Erbsen (auch TK)
500 g grüne Bohnen
750 g Tomaten
1 Bund krause Petersilie

1. Die Zwiebeln halbieren und auf der Schnittfläche in einer (unbeschichteten) Pfanne dunkelbraun rösten. Das Gemüse putzen oder schälen, waschen und klein schneiden. Stauden- und Knollensellerie, Möhren, Lauch und Fenchel mit den Gewürzen, Wermut, Weißwein (beides ggf. vegan) und 10 l Wasser kalt aufsetzen. Alles kurz aufkochen, abschäumen, die Zwiebeln zugeben und den Fond bei reduzierter Hitze zugedeckt 2 Std. köcheln lassen.

2. Erbsen, Bohnen und Tomaten zugeben und noch 1 Std. mitköcheln. Die Petersilie waschen, mitsamt den Stängeln fein hacken und zugeben. Den Topf vom Herd ziehen und den Fond 24 Std. ziehen lassen.

3. Alles erneut aufkochen, den Fond durch ein Sieb passieren und auf 5 l einkochen lassen. Falls er klar verwendet werden soll, mit Eiweiß klären oder durch ein Passiertuch laufen lassen (vegane Version). Der Wurzelgemüsefond hält sich portioniert tiefgekühlt mindestens ein Jahr, in sterilisierten Einkochgläsern im Kühlschrank 3–4 Monate oder 4–6 Wochen in der Speisekammer.

RÖSTZWIEBELPASTE

Ergibt ca. 500 g Würzpaste
Zubereitungszeit: ca. 1 Std.

2 kg gelbe Zwiebeln
1 EL feines Meersalz
2 EL Puderzucker
5 EL gereifter Aceto balsamico

1. Den Backofen auf 180° (Umluft) vorheizen. Die Zwiebeln abziehen und jeweils in 16 Spalten schneiden. Ein Backblech mit Backpapier belegen, die Zwiebelspalten aufrecht nebeneinanderstellen, salzen und den Puderzucker darübersieben. Die Zwiebeln im Ofen 30–35 Min. backen, bis sie zum Teil dunkelbraun sind. Wenden und die Zwiebeln weitere 15 Min. backen.

2. Die gerösteten Zwiebeln in einen Mixer geben, den Aceto balsamico (ggf. auf vegane Herstellung achten) dazugießen und alles in 5 Min. zu einer glatten, dunklen Paste mixen. Die Röstzwiebelpaste hält sich in einem Behältnis mit Deckel im Kühlschrank mehrere Wochen.

GRUNDREZEPTE
FONDS, PASTEN & JUS

UMAMI-WÜRZPASTE

Ergibt ca. 500 g Würzpaste
Zubereitungszeit: ca. 1 Std.

100 g getrocknete Tomaten
100 ml Rotwein
100 ml roter Portwein
50 ml Madeira
25 ml gereifter Aceto balsamico
2 EL Apfelessig
250 ml Malzbier
300 g Röstzwiebelpaste (s. S. 28)
2 EL dunkle Misopaste
3 EL Olivenöl
1 EL Honig (vegan: Agavendicksaft)
1 EL Zwiebelpulver
2 TL Knoblauchpulver
2 EL Hefeflocken
1 TL Espressopulver
1 TL Salz
3 EL Sticky BBQ Sauce (s. S. 38)
0,5 TL geräuchertes Paprikapulver (Pimentón ahumado)

1. Die getrockneten Tomaten klein schneiden und in einem Topf mit Rotwein, Portwein, Madeira, beiden Sorten Essig und dem Malzbier bei mittlerer Hitze 45 Min. kochen. Alles mit dem Pürierstab glatt pürieren und die Masse durch ein feines Sieb passieren, dabei die Flüssigkeit auffangen und sirupartig einkochen lassen. (Bei Weinen und Essigen ggf. auf vegane Herstellung achten.)

2. Die Flüssigkeit mit den Tomaten aus dem Sieb, der Röstzwiebelpaste und allen übrigen Zutaten im Mixer zu einer glatten Paste pürieren und in ein Gefäß mit Deckel füllen. Die Umami-Würzpaste hält sich gut verschlossen im Kühlschrank mehrere Wochen.

GRUNDREZEPTE
FONDS, PASTEN & JUS

GEMÜSE-JUS

Ergibt ca. 1 l Jus
Zubereitungszeit: ca. 6,5 Std. + 12 Std. Ziehzeit

3 Zwiebeln, 2 Knoblauchzehen
300 g Lauch (nur den weißen Teil)
200 g Blumenkohl
200 g Brokkoli
300 g Aubergine
200 g Möhren
75 g Rote Bete
100 g Staudensellerie
200 g Knollensellerie
75 g Shiitake
25 g getrocknete Steinpilze
100 g braune Champignons
5 EL Olivenöl
1 Dose geschälte Tomaten (400 g)
50 g Umami-Würzpaste (s. S. 29)
300 ml Rotwein
50 ml roter Portwein
100 ml trockener Sherry
150 ml Madeira
4 EL gereifter Aceto balsamico
4 l Wurzelgemüsefond (s. S. 28)
4 Lorbeerblätter
1 EL weiße Pfefferkörner
4 EL gehackte Majoranblätter

1. Den Backofen auf 160° (Umluft) vorheizen. Zwiebeln und Knoblauch schälen und klein schneiden. Restliches Gemüse putzen oder schälen, waschen, abtropfen lassen und in kleine Stücke schneiden. Die Pilze putzen und klein würfeln. Alles mit Öl und den geschälten Tomaten in einem tiefen Bräter vermischen und im Ofen 45 Min. rösten, bis das Gemüse dunkel, aber nicht schwarz ist. Dabei immer wieder umrühren.

2. Den Inhalt des Bräters in einen großen Topf umfüllen, Wein, Portwein, Sherry und Madeira zugeben und die Flüssigkeit bei mittlerer Hitze auf die Hälfte einkochen lassen. Die übrigen Zutaten hinzufügen und alles bei niedriger Hitze zugedeckt 5 Std. köcheln lassen. Anschließend den Fond über Nacht neben dem Herd ziehen lassen. (Bei Weinen und Essigen ggf. auf vegane Herstellung achten.)

3. Den Topfinhalt durch ein feines Sieb passieren, dabei die Rückstände im Sieb gut ausdrücken. Die Flüssigkeit sirupartig einkochen. Die Gemüse-Jus hält sich portioniert tiefgekühlt (z. B. im Eiskugelbeutel) mindestens ein Jahr, in sterilen Einmach- oder Schraubgläsern 3–4 Monate im Kühlschrank.

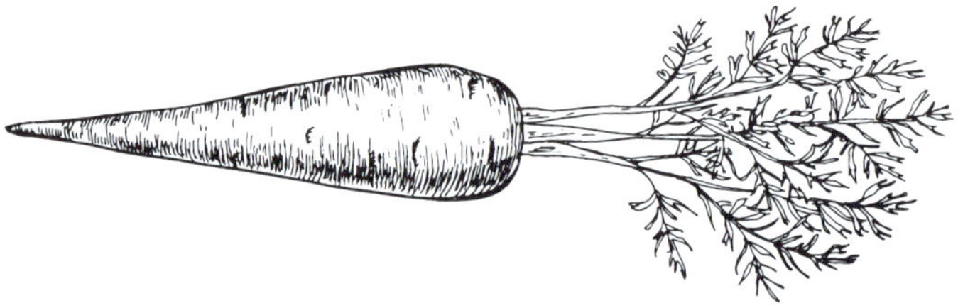

GRUNDREZEPTE
MARINADEN

MARINADE NR. 1 „FLEISCH“

Ergibt ca. 1 l Flüssigkeit
Zubereitungszeit: ca. 25 Min. + 12 Std. Ziehzeit

5 g gemischte getrocknete Algen (z. B. Wakame, Kombu
2 EL gerebelter Majoran
3 EL gerebelter Liebstöckel
3 EL Knoblauchgranulat
2 EL Hefeflocken
1 TL Pfefferkörner
800 ml Wurzelgemüsefond (s. S. 28)
50 g Umami-Würzpaste (s. S. 29)
100 ml Sojasauce
4 EL Lupinensauce (z. B. von Alberts; ersatzweise 2 TL Salz)
100 ml Eisenkonzentrat (z. B. Floradix)
50 g dunkle Misopaste
1 EL Rote-Bete-Pulver
1 TL geräuchertes Paprikapulver (Pimentón ahumado)
Raucharoma nach Belieben (z. B. Old Texas Liquid Hickory Smoke)
50 g CHEF Vegan Flüssig Konzentrat Rindsgeschmack

1. Die Algen zusammen mit dem Majoran, Liebstöckel, Knoblauchgranulat, den Hefeflocken und Pfefferkörnern im Blitzhacker pulvrig mixen.

2. Anschließend den Topf vom Herd ziehen und alles über Nacht abkühlen und durchziehen lassen. Am nächsten Tag die Marinade durch ein feines Sieb in ein sterilisiertes verschließbares Gefäß passieren. Sie hält sich gut verschlossen im Kühlschrank 3–4 Wochen und kann mehrfach verwendet werden, sofern keine Zutaten tierischer Herkunft darin eingelegt wurden.

3. Den Wurzelgemüsefond mit dem Algenmix und allen übrigen Zutaten in einem Topf kurz aufkochen, mit dem Schneebesen (oder dem Pürierstab) homogen vermischen und 10 Min. bei niedriger Hitze köcheln lassen.

GRUNDREZEPTE
MARINADEN

MARINADE NR. 2 „GEFLÜGEL“

Ergibt ca. 1 l Flüssigkeit
Zubereitungszeit: ca. 25 Min.
+ 12 Std. Ziehzeit

700 ml Gemüse-Jus (s. S. 30)
50 g Umami-Würzpaste (s. S. 29)
100 ml helle Sojasauce
4 EL Lupinensauce (z. B. von Alberts)
50 g weiße Misopaste
100 g CHEF Vegan Flüssig Konzentrat Huhngeschmack
3 EL vegane Worcester-Sauce
50 ml Gin, 4 Lorbeerblätter
2 EL Wacholderbeeren
1 EL Korianderkörner
1 TL gemahlener Piment
2 TL frisch geriebene Muskatnuss
3 EL Zwiebelpulver
1 TL weißer Pfeffer, 3 EL Steinpilzpulver

1. Die Gemüse-Jus mit der Würzpaste und den übrigen Zutaten in einem Topf kurz aufkochen und mit dem Schneebesen (oder dem Pürierstab) homogen vermischen. Alles 10 Min. bei niedriger Hitze köcheln lassen. Anschließend den Topf vom Herd ziehen und alles über Nacht abkühlen und ziehen lassen.

2. Die Marinade durch ein feines Sieb in ein sterilisiertes verschließbares Gefäß passieren. Sie hält sich gut verschlossen im Kühlschrank 2–3 Wochen und kann mehrfach verwendet werden, sofern keine Zutaten tierischer Herkunft damit mariniert wurden.

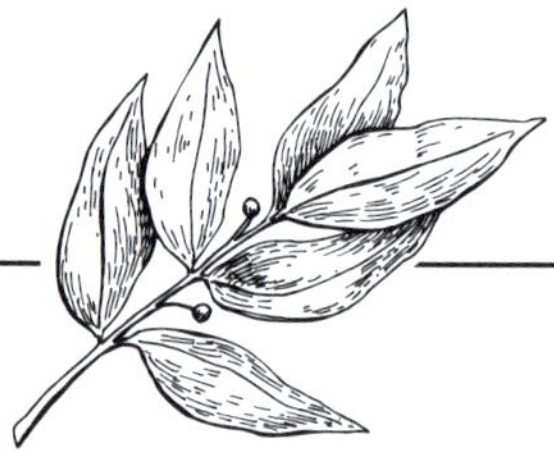

MARINADE NR. 3 „FISCH“

Ergibt ca. 1 l Flüssigkeit
Zubereitungszeit: ca. 20 Min.
+ 2 Std. Ziehzeit

20 g getrocknete Nori-Algen
10 g getrocknete Kombu-Algen (ungewaschen)
25 g getrocknete Shiitake
700 ml Gemüse-Jus (s. S. 30)
100 ml helle Sojasauce
50 ml vegane Fischsauce (z. B. von Arche)
100 ml weißer Portwein
50 g weiße Misopaste
1 TL weißer Pfeffer

1. Die Nori- und Kombu-Algen zusammen mit den getrockneten Shiitake im Blitzhacker pulvrig mixen.

2. Die Marinade durch ein feines Sieb in ein sterilisiertes verschließbares Gefäß passieren. Sie hält sich gut verschlossen im Kühlschrank 1–2 Wochen und kann mehrfach verwendet werden, sofern keine Zutaten tierischer Herkunft damit mariniert wurden.

3. Die Gemüse-Jus mit dem Algenmix und allen übrigen Zutaten in einem Topf kurz aufkochen und mit dem Schneebesen (oder dem Pürierstab) homogen vermischen und 10 Min. bei niedriger Hitze köcheln lassen. Den Topf vom Herd ziehen und alles 2 Std. abkühlen lassen.

GRUNDREZEPTE
SEITAN

SEITAN NR. 1 FÜR LEBERVURST UND FARCEN

Ergibt ca. 800 g Seitan

Zubereitungszeit: ca. 1 Std.

200 g Weizengluten (z. B. Seitan Fix)
20 g Erbsenproteinpulver
40 g Kichererbsenmehl
1 TL Knoblauchpulver
1 EL Zwiebelpulver
1 TL Senfpulver
2 TL gemahlener Kardamom
1 EL rosenscharfes Paprikapulver
1 EL Pilzpulver
2 EL Wildgewürzmischung (z. B. mit Bärlauch, Thymian, Rosmarin, Wacholderbeeren, Lorbeer, Sternanis, Nelken)
2 EL Hefeflocken
1 TL weißer Pfeffer
350 ml Wurzelgemüsefond (s. S. 28)
75 ml Eisenkonzentrat (z. B. Floravital)
100 g Röstzwiebelpaste (s. S. 28)
6 EL Erdnussöl
4 EL Kürbiskernöl
1 EL Raucharoma nach Belieben (z. B. Old Texas Liquid Hickory Smoke)
2 EL Dijonsenf
2 EL Agavendicksaft (ersatzweise Dattelsirup)

1. In einer großen Rührschüssel alle trockenen Zutaten miteinander vermengen. In einer zweiten Schüssel den Wurzelgemüsefond und die übrigen nassen Zutaten mit dem Schneebesen glatt rühren, dann nach und nach mit einer Gabel unter die Trockenmischung rühren. (Ggf. auf vegane Herstellung des Senfes achten.)

2. Die Masse 3 Min. durchkneten und 20 Min. bei Raumtemperatur ruhen lassen. Anschließend erneut 5 Min. kneten, dabei die Masse immer wieder zu einem Zopf aufdrehen. Sollte sie zu trocken sein, noch etwas Fond zugeben und mit zwei Gabeln zu kleinen Stücken auseinanderziehen.

3. Diese Seitanstückchen 30 Min. dampfgaren (entweder in einem Dämpfeinsatz über kochendem Wasser oder in einem Dampfgarer). Die fertigen Seitansstückchen je nach Rezept zu Streichvurst oder Farcen weiterverarbeiten. Die Seitanstückchen halten sich in einem Gefrierbeutel verpackt im Kühlschrank 2–3 Tage und können auch gut tiefgekühlt werden.

SEITAN

SEITAN NR. 2. (FÜR CHICKEN CHUNKS, SCHNITZEL & VISCH)

Ergibt ca. 800 g Seitan

Zubereitungszeit: ca. 2 Std. 30 Min. + 12 Std. Kühlzeit

150 g Weizengluten (z. B. Seitan Fix)
100 g Erbsenproteinpulver
50 g Lupinenproteinpulver
1 TL Knoblauchpulver
1 EL Zwiebelpulver
1 TL Senfpulver
2 TL gemahlener Kardamom
2 EL Puderzucker
1 EL Pilzpulver
1 EL gemahlene Nelken
4 EL Hefeflocken
1 TL weißer Pfeffer
1 EL frisch geriebene Muskatnuss
350 ml Wurzelgemüsefond (s. S. 28)
50 ml vegane Fischsauce
50 g weiße Misopaste
50 g Umami-Würzpaste (s. S. 29)
4 EL glatte Erdnussbutter
1 EL Tahin (Sesampaste)
6 EL Erdnussöl
1 EL geröstetes Sesamöl
2 EL Dijonsenf

1. In einer großen Rührschüssel alle trockenen Zutaten miteinander vermengen. In einer zweiten Schüssel den Wurzelgemüsefond und die übrigen nassen Zutaten mit dem Schneebesen glatt rühren, dann nach und nach mit einer Gabel unter die Trockenmischung rühren. (Ggf. auf vegane Herstellung des Senfes achten.)

2. Die Masse 3 Min. durchkneten und 20 Min. bei Raumtemperatur ruhen lassen. Anschließend erneut 5 Min. kneten, dabei die Masse immer wieder zu einem Zopf aufdrehen. Sollte sie zu trocken sein, noch etwas Fond zugeben. Am Ende diesen Zopf lose zu einem kompakten Stück zusammenlegen und ohne Druck in ein großes Stück Frischhaltefolie einwickeln. Die Enden der Folie bonbonartig zusammendrehen.

3. Das Seitanstück 2 Std. dampfgaren (in einem Dämpfeinsatz über kochendem Wasser oder im Dampfgarer), dann über Nacht im Kühlschrank auskühlen lassen. Den fertigen Seitan je nach Rezept zu Chunks, Schnitzeln oder Visch-Basis weiterverarbeiten. In einem Gefrierbeutel hält er sich im Kühlschrank 4–5 Tage. Er kann auch im Ganzen oder teilweise tiefgekühlt werden.

GRUNDREZEPTE
SEITAN

SEITAN NR. 3 (FÜR BRATEN & DUNKLE BRATSCHEIBEN)

Ergibt ca. 1,5 kg Seitan

Zubereitungszeit: ca. 3 Std. 35 Min. + 12 Std. Kühlzeit

200 g Weizengluten (z. B. Seitan Fix)
300 g Erbsenproteinpulver
1 EL Knoblauchpulver
3 EL Zwiebelpulver
1 EL gemahlene Nelken
4 EL Hefeflocken
1 EL frisch geriebene Muskatnuss
2 TL geräuchertes Paprikapulver (Pimentón ahumado)
1 EL rosenscharfes Paprikapulver
4 EL Rote-Bete-Pulver
500 ml Wurzelgemüsefond (s. S. 28)
100 ml Eisenkonzentrat (z. B. Floravital)
50 ml Malzbier
100 g Röstzwiebelpaste (s. S. 28)
50 g Umami-Würzpaste (s. S. 29)
50 ml dunkle Sojasauce
50 g dunkle Misopaste
50 g Tomatenmark
4 EL Kürbiskernöl
6 EL Leinöl
2 EL geröstetes Sesamöl
50 g Sticky BBQ Sauce (s. S. 38)
2 EL Dijonsenf
4 EL Agavendicksaft (ersatzweise Dattelsirup)

1. In einer großen Rührschüssel alle trockenen Zutaten miteinander vermengen. In einer zweiten Schüssel den Wurzelgemüsefond und die übrigen nassen Zutaten mit dem Schneebesen glatt rühren, dann nach und nach mit einer Gabel unter die Trockenmischung rühren. (Ggf. auf vegane Herstellung des Senfes achten.)

2. Die Masse 3 Min. durchkneten und 20 Min. bei Raumtemperatur ruhen lassen. Anschließend erneut 8 Min. kräftig kneten – per Hand oder mit dem Knethaken der Küchenmaschine auf niedriger Stufe. Sollte die Masse zu trocken sein, noch etwas Fond zugeben. Am Ende alles zu einem homogenen Laib ohne Einschlüsse formen und straff in ein großes Stück Frischhaltefolie einwickeln. Die Enden der Folie bonbonartig zusammendrehen.

3. Das Seitanstück 3 Std. dampfgaren (in einem Dämpfeinsatz über kochendem Wasser oder im Dampfgarer), dann über Nacht im Kühlschrank auskühlen lassen. Den fertigen Seitan je nach Rezept zu Braten, Steaks oder Hack weiterverarbeiten. In einem Gefrierbeutel verpackt hält er sich im Kühlschrank 4–5 Tage. Er kann auch im Ganzen oder teilweise tiefgekühlt werden.

GRUNDREZEPTE
V-SPECK

V-SPECK NR. 1 (BASIS: REISPAPIER ODER YUBA)

Ergibt ca. 100 g V-Speck
Zubereitungszeit: ca. 50 Min.

8 Blatt Reispapier oder 80 g Yuba (Sojahaut in Stäbchenform; Asienladen)
500 ml Wurzelgemüsefond (s. S. 28)
100 ml Marinade Nr. 1 (s. S. 31)
½ TL Raucharoma (z. B. Old Texas Liquid Hickory Smoke)
1 EL Dattelsirup
2 EL Teriyaki-Sauce
1 EL dunkle Misopaste
1 TL Dijonsenf
1 Prise Pfeffer
½ TL geräuchertes Paprikapulver (Pimentón ahumado)
2 EL Olivenöl
½ TL Salz

1. Das Reispapier mit einer Küchenschere in ca. 3 cm breite Streifen schneiden. Wurzelgemüsefond und Marinade Nr. 1 mit 500 ml Wasser in einer weiten Schüssel vermischen. Übrige Zutaten in einer zweiten Schüssel zu einer sirupartigen Marinade verrühren. Je 2 Reispapierstreifen übereinanderlegen und 1 Min. in der Fond-Marinade-Mischung einweichen, bis sie aneinanderkleben. Herausnehmen, den Streifen abtropfen lassen, auf beiden Seiten dick mit der V-Speckmarinade einstreichen und auf einen Backrost legen. (Falls Yuba verwendet wird: Die Streifen längs auseinanderbrechen, in der Fondmischung 30 Min. bei niedriger Temperatur weich kochen. Die Streifen abtropfen lassen, bestreichen und weiterarbeiten, wie beschrieben.)

2. In beiden Fällen den Backofen auf 220° erhitzen und die Streifen darin in 5–8 Min. goldbraun backen. Sie halten sich in luftdichter Verpackung im Kühlschrank 1 Woche und eignen sich für alle Rezepte, bei denen eine krosse Speck-Textur gebraucht wird.

V-SPECK NR. 2 (BASIS: SOJA-STEAK)

Ergibt ca. 200 g V-Speck
Zubereitungszeit: ca. 2 Std. 30 Min.

500 ml Marinade Nr. 1 (s. S. 31)
1 EL Raucharoma (z. B. Old Texas Liquid Hickory Smoke)
1 EL Dattelsirup
4 EL Teriyaki-Sauce
2 Soja-Steaks (z. B. Vantastic foods Big Steaks)
Raucharoma (The Original Australian – Liquid Smoke Hickory Maple)

1. Die Marinade Nr. 1 mit dem Raucharoma, Dattelsirup und der Teriyaki-Sauce in einem Topf kurz aufkochen. Die Soja-Steaks einlegen und 2 Std. bei niedriger Hitze zugedeckt köcheln lassen. Dabei darauf achten, dass sie stets mit Flüssigkeit bedeckt sind und nicht am Topfboden ankleben.

2. Die V-Steaks herausnehmen, abkühlen lassen, zwischen mehreren Lagen Küchenpapier auspressen, bis keine Flüssigkeit mehr austritt, dann mit der Aufschnittmaschine in je 3–4 hauchdünne Scheiben schneiden und diese mit je 1 Sprühstoß Raucharoma parfümieren. Der V-Speck Nr. 2 hält sich luftdicht verpackt im Kühlschrank 1 Woche und kann tiefgekühlt werden. Er eignet sich für Rezepte, bei denen weicher Speck benötigt wird, etwa zum Bardieren, für Quiches oder Carbonara-Saucen.

GRUNDREZEPTE
SAUCEN

VEGANE BRATENSAUCE „GRAVY“

Ergibt ca. 500 ml Sauce

Zubereitungszeit: ca. 1 Std. 30 Min.

300 g rote Zwiebeln
2 Knoblauchzehen
1 Stange Staudensellerie
100 g Möhren, 50 g Shiitake
25 g getrocknete Tomaten
2 EL Öl
1 EL Rohrzucker + etwas zum Abschmecken
1 EL Mehl, 100 ml roter Portwein
100 ml Madeira
250 ml trockener Rotwein
750 ml Wurzelgemüsefond (s. S. 28)
2 EL Umami-Würzpaste (s. S. 29)
2 Lorbeerblätter
3 EL gehackte Oreganoblätter
2 EL Sojasauce
1 EL gereifter Aceto balsamico
200 g Gemüse-Jus (s. S. 30)
5 Espressobohnen
1 Prise geräuchertes Paprikapulver (Pimentón ahumado), Salz, Pfeffer
Zitronensaft

1. Die Zwiebeln und den Knoblauch schälen und fein hacken. Staudensellerie und Möhren putzen oder schälen, waschen und in kleine Würfel schneiden. Shiitake und getrocknete Tomaten fein hacken.

2. In einem Topf oder in einer Sauteuse das Öl erhitzen und die Zwiebeln scharf anbraten und bräunen. Knoblauch und Zucker zugeben und 3 Min. karamellisieren lassen. Sellerie, Möhren, Pilze und getrocknete Tomaten zugeben. Alles mit Mehl bestäuben und 3 Min. rösten. Mit Portwein und Madeira ablöschen und die Flüssigkeit vollständig reduzieren. Rotwein angießen und auf die Hälfte einkochen lassen. Wurzelgemüsefond, Umami-Würzpaste, Lorbeerblätter, 2 EL Oregano, Sojasauce, Aceto balsamico und Gemüse-Jus hinzufügen und alles zugedeckt 1 Std. bei niedriger Temperatur köcheln lassen, dabei ab und zu umrühren. (Ggf. auf vegane Herstellung des Essigs und der Weine achten.)

3. Den Topfinhalt im Mixer oder mit dem Pürierstab glatt mixen und durch ein feines Sieb passieren. Die Sauce mit den Espressobohnen und dem übrigen Oregano kurz aufkochen, von der Hitze nehmen und noch 2 Min. ziehen lassen, anschließend erneut passieren. Die vegane Bratensauce auf die gewünschte Konsistenz reduzieren und erst zum Schluss mit geräuchertem Paprikapulver, Salz, Pfeffer, Zucker und Zitronensaft abschmecken.

GRUNDREZEPTE
SAUCEN

VEGANE MAYONNAISE

Ergibt ca. 300 ml Mayonnaise
Zubereitungszeit: ca. 10 Min.

100 ml Sojadrink
1 TL Sojalezithin-Pulver
1 TL Dijonsenf
1 TL veganer Apfelessig
200 ml Rapsöl
Zitronensaft
Salz, Zucker, weißer Pfeffer

1. Den Sojadrink mit dem Sojalezithin-Pulver, dem Senf und dem Apfelessig in einem hohen Rührgefäß mit dem Pürierstab glatt pürieren.

2. Das Öl erst tropfenweise, dann in dünnem Strahl zugießen und weitermixen, bis die Mayonnaise stabil emulgiert ist. Die vegane Mayonnaise mit Zitronensaft, Salz, Zucker und weißem Pfeffer würzen und abschmecken.

STICKY BBQ SAUCE

Ergibt ca. 300 ml Sauce
Zubereitungszeit: ca. 50 Min.

1 rote Peperoni
1 TL geräuchertes scharfes Paprikapulver (Pimentón ahumado picante)
100 ml Apfelessig
25 ml Aceto balsamico
50 g Melasse (ersatzweise Agavendicksaft), 4 EL gereifter Rum
1 EL Knoblauchpulver
2 EL scharfer Senf
0,5 TL gemahlener Piment
1 TL feines Meersalz
1 TL Pfeffer, 1 TL Räuchersalz
3 EL brauner Rohrzucker
1 TL Räuchersalz
3 EL dunkler Rohrzucker
3 EL vegane Worcester-Sauce
50 g Ketchup
1 TL Chilipulver
250 g Tomatenmark
Salz, Zitronensaft

1. Die Peperoni waschen, putzen, längs halbieren, von den weißen Trennwänden und Kernen befreien und sehr fein hacken. Die Peperoni mit den übrigen Zutaten (außer Chilipulver, Tomatenmark, Salz und Zitronensaft) in einem Topf kurz aufkochen. Alles mit dem Schneebesen glatt rühren und bei mittlerer Hitze 10 Min. köcheln lassen. (Ggf. auf vegane Herstellung der Essige und des Ketchups achten.)

2. Anschließend Chilipulver und Tomatenmark unterrühren und alles in 30 Min. langsam bei niedriger Hitze sämig einköcheln lassen, dabei wiederholt mit dem Schneebesen umrühren. Die Sauce zum Schluss mit Salz und Zitronensaft abschmecken und noch heiß in eine sterilisierte Flasche füllen. Sie hält im Kühlschrank 2–3 Monate.

GRUNDREZEPTE
SAUCEN

TOMATENSAUCE NR. 1 (SCHNELL & LEICHT; AUCH FÜR PIZZA)

Ergibt ca. 750 ml Sauce

Zubereitungszeit: ca. 45 Min.

300 g reife Tomaten (z. B. San Marzano- oder Flaschentomaten)
2 rote Zwiebeln
1 Knoblauchzehe
25 g Ingwer
1 EL Olivenöl
1 EL brauner Rohrzucker
2 Zweige Rosmarin
1 TL Meersalz
1 Prise Pfeffer
1 Dose geschälte Tomaten (400 g)
1 Prise Salz
Salz, Zucker

1. Die Tomaten waschen und klein schneiden. Zwiebeln und Knoblauch schälen und klein würfeln. Den Ingwer schälen und sehr fein würfeln. In einer hohen Pfanne das Öl erhitzen und die Zwiebeln darin 2 Min. anbraten. Knoblauch, Ingwer und Rohrzucker zugeben und alles leicht karamellisieren lassen.

2. Rosmarin abbrausen und trocken schütteln. Meersalz, Pfeffer, Rosmarin und geschälte Tomaten zugeben und alles 30 Min. bei niedriger Hitze köcheln lassen. Den Rosmarin entfernen, die Sauce mit dem Pürierstab glatt pürieren und durch ein feines Sieb passieren. Die Tomatensauce mit Salz und Zucker kräftig abschmecken. Sie lässt sich portionsweise tiefkühlen und hält so 10–12 Monate.

TOMATENSAUCE NR. 2

Ergibt ca. 3,5 l Sauce

Zubereitungszeit: ca. 3 Std. 45 Min.

2 kg reife Tomaten (z. B. San Marzano)
50 g getrocknete Tomaten
400 g rote Zwiebeln
10 Knoblauchzehen, 50 g Ingwer
100 g Fenchel, 200 g Möhren
150 g Staudensellerie
150 g Lauch, 1 EL Olivenöl
4 EL brauner Rohrzucker
2 EL Tomatenmark, 250 ml Madeira
500 ml trockener Rotwein
2 Stängel Oregano
je 2 Zweige Thymian und Rosmarin
1 EL Salbeiblätter, fein gehackt
1 l Wurzelgemüsefond (s. S. 28)
100 g Umami-Würzpaste (s S. 29)
Salz, Pfeffer, Zucker

1. Die Tomaten häuten und fein hacken. Getrocknete Tomaten in kleine Würfel schneiden. Zwiebeln, Knoblauch und Ingwer schälen und fein hacken. Das Gemüse waschen oder schälen, putzen und klein schneiden. In einem großen Topf das Öl erhitzen, Zwiebeln und Knoblauch mit dem Zucker darin goldbraun braten. Gemüse und Tomatenmark zufügen und 5 Min. mitrösten.

2. Alles mit dem Madeira ablöschen und diesen wieder vollständig einkochen lassen. Den Rotwein zugießen und auf die Hälfte reduzieren. Kräuter abbrausen, trocken schütteln, mit dem Wurzelgemüsefond zugeben und alles zugedeckt 3 Std. bei niedriger Hitze köcheln lassen, dabei ab und zu umrühren.

3. Kräuterstängel und -zweige entfernen, die Umami-Würzpaste einrühren und alles noch 10 Min. köcheln lassen. Die Sauce mit dem Pürierstab glatt pürieren und mit Salz, Pfeffer und Zucker abschmecken. Sie lässt sich gut auf Vorrat kochen und hält portionsweise tiefgekühlt 10–12 Monate.

GRUNDREZEPTE
BUNS

BURGER BUNS TANGZHONG STYLE

Ergibt 9 Stück (je 80 g)
Zubereitungszeit: ca. 45 Min. + 3 Std. 25 Min. Ruhezeit

370 g Weizenmehl (Type 550) + etwas zum Arbeiten
160 ml kalter Haferdrink (ungesüßt) + 3 EL zum Bestreichen
18 g frische Hefe
¼ TL Salz
30 g Rohrohrzucker
1 EL Rapsöl (kalt gepresst, ersatzweise Oliven- oder Avocadoöl) + etwas zum Arbeiten
10 g feines Meersalz
350 g Weizenmehl Type 550
10 g feines Meersalz
55 g weiche vegane Butter (gewürfelt, z. B. Naturli Organic Vegan Block)
1 EL Ahornsirup (ersatzweise Agavendicksaft)

1. Zunächst den Tangzhong zubereiten – ein Mehlkochstück, das Teigwaren sehr weich macht und länger frisch hält: Dafür in einem kleinen Topf 20 g Mehl und 100 ml Wasser mit dem Schneebesen vermischen und bei mittlerer Hitze unter ständigem Rühren kochen, bis die Masse an Kleister erinnert. Den Tangzhong auf einen Teller geben, glatt streichen, mit Frischhaltefolie bedeckt mindestens 25 Min. abkühlen lassen.

2. Haferdrink, Hefe, Zucker und Öl in die Rührschüssel der Küchenmaschine geben. Das restliche Mehl mit Salz, veganer Butter und Tangzhong zugeben und alles auf niedrigster Stufe vermischen, anschließend auf der mittleren Stufe in 15 Min. glatt kneten. Mit der Fensterprobe (s. S. 74) prüfen, ob der Teig elastisch genug ist. Den Teig zu einer Kugel formen, in eine geölte Schüssel legen und mit einem feuchten Geschirrtuch bedeckt im kalten Backofen bei eingeschaltetem Licht 2 Std. gehen lassen.

3. In der Zwischenzeit den Haferdrink zum Bestreichen mit dem Ahornsirup und dem Salz in einer Schüssel verrühren. Den Teig auf eine leicht bemehlte Arbeitsfläche stürzen, in neun Portionen (à ca. 80 g) teilen und mit den Händen zu glatten Kugeln formen. Die Teiglinge mit ausreichend Abstand auf ein mit Backpapier belegtes Backblech setzen und mit der Haferdrink-Streiche bepinseln. Die Teiglinge mit einem entsprechend großen Stück geölter Frischhaltefolie bedecken und nochmals 1 Std. gehen lassen.

4. Den Backofen auf 200° vorheizen. Die Teiglinge erneut mit der Streiche bepinseln. Das Blech auf der mittleren Schiene in den Ofen schieben, 100 ml Wasser auf den heißen Ofenboden gießen und die Brötchen in 20 Min. goldbraun backen.

GRUNDREZEPTE
BUNS

BAO BUNS

Ergibt 14-16 Stück
Zubereitungszeit: 30 Min.
+ 2 Std. 40 Min. Ruhezeit

125 ml lauwarmer Haferdrink (ungesüßt)
2 EL neutrales Öl + etwas zum Arbeiten
2 EL Zucker
1 EL Trockenhefe
310 g Weizenmehl (Type 550)
½ TL Backpulver
½ TL Salz

1. In einer Schüssel 80 ml lauwarmes Wasser mit dem Haferdrink, Öl, Zucker und Trockenhefe verrühren und 10 Min. stehen lassen. In der Rührschüssel der Küchenmaschine Mehl, Backpulver und Salz vermischen. Die Hefemischung zugießen und alles auf mittlerer Stufe 5–7 Min. kneten. Den Teig in eine geölte Schüssel legen, mit einem Geschirrtuch abdecken und im kalten Backofen bei eingeschaltetem Licht 2 Std. gehen lassen.

2. Den Teig auf einer Arbeitsfläche ca. 1 cm dick ausrollen und daraus Scheiben (ca. 10 cm Ø) ausstechen. Diese dünn mit Öl bestreichen, in der Mitte zusammenklappen und mit dem Nudelholz sanft andrücken. Zum Dämpfen im Dampfgarer das Hefekloß-Programm verwenden. Bei Verwendung von Bambusdämpfkörbchen die Ebenen mit Dampfgarerpapier auslegen. Pro Ebene je 4–5 Bao Buns einlegen und abgedeckt 30 Min. ruhen lassen.

3. Eine entsprechend große Pfanne (oder einen Topf) zu einem Drittel mit Wasser füllen und dieses kurz aufkochen. Die Temperatur verringern, jeweils ein Bambusdämpfkörbchen mit Deckel aufsetzen und die Bao Buns 10 Min. dämpfen, dabei darf das Wasser den Boden des Dampfkörbchens nicht berühren. Die Pfanne (oder den Topf) beiseitestellen, den Deckel leicht öffnen und die Brötchen 2 Min. ausdampfen lassen. Die übrigen Bao Buns ebenso dämpfen, möglichst noch warm füllen und servieren.

GRUNDREZEPTE **BRÖTCHEN**

VEGANE HOTDOG-BRÖTCHEN

Ergibt 9 Stück (je 95 g)

Zubereitungszeit: ca. 30 Min. + 2 Std. 25 Min. Ruhezeit

1 TL Zucker
Öl zum Arbeiten
9 g Trockenhefe
1 EL + 500 g Weizenmehl (Type 550; ersatzweise Dinkelmehl Type 630)
1 TL feines Meersalz
1 EL flüssige vegane Butter + etwas zum Bestreichen
35 g weiche vegane Butter (ersatzweise vegane Bratmargarine)

1. In der Rührschüssel der Küchenmaschine 330 ml lauwarmes Wasser mit dem Zucker, der Trockenhefe und 1 EL Mehl verquirlen und 10 Min. ruhen lassen. Das übrige Mehl mit dem Meersalz und der veganen Butter dazugeben und alles mit dem Knethaken auf niedriger Stufe vermengen, dann auf mittlerer Stufe 5–10 Min. kneten, bis der Teig weich und elastisch ist. Zu einer Kugel formen, den Teig in eine geölte Schüssel legen, mit einem feuchten Geschirrtuch abdecken und an einem warmen Ort 1 Std. gehen lassen. Anschließend den Teig in 9 Portionen (zu je 95 g) teilen, zu Kugeln formen und auf einer bemehlten Arbeitsfläche mit einem feuchten Geschirrtuch bedeckt 15 Min. gehen lassen. Ein Backblech mit Backpapier belegen. Die Teigkugeln auf einer Silikonmatte zu ca. 5 mm dicken ovalen Fladen ausrollen. Diese mit beiden Händen von der breiten Seite mit leichtem Druck aufrollen und die Teiglinge mit der Naht nach unten mit mindestens 2 cm Abstand auf das Backblech legen. Ein entsprechend großes Stück Frischhaltefolie mit Öl bestreichen, die Teiglinge damit abdecken und 1 Std. an einem warmen Ort gehen lassen.

2. Den Backofen mit einem auf der unteren Schiene eingeschobenen Backblech auf 220° vorheizen. Die Teiglinge großzügig mit Wasser besprühen und auf der mittleren Schiene in den Ofen schieben. 100 ml Wasser auf das untere Blech gießen, die Ofentüre schließen und die Hotdog-Brötchen 13–15 Min. backen, bis sie leicht gebräunt sind. Herausnehmen, mit flüssiger veganer Butter bestreichen und die Brötchen mit einem Tuch abgedeckt abkühlen lassen.

TIPP: Alle in diesem Buch rezeptierten Teige können auch in Handarbeit statt mit der Küchenmaschine hergestellt werden. Hierfür den Teig so lange von Hand kneten, bis er weich und elastisch ist und nicht mehr an den Händen kleben bleibt. Erfahrungsgemäß dauert dieser Vorgang 5–10 Min. länger als mit der Küchenmaschine.

GRUNDREZEPTE
TEIGBLÄTTER

GYOZA-TEIGBLÄTTER

Ergibt 30–35 Stück
Zubereitungszeit: 30 Min.
+ 30 Min. Ruhezeit

7 g Meersalz
250 g Weizenmehl (Type 550; ersatzweise Dinkelmehl Type 630)
Mehl zum Arbeiten

1. In einem Topf 160 ml Wasser mit dem Salz aufkochen. Das Mehl in eine Schüssel sieben und nach und nach das Salzwasser mit einer Gabel unterrühren. Alles mit den Händen zu einem homogenen Teig kneten. Den Teig auf einer bemehlten Arbeitsfläche ca. 8 Min. weiterkneten, dabei den Teig mit dem Handballen wiederholt vom Körper wegdrücken. Den Gyoza-Teig zu einer Kugel formen und in einem luftdichten Behältnis 30 Min. ruhen lassen.

2. Eine Arbeitsfläche leicht mit Mehl bestäuben. Den Teig zu einer Rolle von ca. 3 cm Durchmesser formen, in 30–35 Stücke schneiden und in das Behältnis zurücklegen. Jeweils ein Teigstück entnehmen, leicht mit Mehl bestäuben und mit dem Nudelholz zu einem Kreis (ca. 10 cm Ø) ausrollen. Alternativ (und etwas schneller) den Teig mit der Nudelmaschine portionsweise bis auf Stufe 3 zu dünnen Bahnen ausrollen und anschließend mit einem glatten Ausstechring (ca. 10 cm Ø) Kreise ausstechen.

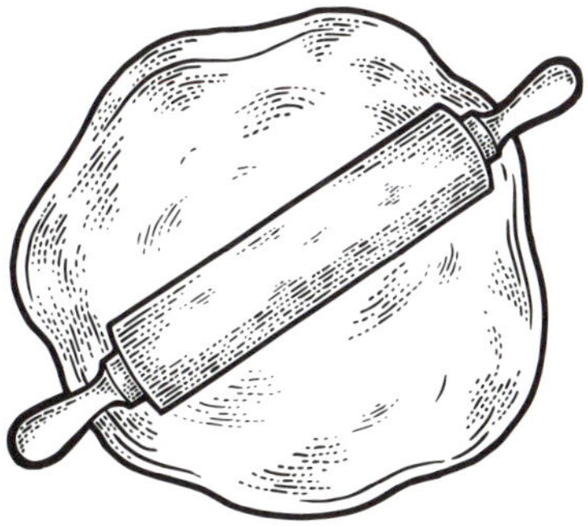

BROTZEIT & FAST FOOD

WENN ES SCHNELL GEHEN MUSS, LANDET MEIST IRGENDETWAS MIT FLEISCH ODER WURST AUF DEM FAST-FOOD-TELLER. NICHT BEI UNS, HIER IST ALLES VEGGIE ODER VEGAN – VON CURRYVURST ROTWEISS ÜBER PIZZA, VURSTSALAT UND DÖNER BIS ZU GRILLFACKEL UND LEBERVURSTBROT!

CURRY SCHRANKE!

CURRYVURST MIT POMMES UND MAYO

Mit geschätzten 800 Millionen servierten Portionen jährlich ist die Currywurst die meistgeliebte Mahlzeit der Deutschen. Erfunden wurde sie angeblich von der Berliner Imbiss-Wirtin Herta Heuwer, die 1949 von alliierten Soldaten Ketchup und Currypulver ergattern konnte. Weil aber in fast jedem Rezept der eigentliche Wurstgeschmack neben der Sauce verblasst, können auch gute vegane Varianten auf Augenhöhe mitspielen.

FÜR 4 PERSONEN
Zubereitungszeit: ca. 20 Min.
Pro Portion ca. 930 kcal,
35 g E, 55 g F, 75 g KH

FÜR DIE CURRYVURST
1 EL Öl
4 vegane Bockwürste

FÜR DIE CURRYSAUCE
2 EL Currypulver
400 g Tomatensauce Nr. 2 (s. S. 39)
50 ml Rotweinessig
2 TL Zucker
2 EL Tomatenmark
100 g Tomatenketchup

FÜR DIE POMMES
500 g Pommes frites (auch TK)
1 EL Meersalzflocken (z. B. Maldon Sea Salt Flakes)

ZUM FERTIGSTELLEN
Currypulver zum Bestreuen
100 g Mayonnaise

FLEISCHALTERNATIVE
Vantastic foods Vegane Bockwurst 200 g (Basis: Weizengluten); ersatzweise Viva Maris vegane Algen-Currywurst (Erbsenprotein) oder als Bratwurst Beyond Meat Sausage (Erbsenprotein)

CURRYVURST

In einer Pfanne das Öl erhitzen und die Vürste darin unter Wenden ringsum anbraten und bräunen.

CURRYSAUCE

Für die Sauce alle Zutaten in einem Topf vermengen und kurz aufkochen, dann bei mittlerer Hitze in ca. 10 Min. zähflüssig einkochen lassen. Die Currysauce abschmecken.

POMMES

Die Pommes frites selbst herstellen oder nach Packungsanweisung zubereiten und mit Salzflocken bestreuen.

FERTIGSTELLEN

Etwas Currysauce auf Teller verteilen. Die Vürste nach Belieben ganz lassen oder schräg in Scheiben schneiden, darauf anrichten, mit etwas Currysauce umträufeln und mit reichlich Currypulver bestreuen. Die Curryvurst mit Pommes frites, Mayonnaise und der übrigen Sauce servieren.

Veganize me!

Vegane Mayonnaise (s. S. 38) zu den Pommes reichen. Beim Ketchup darauf achten, dass es nicht mit Honig gesüßt ist. Der Wein im Essig muss vegan geklärt worden sein.

VÖNER MIT ALLES!

DÖNER IM FLADENBROT

Veganize me!

Zaziki mit veganer Creme statt Joghurt und Sahne herstellen. Bei den Essigsorten darauf achten, dass der Grundwein nicht mit Gelatine oder Hühnereiweiß geklärt wurde.

In diesen Streetfood-Klassiker gehört alles, nur kein Dativ. Augenzwinkernd ist auch die Verwendung von Soja-Steaks als Vleisch, was bei der richtigen Würzung sogar besser schmeckt als so manch trockene Hammelstücke vom Imbiss. Aber das Wichtigste an so einem Döner ist natürlich die große Serviette, um hinterher Mund, Finger und das T-Shirt wieder sauber zu kriegen.

FÜR 4 PERSONEN
Zubereitungszeit: ca. 1 Std.
Abkühl- und Marinierzeit: 2 Std.
Pro Portion ca. 685 kcal,
40 g E, 30 g F, 55 g KH

FÜR DAS DÖNER-VLEISCH
1 l Marinade Nr. 1 (s. S. 31)
4 Vantastic Big Steaks
4 EL Olivenöl (raffiniert)

FÜR DEN ROTKOHLSALAT
200 g Rotkohl
1 TL feines Meersalz
50 ml gereifter Aceto balsamico
3 EL Olivenöl
Pfeffer

FÜR DAS ZAZIKI
150 g Salatgurke
1 Knoblauchzehe
100 g griechischer Joghurt
100 g saure Sahne
1 EL Weißweinessig (ersatzweise Zitronensaft)
Salz, Pfeffer, 1 Bund Dil

ZUM FERTIGSTELLEN
1 Fladenbrot
1 Tomate, 1 rote Zwiebel
1 Bund Koriandergrün
8 Gurkenscheiben
1 rote Zwiebel
1 EL Chiliflocken

FLEISCHALTERNATIVE
Vantastic foods Big Steaks (Basis: Sojaprotein); ersatzweise Veggyness Veganer Fleischkäse (Weizengluten)

DÖNER-VLEISCH

In einem Topf die Marinade aufkochen, Big Steaks einlegen und bei mittlerer Hitze zugedeckt 45 Min. kochen, dabei darauf achten, dass nichts am Topfboden anbrennt. Das Vleisch herausnehmen und die Marinade durch ein Sieb passieren (sie kann wiederverwendet werden). Die Big Steaks 2 Std. abkühlen lassen und zwischen mehreren Lagen Küchenpapier gut ausdrücken, bis keine Flüssigkeit mehr austritt, dann mit einer Aufschnittmaschine in sehr dünne Scheiben schneiden und ungleichmäßig zerreißen. In einer Pfanne das Öl erhitzen und die Streifen darin kross anbraten. Bei Verwendung von Veggyness Fleischkäse ebenso verfahren.

ROTKOHLSALAT

Den Rotkohl putzen, fein raspeln, in eine Schüssel geben, salzen und ca. 2 Min. gut durchkneten (Tipp: Silikonhandschuhe tragen). Übrige Zutaten untermischen und den Salat 1 Std. ziehen lassen.

ZAZIKI

Die Gurke waschen oder schälen und raspeln. Die Knoblauchzehe abziehen und fein hacken. Den Joghurt in einer kleinen Schüssel mit der sauren Sahne glatt rühren, Essig und Knoblauch unterrühren. Alles gut vermengen und mit Salz und Pfeffer würzen. Den Dill waschen, trocken schütteln, die Spitzen abzupfen, fein hacken und unterrühren. Das Zaziki abschmecken.

FERTIGSTELLEN

Den Backofen auf 200° (Umluft) vorheizen. Das Fladenbrot darin ca. 5 Min aufbacken, vierteln und von der Spitze her ein-, aber nicht durchschneiden, sodass sich eine Tasche öffnen lässt. Die Tomate waschen, trocken tupfen und in dünne Scheiben schneiden. Zwiebel abziehen und in Ringe schneiden. Koriandergrün abbrausen, trocken schütteln und die Blättchen abzupfen. Den Rotkohlsalat abtropfen lassen und mit Küchenpapier trocken tupfen. Die Brottaschen weit öffnen, Gurkenscheiben und übrige Komponenten einlegen, alles mit Zaziki toppen und mit Chiliflocken würzen. Die Taschen zuklappen und als Fingerfood genießen.

WUFF! WUFF! NYC-STYLE!

HOTDOG MIT SAUERKRAUT

Deutsche Einwanderer brachten im 19. Jahrhundert ihre Wurstkultur nach Amerika, wo deren „Frankfurter“ wegen der Form und der Dackel- Farbe als „Dachshund Sausages“ verkauft wurden. Im hektischen New York wanderten sie erstmals in längliche Brötchen und konnten damit problemlos im Gehen gegessen werden. Allerdings nicht wie in Schweden mit Gurkensalat, sondern mit Sauerkraut – als Kosher Hotdog.

FÜR 4 PERSONEN
Zubereitungszeit: ca. 15 Min.
Pro Portion ca. 765 kcal,
25 g E, 30 g F, 100 g KH

FÜR DIE HOTDOGS
8 Vürstchen
8 vegane Hotdog-Brötchen (s. S. 42)
8 EL Ketchup
200 g vorgegartes Sauerkraut (aus der Dose)

ZUM FERTIGSTELLEN
Ketchup
75 g mittelscharfer Senf
16 Jalapeño-Chiliringe (frisch oder aus dem Glas)
50 g Röstzwiebeln (Fertigprodukt)

FLEISCHALTERNATIVE
Viva Maris vegane Algen-Wienerwurst (Basis: Erbsen- und Kartoffelprotein); ersatzweise Rügenwalder Vegetarische Mühlen Würstchen (Basis: Eiweiß; Methylcellulose)

HOTDOGS

Die Vürstchen in leicht siedendem Wasser erhitzen. Die Hotdog-Brötchen längs ein-, aber nicht durchschneiden und aufklappen. Beide Hälften innen mit Ketchup bestreichen. Das Sauerkraut abgießen, ausdrücken, mit einer Gabel lockern und gleichmäßig darauf verteilen. Jeweils 1 Vürstchen in das Kraut drücken und die Brötchen leicht zusammendrücken.

FERTIGSTELLEN

Die Hotdogs mit Ketchup, Senf, Jalapeño-Chililringen und Röstzwiebeln toppen und als Fingerfood genießen.

Veganize me!

Die erstgenannte Wurstsorte verwenden. Bei Senf und Ketchup auf vegane Zutaten (Wein, kein Honig) achten.

PIZZA PARTY!

PIZZA MIT SALAMI, SCHINKEN, CHAMPIGNONS, ARTISCHOCKEN, TOMATEN UND KAPERN

Der mit Tomatensauce, Käse und allerlei Leckereien belegte Hefeteigfladen ist Italiens wichtigster Exportartikel: In kaum einem Land der Welt ist Pizza nicht als schnelle Happy-Mahlzeit beliebt. Leider werden sie im heimischen Herd wegen der zu niedrigen Temperatur oft matschig. Die 400° der Profi-Öfen muss man nicht haben, aber mehr als 250° wären schon gut – und ein Pizzastein auf dem Backblech.

***Temperaturregel**: Ist die Raumtemperatur im Sommer um ein bis zwei Grad höher als die angegebenen 21°, verringert sich die Gehzeit jeweils um eine Stunde, der Teig muss dann statt 20 nur noch 19 und statt 4 nur noch 3 Std. gehen.

FÜR 4 PERSONEN
Zubereitungszeit: ca. 40 Min.
Ruhezeit: 25 Std.
Pro Portion ca. 975 kcal,
55 g E, 25 g F, 130 g KH

FÜR DEN PIZZA-TEIG
(4–6 Pizzas)
12 g feines Meersalz
0,5 g frische Hefe
640 g Pizzamehl tipo 00 (z. B. von Caputo, ersatzweise Weizenmehl Type 550)

FÜR DIE PIZZA-SAUCE
400 g Tomatensauce Nr. 1 (s. S. 39)

ZUM FERTIGSTELLEN
160 g vegane Salami (2 Packungen)
100 g veganer Speck
250 g Artischocken (aus Dose oder Glas)
4 große Champignons
100 g Kirschtomaten
8 große Kapernäpfel
300 g Käse (z. B. Gouda, Mozzarella)
4–6 TL gerebelter Oregano
50 g schwarze Olivenscheiben
Basilikum zum Garnieren (nach Belieben)

AUSSERDEM
Mehl zum Arbeiten

FLEISCHALTERNATIVE
Rügenwalder Vegane Mühlen Salami (Basis: Weizengluten) und Vantastic foods veganer Räucherspeck (Basis: Sojaprotein); ersatzweise Rügenwalder vegetarischer Mühlen Snack Typ Salami (Weizengluten; Eiweiß) und Vantastic foods Carpaccio Bacon Style (Weizengluten)

Veganize me!

Rügenwalder Vegetarischer Mühlen Snack ist wegen der Eiweißbasis tabu. Zum Bestreuen statt Käse aus Milch veganen Schmelzkäse verwenden.

PIZZA-TEIG

370 ml Wasser (Raumtemperatur 20–23°) mit dem Salz in der Rührschüssel der Küchenmaschine vermengen. Die Hefe zum Mehl geben und mit den Fingern zerkrümeln. Die Mehlmischung zum Wasser geben und alles mit dem Knethaken bei niedriger Stufe mischen, bis sich die Zutaten verbunden haben. Die Schüssel mit einem feuchten Geschirrtuch bedecken und die Mischung ca. 1 Std. gehen lassen. Anschließend den Teig bei mittlerer Stufe 5–8 Min. kneten, bis er elastisch ist. Zu einer Kugel formen, in eine luftdichte Gärbox (oder eine Plastikschüssel mit Deckel) legen und diese verschließen. Den Teig 20 Std. bei Raumtemperatur (21°) gehen lassen. Ist die Raumtemperatur höher, die Temperaturregel beachten*. Anschließend den Teig auf einer mit Mehl bestäubten Arbeitsfläche in vier bis sechs gleich große Portionen teilen, zu Kugeln formen, in die Box zurücklegen und diese verschließen. Die Teiglinge darin noch weitere 4 Std. gehen lassen. Auch hier gilt die Temperaturregel*!

PIZZA-SAUCE

In einem Topf die Tomatensauce in ca. 15 Min. sämig einköcheln lassen, beiseitestellen und abkühlen lassen.

FERTIGSTELLEN

Vegane Salami und veganen Speck ganz lassen oder in Streifen schneiden. Die Artischocken abtropfen lassen und vierteln. Die Pilze putzen und in dünne Scheiben schneiden. Kirschtomaten waschen, trocken tupfen und in Scheiben schneiden. Kapernäpfel abtropfen lassen und halbieren. Den Käse reiben. Eine Stunde vor der Zubereitung den Backofen auf maximale Temperatur (ideal: 300°) vorheizen, dabei den Pizzastein (falls vorhanden) oder das umgedrehte Blech von Anfang an mit einschieben und vorheizen. Die Teiglinge auf einer bemehlten Arbeitsfläche mit etwas Mehl bestäuben. Aus der Mitte des Ballens heraus den Teig mit beiden Händen nach außen drücken, dabei die Pizza so lange im Kreis drehen bis der gewünschte Durchmesser erreicht ist. Die Pizzaböden gleichmäßig mit der Tomatensauce bestreichen, dabei einen ca. 2 cm breiten Rand frei lassen. Die Fladen mit Käse und Oregano bestreuen. Die Pizzas nach Wunsch mit den vorbereiteten Zutaten und den Olivenscheiben belegen und jeweils auf dem heißen Pizzastein oder Backblech in 8–9 Min. knusprig backen, dabei nach der Hälfte der Backzeit einmal drehen. Herausnehmen, die Pizzas nach Belieben mit Basilikum garnieren und servieren.

NUGGETS-DREIER!

NUGGETS MIT SWEET-CHILI-DIP UND JALAPEÑOS

Nuggets sind die kleinen Brüder und Schwestern der panierten Schnitzel. Und wie bei den großen Verwandten befindet sich im Inneren der meist wohlschmeckenden und knusprig ausgebratenen Panierungsschichten Füllmassen, die aus diversen Fasern zusammengefügt wurden. Das können Reste der Hühnerfleischproduktion sein – und die sind auch nicht geschmacksstärker als zum Beispiel texturiertes, angenehm gewürztes Sojaprotein.

FÜR 4 PERSONEN
Zubereitungszeit: ca. 25 Min.
Pro Portion ca. 515 kcal,
20 g E, 35 g F, 30 g KH

FÜR DIE NUGGETS
1 l Öl zum Frittieren
1 Pck. Rügenwalder Vegane Mühlen Nuggets
1 Pck. Valess Crispy Sticks
1 Pck. Endori Veggie Nuggets

FÜR DEN DIP
1 rote Chilischote
25 g Ingwer
50 g Frühlingszwiebel
2 EL Reisessig
2 EL Limettensaft
75 g Frühlingsrollensauce

ZUM FERTIGSTELLEN
1 Glas grüne Jalapeño-Chiliringe

FLEISCHALTERNATIVE
Variante 1: Rügenwalder Vegane Mühlen Nuggets (Basis: Sojaprotein), Valess Crispy Sticks (Milch), Endori Veggie Nuggets (Erbsenprotein).
Variante 2: Like Meat Like Nuggets (Basis: Sojaprotein), The Vegetarian Butcher Beflügel Nuggets (Sojaprotein), Garden Gourmet Nuggets (Soja- und Weizenprotein)

NUGGETS

Den Backofen auf 100° vorheizen. Ein Backblech mit mehreren Lagen Küchenpapier auslegen und einschieben. In einem hohen Topf das Öl auf 180° erhitzen und die Nuggets darin portionsweise goldgelb frittieren. Mit dem Schaumlöffel herausheben, mit ausreichend Abstand auf das vorbereitete Blech legen und im Ofen entfetten und warm halten.

DIP

Die Chilischote waschen, längs halbieren, Kerne und weiße Trennwände entfernen und das Fruchtfleisch sehr fein hacken. Den Ingwer schälen, die Frühlingszwiebel waschen und putzen und beides sehr fein hacken. Alles mit dem Reisessig, dem Limettensaft und der Frühlingsrollensauce zu einem Dip verrühren.

FERTIGSTELLEN

Die Jalapeño-Chiliringe abgießen, abtropfen lassen und in eine Schüssel geben. Die Nuggets nach Belieben auf Back- oder Pergamentpapier in eine Schüssel geben oder auf Teller verteilen, mit ein paar Jalapeño-Chiliringen bestreuen und servieren. Den Dip und die übrigen Chiliringe in Schälchen separat dazu reichen.

Veganize me!
Like Meat Nuggets statt Valess Crispy Sticks verwenden.

NICHT LANGE FACKELN!

GRILLFACKELN MIT BBQ-DIP, PARTYSALAT & GRILLBROT

Das Wichtigste bei diesem Grillspaß ist: nicht lange fackeln! Denn im Gegensatz zu ihren mit schmalen Streifen vom fetten Schweinebauch umwickelten tierischen Vorbildern sind diese BBQ-Fackeln starker Hitze gegenüber recht empfindlich. Macht nichts, denn das Vleisch kommt bereits vorgegart auf die Spieße und braucht nur kurze Röstzeiten.

FÜR 4 PERSONEN
Zubereitungszeit: ca. 1 Std.
Abkühlzeit: 2 Std.
Pro Portion ca. 715 kcal, 35 g E, 30 g F, 65 g KH

FÜR DIE BBQ-FACKELN
500 ml Marinade Nr. 1 (s. S. 31)
4 Vantastic Big Steaks
Raucharoma (z. B. The Original Australian – Liquid Smoke Hickory Natural)
4 EL Sticky BBQ Sauce (s. S. 38)
Öl zum Grillen

FÜR DEN PARTYSALAT
100 g Weißkohl
2 Möhren, 1 Salatgurke
4 EL Apfelessig, 5 EL Olivenöl
Salz, Pfeffer, Zucker
Jalapeño-Chiliringe (aus dem Glas, nach Belieben)

FÜR DAS RÖSTBROT
4 Scheiben Sauerteigbrot
4 EL Butter
1 TL Knoblauchpulver

AUSSERDEM
Sticky BBQ Sauce (s. S. 38)

FLEISCHALTERNATIVE
Vantastic food Big Steaks (Basis: Sojaprotein); ersatzweise Seitan Nr. 3 (Weizengluten; s. S. 35).

Veganize me!
Für die Fackeln Lupinen-Geschnetzeltes, vegane Butter, Cashew-Käse und nach Packungsanweisung angerührtes veganes Eigelbpulver verwenden.

BBQ-FACKELN

In einem Topf die Marinade aufkochen, die Big Steaks einlegen und bei mittlerer Hitze zugedeckt 45 Min. kochen. Dabei darauf achten, dass nichts am Topfboden anbrennt, anschließend herausnehmen. (Marinade kann passiert und wiederverwendet werden.) Die Big Steaks 2 Std. abkühlen lassen und zwischen mehreren Lagen Küchenpapier gut ausdrücken, dann von der langen Seite her in dünne, ca. 2 cm breite Streifen schneiden. Die Vleischstreifen wellenförmig auf 8 Grillspieße stecken und etwas zusammenschieben. Die Grillfackeln mit 8 Stößen Raucharoma besprühen und mit einem Grillpinsel dünn mit der Sticky BBQ Sauce einstreichen. Die Spieße auf dem Grill oder in einer heißen Grillpfanne mit wenig Öl ringsum in 3–4 Min. kross rösten. Achtung: Brennt schnell an! Wenn Seitan verwendet wird: Diesen nach dem Kneten zu langen, dünnen Fäden formen, straff um zuvor 1 Std. gewässerte Holzspieße wickeln und 1 Std. in der Marinade Nr. 1 köcheln, anschließend abkühlen lassen und fertigstellen, wie beschrieben.

PARTYSALAT

Den Weißkohl putzen und fein hobeln. Möhren und Gurke schälen und in lange feine Streifen schneiden oder hobeln. Alles in einer Schüssel mit Essig und Öl vermischen, mit Salz, Pfeffer und etwas Zucker würzen. Den Salat kurz durchziehen lassen, abschmecken und nach Belieben mit Jalapeño-Chiliringen garnieren.

RÖSTBROT

Die Brotscheiben mit der Butter bestreichen und dem Knoblauchpulver bestreuen. Auf der nicht bestrichenen Seite auf dem Grill oder in einer heißen Grillpfanne ohne Fett rösten, bis die Butter schmilzt. Umdrehen und die Brote auf der anderen Seiten rösten, bis sie ein Grillmuster (Branding) aufweisen.

FERTIGSTELLEN

Die Röstbrote in Streifen schneiden oder in Stücke reißen. Partysalat in Schalen verteilen, die Grillfackeln darauf anrichten und servieren. Extra Sticky BBQ Sauce in Schälchen dazu reichen.

HEISS GELIEBT!

FLAMMKUCHEN MIT V-SPECK UND ZWIEBELN

Die Elsässer Spezialität, dort Tarte Flambée oder Flammekueche genannt, hat ihren Namen tatsächlich von Flammen. In früheren Zeiten wurde Brot in mit Holz befeuerten Steinöfen gebacken und die Bäcker schoben kurz vor dem Übergang von Feuer zur Glut ein flaches Stück Teig ein, um die korrekte Hitze zu prüfen. Auf den Fladen kam, was gerade da war: Crème fraîche, Zwiebeln und ein bisschen Speck.

FÜR 4 PERSONEN
Zubereitungszeit: ca. 50 Min.
Ruhezeit: 15 Min.
Pro Portion ca. 965 kcal,
35 g E, 50 g F, 90 g KH

BELAG
250 g veganer Speck
2 Zwiebeln

FLAMMKUCHEN-TEIG
440 g Dinkelmehl (Type 630)
9 g Salz
10 g Backpulver
60 ml neutrales Öl

ZUM FERTIGSTELLEN
400 g Crème fraîche
Pfeffer

AUSSERDEM
Mehl zum Arbeiten

FLEISCHALTERNATIVE
Vivera Veganer Speck (Basis: Sojaprotein); ersatzweise V-Speck Nr. 2 (Sojaprotein; s. S. 36) oder Vantastic foods Carpaccio Bacon Style (Weizenprotein)

BELAG

Bei Verwendung des selbst gemachten V-Specks: die marinierten, trocken getupften Big Steaks in schmale, ca. 2 cm lange Streifen schneiden. Die Zwiebeln schälen und in feine Ringe schneiden.

FLAMMKUCHEN-TEIG

Dinkelmehl, Salz und Backpulver in einer Schüssel vermischen. Das Öl und 250 ml lauwarmes Wasser dazugeben. Alles zu einem weichen, elastischen Teig verkneten, der nicht mehr klebt. Falls der Teig noch zu klebrig ist, teelöffelweise noch etwas Mehl einarbeiten. Den Teig zu einer Kugel formen und abgedeckt 15 Min. ruhen lassen. Anschließend den Flammkuchen-Teig in 4 Portionen teilen, leicht mit Mehl bestäuben und jeweils auf Backpapier zu einem dünnen runden Fladen ausrollen.

FERTIGSTELLEN

Den Backofen mit eingeschobenem Pizzastein (oder Backblech) auf Maximaltemperatur vorheizen. Liegt diese nicht über 250°, mit Umluft arbeiten, sonst Ober- und Unterhitze wählen. Die Fladen gleichmäßig mit Crème fraîche bestreichen, mit veganen Speckstreifen und Zwiebelringen belegen und kräftig mit Pfeffer würzen. Wenn die Ofentemperatur erreicht ist, den ersten Flammkuchen einschieben und 5–10 Min. backen, bis die Zwiebeln leicht gebräunt sind. Den Flammkuchen herausnehmen und servieren. Übrige Flammkuchen ebenso backen. Tipp: Am besten erst ein oder zwei Flammkuchen zu viert teilen und dann die übrigen backen.

Veganize me!

Statt Crème fraîche die Flammkuchen vor dem Belegen mit veganer Creme, z. B. Vega (Dr. Oetker) bestreichen.

BRATVURST-PARADE!

BRATVURST MIT SAUERKRAUT

Für diesen deutschen Klassiker haben wir fünf vegetarische oder vegane Bratwürste angebraten und verkostet. Nach unserem (Fleischesser-)Geschmack kommen die Würste von Meatless Farm am ehesten an die Textur des Schweinebrät-Originals heran, während die Valess-Wurst auf Milchbasis die authentischste Würzung aufwies. Die „Algen-Bratwurst“ schmeckte neutraler, die Würste auf Lupinen- und Seitan-Basis etwas trocken.

FÜR 4 PERSONEN
Zubereitungszeit: ca. 45 Min.
Pro Portion ca. 520 kcal,
30 g E, 25 g F, 25 g KH

FÜR DIE BRATVÜRSTE
8 Bratvürste nach Wahl
Fett zum Braten

FÜR DAS SAUERKRAUT
2 Zwiebeln, 1 Apfel
50 g Butterschmalz
2 EL Rohrzucker
750 g rohes Sauerkraut
150 ml trockener Weißwein
300 ml Wurzelgemüsefond (s. S. 28)
1 EL Wacholderbeeren
3 Lorbeerblätter
1 TL Kümmel
100 g veganer Speck Nr. 2 (s. S. 36)
2 EL Öl
Salz, Pfeffer

ZUM FERTIGSTELLEN
Senf nach Wahl

FLEISCHALTERNATIVE
5 Sorten im Bratvurst-Vergleich (im Bild links von oben nach unten):
Alberts Lupinen Rostbratwürstchen (Basis: Süßlupinensamen, Weizenprotein);
Vantastic foods Veganes Bratwürstchen (Weizenprotein), Meatless Farm Bratwurst (Soja- und Weizenprotein);
Valess Bratwurst (Milch);
Viva Maris Vegane Algen-Bratwurst (Erbsen- und Kartoffelprotein)

Veganize me!

Die Valess-Wurst ist nicht vegan. Beim Kraut vegane Bratmargarine statt Butterschmalz verwenden. Beim Wein auf vegane Klärung achten.

BRATVÜRSTE

Die Bratvürste grillen oder in der Pfanne in wenig Fett nach Belieben ringsum kross anbraten und bräunen.

SAUERKRAUT

Die Zwiebeln schälen und fein würfeln. Apfel schälen, entkernen und ebenfalls in feine Würfel schneiden. In einem Topf das Butterschmalz erhitzen, Zwiebel- und Apfelwürfel darin 5 Min. goldgelb anbraten, dann mit dem Zucker bestreuen und leicht karamellisieren lassen. Das Sauerkraut unterheben und unter ständigem Rühren 5 Min. mitbraten. Alles mit dem Wein ablöschen und diesen wieder einkochen lassen. Den Fond, die Wacholderbeeren, Lorbeerblätter und den Kümmel zugeben und alles bei mittlerer Hitze 35 Min. kochen, dabei ab und zu umrühren. In der Zwischenzeit den veganen Speck in feine, ca. 2 cm lange Streifen schneiden. In einer Pfanne das Öl erhitzen und die veganen Speckstreifen darin goldbraun braten. Die Lorbeerblätter herausnehmen und die gebratenen veganen Speckstreifen unter das Kraut mischen. Das Sauerkraut mit Salz und Pfeffer würzen und abschmecken.

FERTIGSTELLEN

Die Bratvürste auf Tellern anrichten und mit reichlich Senf nach Wahl servieren. Das Sauerkraut nach Belieben noch mit etwas Kümmel bestreuen und separat dazu reichen.

WELCOME TO THE CLUB!

CLUB SANDWICH MIT AUSTERNPILZEN UND V-SPECK

Namensgeber dieses nicht nur in Country Clubs und Fünfsternehotels beliebten Snacks war der 4th Earl of Sandwich, Sir John Montagu (1718–1792). Der leidenschaftliche Spieler nahm seine Mahlzeiten am Spieltisch ein – stets in zwei Brotscheiben verpackt. Mit der Zeit wurde das Sandwich immer dicker und als maulsperrender Triple-Decker in den USA erstmals 1903 in Isabel Gordon Curtis' „Good Housekeeping Everyday Cook Book" erwähnt.

FÜR 4 PERSONEN

Zubereitungszeit: ca. 40 Min.
Pro Portion ca. 1.200 kcal, 45 g E, 65 g F, 115 g KH

FÜR DIE FLEISCHALTERNATIVE

400 g Austernpilze
Salz, Pfeffer, rosenscharfes Paprikapulver
100 g Tempuramehl (Asienladen)
1 l Öl zum Frittieren

FÜR DAS RÖSTBROT

12 große Scheiben Weißbrot
50 g Butter
100 g vegane Mayonnaise (s. S. 38)

FÜR DIE FÜLLUNG

1 kleine Salatgurke
½ Kopf Eisbergsalat (klein)
2 EL Öl, 4 Eier
8 dünne Scheiben Butterkäse
50 g Dijonsenf

FLEISCHALTERNATIVE

Austernpilze (paniert & gebraten); Vantastic foods Veganer Räucherspeck (Basis: Soja- und Weizenprotein); ersatzweise Valess Steaks (Milch), Vantastic foods Carpaccio (Weizenprotein)

FLEISCHALTERNATIVE

Die Austernpilze von den harten Stielen befreien und leicht plattieren, dann mit Salz, Pfeffer und Paprikapulver würzen. Die Pilze in dem Tempuramehl wenden und das überschüssige Mehl abschütteln. In einem hohen Topf das Öl auf 180° erhitzen und die Pilze darin portionsweise goldgelb frittieren, dann mit dem Schaumlöffel herausheben und auf Küchenpapier entfetten. Falls Valess Steaks verwendet werden: Die Steaks jeweils waagerecht in drei dünne Scheiben schneiden und mit Salz, Pfeffer und Paprikapulver würzen. Die Scheiben in Mehl, verquirltem Ei und Paniermehl wenden und portionsweise im heißen Öl frittieren.

RÖSTBROT

Die Brotscheiben einseitig mit Butter bestreichen und mit der Butterseite auf dem Grill oder ohne Zugabe von Fett in einer heißen Grillpfanne rösten, bis ein Grillmuster zu erkennen ist. Die Brote auf die Röstseite legen und die andere Seite mit veganer Mayonnaise bestreichen.

FÜLLUNG

Die Gurke waschen, putzen, trocken tupfen und in dünne Scheiben schneiden. Eisbergsalat in Blätter teilen, waschen und trocken schleudern. Die Blätter kleiner zupfen. In beschichteter Pfanne das Öl erhitzen, die Eier aufschlagen und darin zu Spiegeleiern braten, das Eigelb sollte noch flüssig sein.

FERTIGSTELLEN

Pro Portion jeweils 3 Scheiben Röstbrot nach Belieben mit den vorbereiteten Zutaten und dem Butterkäse belegen, dabei die Salatschichten jeweils mit Senf bestreichen. Beim Belegen darauf achten, dass sich das Eigelb in der Mitte befindet. Zum Schluss die Brotscheiben diagonal halbieren, aufeinandersetzen und vorsichtig von oben drücken, bis ein wenig Eigelb ausläuft. Die Club Sandwiches jeweils noch mit einem Holzspieß fixieren und als Fingerfood servieren.

Veganize me!

Valess Steaks sind nicht vegan, Panieren mit Ei ebenfalls nicht. Statt Butter und Käse vegane Bratmargarine und Schmelzkäse verwenden. Gekochte Eier weglassen. Auf veganen Senf achten.

MÜNCHENS LAIB & SEELE!

BAYERISCHE LEBERKAS-SEMMEL

Auch wenn in Bayern das Brötchen mit der Scheibe Leberkäse zu den beliebtesten Snacks gehört – echte Leber wird man in der Fleischmasse vergeblich suchen. Das ist gut so, denn mit Innereien wurde der Fleischkäse nie hergestellt. Die Bezeichnung kommt von „Laib" (die Kastenform) und „Käs" für das kompakt gekutterte Brät. Ohne Leber kann man den „Käs" aber auch gleich vegan essen. Erst recht, wenn man ihn vorher pökelt.

FÜR 4 PERSONEN
Zubereitungszeit: ca. 45 Min.
Marinierzeit: 3 Tage
Pro Portion ca. 705 kcal,
45 g E, 40 g F, 35 g KH

FÜR DEN LEBERKÄSE
50 g Pökelsalz 0,5 % (beim Metzger oder im Internet bestellen)
2 Lorbeerblätter
5 Wacholderbeeren
1 TL Senfkörner
½ TL gemahlene Muskatblüte
½ TL gemahlener Ingwer
½ TL gemahlener weißer Pfeffer
1 TL gerebelter Thymian
1 TL gerebelter Majoran
4 Scheiben veganer Leberkäse
2 EL Öl

FÜR SPIEGELEI UND RÖSTZWIEBELN
1 EL Öl, 4 Eier
1 Zwiebel, 1 EL Mehl
1 Prise Salz
½ TL geräuchertes Paprikapulver (Pimentón ahumado)
25 g Butterschmalz

FERTIGSTELLEN
4 Laugenbrötchen
80 g süßer Senf

FLEISCHALTERNATIVE
Veggyness Veganer Fleischkäse (Basis: Weizengluten); ersatzweise Vantastic foods Vegane Brotzeit Scheibe (Weizengluten)

Veganize me!

Die Eier weglassen und Bratmargarine statt Butterschmalz verwenden.

LEBERKÄSE

In einem Topf 1 l Wasser zum Kochen bringen und das Pökelsalz darin auflösen. Die Gewürze und Kräuter zugeben und alles bei mittlerer Hitze 15 Min. kochen. Anschließend die Lake durch ein Sieb passieren und abkühlen lassen. Die veganen Leberkäsescheiben in ein verschließbares Gefäß legen, mit der Pökellake übergießen und 3 Tage im Kühlschrank marinieren. Dann herausnehmen, die Scheiben unter fließendem Wasser abspülen und sorgfältig trocken tupfen. In einer Pfanne das Öl erhitzen und die veganen Leberkäsescheiben darin von beiden Seiten goldbraun braten.

SPIEGELEI UND RÖSTZWIEBELN

In einer beschichteten Pfanne das Öl erhitzen, die Eier aufschlagen und darin zu Spiegeleiern braten. Die Zwiebel schälen, in feine Ringe schneiden und mit Mehl, Salz und Paprikapulver bestäuben. In einer Pfanne das Butterschmalz auf 150° erhitzen und die Zwiebel darin goldgelb braten. Herausnehmen und die Röstzwiebeln auf Küchenpapier entfetten.

FERTIGSTELLEN

Die Laugenbrötchen aufschneiden und beide Hälften üppig mit süßem Senf bestreichen. Jeweils eine Scheibe Leberkäse und ein Spiegelei auf die untere Hälfte legen und mit Röstzwiebeln bestreuen. Die oberen Brötchenhälften auflegen, leicht andrücken und die Leberkäse-Brötchen als Fingerfood genießen.

SCHWEINE NACH ATHEN!

PFANNENGYROS MIT ZAZIKI UND POMMES FRITES

Einen Gyrosteller als Inbegriff der Fleischküche vegan zu kochen – ist das nicht wie Schweine nach Athen zu tragen? Nein, ist es nicht. Nur am Zaziki entscheidet sich, ob wir diesen Klassiker vom „Beim Griechen“ vegetarisch oder komplett ohne Tierprodukte essen wollen. Nicht aber an dem Schweinegeschnetzelten. Denn das lässt sich auch aus Lupinensteaks rösten.

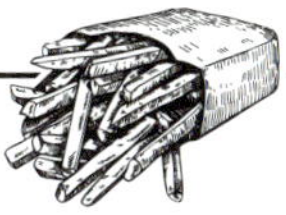

FÜR 4 PERSONEN
Zubereitungszeit: ca. 35 Min.
Abkühlzeit: 30 Min.
Pro Portion ca. 1.095 kcal, 55 g E, 60 g F, 75 g KH

FÜR DAS PFANNENGYROS
250 ml Marinade Nr. 1 (s. S. 31)
600 g Alberts Lupinen Geschnetzeltes
5 EL Olivenöl (raffiniert)
2 EL Gyros-Gewürzmischung

FÜR DAS ZAZIKI
300 g Salatgurke, 2 Knoblauchzehen
200 g griechischer Joghurt
200 g saure Sahne
1 EL Weißweinessig (ersatzweise Zitronensaft)
Salz, Pfeffer, 1 Bund Dill

FÜR DIE POMMES
500 g Pommes frites (auch TK)
1 EL Meersalzflocken (z. B. Maldon Sea Salt Flakes)

ZUM FERTIGSTELLEN
100 g Salatgurke, 150 g Kirschtomaten
1 rote Peperoni
1 rote Zwiebel, 1 Limette, Dill
Salz, Pfeffer, Oregano

FLEISCHALTERNATIVE
Alberts Lupinen Geschnetzeltes (Basis: Süßlupinensamen & Weizenprotein); ersatzweise Like Meat Like Gyros (Sojaprotein)

Veganize me!

Den Joghurt und die saure Sahne mit veganen Alternativcremes ersetzen, dabei vergleichbaren Fettgehalt sicherstellen. Beim Essig auf vegane Herstellung des Weines achten.

PFANNENGYROS

Die Marinade in einem Topf erhitzen, das Lupinengeschnetzelte zugeben und kurz aufkochen. Den Topf vom Herd nehmen, alles 30 Min. abkühlen lassen, durch ein Sieb passieren (die Marinade kann wiederverwendet werden) und die Lupinenstreifen mit Küchenpapier trocken tupfen. In einer großen Pfanne das Öl erhitzen, das Geschnetzelte darin anrösten und mit der Gyros-Gewürzmischung vermengen. (Tipp: Wer das Gyrosgewürz selbst herstellen will, mischt im Mörser: Paprikapulver, schwarzen Pfeffer, Petersilie, Oregano, Zwiebeln, getrocknete Chilis, Rosmarin, Dill, Thymian, Majoran, Koriander, Basilikum, Piment, Knoblauch und Estragon).

ZAZIKI

Die Gurke waschen oder schälen und raspeln. Den Knoblauch abziehen und sehr fein hacken. Den Joghurt mit der sauren Sahne glatt rühren, dann den Essig und den Knoblauch unterrühren. Alles gut vermengen, die Mischung mit Salz und Pfeffer würzen und abschmecken. Den Dill waschen, trocken schütteln, die Spitzen abzupfen, fein hacken und unterrühren.

POMMES

Pommes frites selbst herstellen oder nach Packungsanweisung zubereiten und mit den Salzflocken bestreuen.

FERTIGSTELLEN

Gurke, Tomaten und Peperoni waschen und putzen. Die Gurke in Scheiben schneiden, die Tomaten vierteln und die Peperoni schräg in dünne Ringe schneiden. Die Zwiebel schälen und ebenfalls in Ringe schneiden. Die Limette heiß waschen, trocken tupfen und in Spalten schneiden. Das Pfannengyros und etwas Zaziki auf Teller verteilen und mit Zwiebelringen, Peperoni, Limettenspalten und Dill garnieren. Kirschtomaten, Gurke und übrige Zwiebelringe in ein Schälchen geben, mit Salz, Pfeffer und Oregano würzen, nach Belieben mit etwas Zitronensaft und Olivenöl beträufeln und wie die Pommes und das restliche Zaziki separat dazu reichen.

ARRIBA CHIMICHANGA!

FRITTIERTE WRAPS MIT ANANAS-CHILI-SALSA

Veganize me!

Beim Essig auf vegane Herstellung achten.

Wer glaubt, dass veganes Essen schlank macht, wird hier eines Besseren belehrt. Chimichanga ist die Antwort der Texmex-Küche der US-Südstaaten auf die Manie schottischer Einwanderer, so gut wie jede Speise am liebsten frittiert zu essen. Die Idee, einen Burrito in die Fritteuse zu werfen, kam allerdings von mexikanischen Einwanderern in die USA und ist in Arizona seit den 1950er-Jahren ein beliebtes Fast Food.

FÜR 4 PERSONEN
Zubereitungszeit: ca. 40 Min.
Abkühlzeit: 30 Min.
Pro Portion ca. 1.220 kcal,
45 g E, 55 g F, 130 g KH

FÜR DIE CHIMICHANGAS
500 g milder Räuchertofu (z. B. von Alberts)
500 ml Marinade Nr. 1 (s. S. 31)
1,5 l Öl zum Frittieren
100 g Mais (aus der Dose)
100 g Kidneybohnen (aus der Dose)
8 Tortillas (Weizenfladen, 25 cm Ø)

FÜR DIE ANANAS-CHILI-SALSA
250 g Ananasfruchtfleisch
1 Knoblauchzehe, 50 g Ingwer
1 rote Chilischote, 100 g rote Spitzpaprika
3 EL Olivenöl, 50 ml Weißweinessig
½ TL gemahlener Koriander
½ TL gemahlener Kardamom
1 Stück Sternanis
Salz, Zucker, Limettensaft

FÜR DEN BOHNENSALAT
250 g grüne Bohnen, Salz
8 Kirschtomaten, 50 g Mais (aus der Dose)
1 Schalotte, 2 EL Maiskeimöl
3 EL Limettensaft, 2 EL Apfelessig
1 EL frische Thymianblättchen
Salz, Pfeffer, Zucker

ZUM FERTIGSTELLEN
Koriandergrün zum Garnieren

FLEISCHALTERNATIVE
Räuchertofu (Basis: Sojabohnen); ersatzweise Vantastic foods Veganes Rind in Stücken (Sojaprotein)

CHIMICHANGAS

Den Räuchertofu in Streifen (ca. 1 × 1 × 6 cm) schneiden. Die Marinade aufkochen, den Tofu einlegen und den Topf vom Herd ziehen. Alles 30 Min. abkühlen lassen, durch ein Sieb passieren, die Marinade auffangen (sie kann weiterverwendet werden) und den Tofu mit Küchenpapier trocken tupfen. In einem Topf das Öl auf 180° erhitzen und den Tofu darin portionsweise goldgelb frittieren, herausnehmen und kurz auf Küchenpapier entfetten. Mais und Bohnen abgießen, abbrausen und abtropfen lassen, dann mit dem Tofu mischen. Den Backofen auf 100° vorheizen und ein Backblech mit Küchenpapier auslegen. Die Tortillas auf einer Arbeitsfläche auslegen, im unteren Drittel mittig mit der Füllung belegen, die Seiten einschlagen und alles straff zu Chimichanga-Wraps aufrollen. Die Chimichangas portionsweise im 180° heißen Öl goldgelb frittieren, herausheben und im Ofen warm halten.

ANANAS-CHILI-SALSA

Ananasfruchtfleisch klein würfeln. Knoblauch und Ingwer schälen und sehr fein hacken. Chilischote und Spitzpaprika waschen und mit (schärfer) oder ohne Kerne und weiße Trennwände in feine Ringe oder Streifen schneiden. Alles in Olivenöl bei mittlerer Hitze 5 Min. anschwitzen. Essig, gemahlene Gewürze und Sternanis zugeben und 20 Min. einköcheln, dann auskühlen lassen. Erst jetzt mit Salz, Zucker und Limettensaft würzen und abschmecken.

BOHNENSALAT

Grüne Bohnen waschen, putzen, in größere Stücke schneiden und in Salzwasser bissfest kochen. Kirschtomaten waschen und vierteln. Mais abbrausen und abtropfen lassen. Schalotte schälen und hacken. Alles in einer Schüssel mit Öl, Limettensaft, Essig und Thymian vermengen und mit Salz, Pfeffer und Zucker abschmecken.

FERTIGSTELLEN

Die frittierten Chimichanga-Wraps jeweils mittig halbieren, mit dem Bohnensalat und der Ananas-Chili-Salsa auf Tellern anrichten und mit Koriandergrün bestreut servieren.

VÜHNER-GLÜCK!

KNUSPRIGE VÜHNERKEULEN MIT ROTKOHL-KUMQUAT-SALAT

Veganize me!

Veganes Eipulver statt der Eiweiße verwenden.
Essige auf vegane Herstellung prüfen.

Langjährigen Veganern kann man mit dieser Hühner-Mimikry einen ziemlichen Schrecken einjagen, denn von Optik über krosse Haut bis hin zur typischen Feinfaserigkeit des „echten“ Keulenfleisches kommt dieses anspruchsvolle Rezept dem Original schon sehr nahe. Natürlich ist bis auf die sichtbare Pastinake kein „Knochen“ drin – aber den könnte man beim Huhn ja noch nicht einmal an den Hund verfüttern.

FÜR 4 PERSONEN
Zubereitungszeit: ca. 1 Std.
Marinierzeit: 50 Min.
Pro Portion ca. 855 kcal,
95 g E, 15 g F, 75 g KH

FÜR DAS BUFFALO CHICKEN
300 g Jackfruit (aus der Dose)
2 EL CHEF Vegan Flüssig Konzentrat Huhngeschmack
300 g Erbsenproteinpulver, 2 Eiweiß
100 g Weizenglutenpulver
3 EL Hefeflocken, 2 EL Zwiebelpulver
1 EL Knoblauchpulver, ½ TL weißer Pfeffer
100 ml Marinade Nr. 2 (s. S. 32)
4 kleinere Pastinaken
(ersatzweise Petersilienwurzeln)

FÜR DIE HAUT
25 ml Marinade Nr. 1 (s. S. 31)
1 EL dunkle Misopaste
1 TL Dijonsenf, 1 TL Liquid Smoke (z. B. Old Texas Liquid Hickory Smoke)
2 EL Alberts Lupinensauce (ersatzweise 4 EL sehr salzige Sojasauce)
½ TL geräuchertes Paprikapulver (Pimentón ahumado)
4 EL Ahornsirup, 8 Blatt Reispapier

FÜR DEN ROTKOHL-KUMQUAT-SALAT
800 g Rotkohl, 1 EL feines Meersalz
10 Kumquats, 250 ml Orangensaft
50 ml Apfelessig
25 ml gereifter Aceto balsamico
4 EL Haselnussöl

FLEISCHALTERNATIVE
Jackfruit mit Seitan (Erbsenprotein, Weizengluten); Reispapier (für die krosse Haut), Pastinake (für den Knochen)

BUFFALO CHICKEN

Jackfruit-Fruchtfleisch abtropfen lassen, mit den Händen in einzelne Fasern zerdrücken, von den Kernen befreien und das Konzentrat unterrühren. Erbsenproteinpulver mit den übrigen Zutaten (außer den Pastinaken) zu einem zähen, trockenen Teig vermengen und die Jackfruitmasse mit den Händen unterkneten. Pastinaken schälen. Die Masse in vier Portionen teilen, jeweils zu „Hühnerkeulen“ formen, die Pastinaken als „Knochen“ mit der spitzen Seite voraus einstecken und ca. 5 cm herausschauen lassen.

HAUT

Den Backofen auf 140° vorheizen. Für die krosse Haut alle Zutaten außer dem Reispapier zu einer sirupartigen Marinade verrühren. Das Reispapier Blatt für Blatt je 1 Min. in kaltem Wasser einweichen, abtropfen lassen und dick mit der Marinade einpinseln. Mit einer Schere jeweils an einer Seite bis zur Mitte einschneiden. Die Vühnerkeulen mit je 2 Blatt Reispapier straff umwickeln, dabei darauf achten, dass die Naht unten ist, und die eingeschnittene Seite um den „Knochen“ wickeln. Die Vühnerkeulen mit der Oberseite nach unten auf den Backrost legen und im Ofen 45 Min. backen. Dann die Vühnerkeulen wenden und unter dem heißen Backofengrill kross grillen. Vorsicht: Die Haut verbrennt schnell!

ROTKOHL-KUMQUAT-SALAT

Den Rotkohl putzen, in feine Streifen hobeln (Tipp: Silikonhandschuhe tragen), mit Salz bestreuen und 3 Min. kräftig kneten, dann 20 Min. ziehen lassen. Die Kumquats heiß waschen, trocken tupfen und 4 Stück beiseitelegen. Übrige Kumquats klein würfeln, mit den übrigen Zutaten vermengen und unter den Kohl mischen. Den Salat nochmals 30 Min. ziehen lassen.

FERTIGSTELLEN

Den Salat durchmischen, abschmecken und auf Teller verteilen. Übrige Kumquats in Scheiben schneiden und den Salat damit toppen. Die Vühnerkeulen auflegen und alles servieren.

DA HABT IHR DEN SALAT!

VLEISCHSALAT FAST WIE BEIM FLEISCHER

Der Rügenwalder „Vegane Schinken Spicker Salat" schmeckt nicht viel anders als ein gut gewürzter Metzger-Fleischsalat. Wer allerdings keine Lust auf modifizierte Stärke, vier verschiedene Verdickungsmittel und zwei Farbstoffe hat, bereitet sich seinen eigenen Vleischsalat in wenigen Minuten mit unserem Rezept zu. Das Geheimnis dieses Snacks sind zwei seltene Gewürze: Schabzigerklee und Bockshornkleesamen.

FÜR 4 PERSONEN
Zubereitungszeit: ca. 15 Min.
Pro Portion ca. 460 kcal,
10 g E, 45 g F, 5 g KH

FÜR DEN VLEISCHSALAT
250 g veganer Wurstaufschnitt
100 g Gewürzgurken
1 Prise Schabzigerklee
1 Prise gemahlener Bockshornkleesamen
1 EL gehackte Dillspitzen
1 EL gehackte krause Petersilie
2 EL Gurkensud (aus dem Glas)

FÜR DIE MAYONNAISE
1 Eigelb
1 TL Dijonsenf
je 1 Prise Salz und Pfeffer
1 EL Zitronensaft
100 g Traubenkernöl (ersatzweise Rapsöl)
Zucker

ZUM FERTIGSTELLEN
2 Römersalatherzen
Salz, Pfeffer
Zucker, Zitronensaft
2 EL gehackte krause Petersilie

FLEISCHALTERNATIVE
Rügenwalder Veganer Schinkenspicker mit buntem Pfeffer und Veganer Schinkenspicker Mortadella (beides: Eiweißbasis); ersatzweise Veggyness Veganer Fleischkäse (Weizengluten) oder Vantastic foods Cold Cuts Country Style (Erbsenprotein)

Veganize me!

Als Vurst die beiden Ersatzprodukte benutzen und vegane Mayonnaise (s. S. 38) einsetzen. Bei Senf und Gurken auf vegane Herstellung achten.

VLEISCHSALAT
Die Vurstscheiben in 5 mm breite Streifen schneiden und in eine Schüssel geben. Die Gewürzgurken erst in Scheiben, dann in feine Würfel schneiden und zufügen. Alles mit Schabzigerklee, Bockshornkleesamen und Kräutern würzen und den Gurkensud untermengen.

MAYONNAISE
Das Eigelb mit den übrigen Zutaten bis auf das Öl in einer Schüssel mit dem Schneebesen glatt rühren. Dann das Öl in dünnem Strahl unter ständigem Rühren zugießen, bis eine dickflüssige Creme entstanden ist, und die Mayonnaise abschmecken.

FERTIGSTELLEN
Die Römersalatherzen putzen, in Blätter teilen, waschen und trocken schleudern. Den Vleischsalat mit der Mayonnaise vermengen und mit Salz, Pfeffer, Zucker und Zitronensaft abschmecken. Den Vleischsalat in die Salatblätter füllen, auf Tellern anrichten und mit Petersilie bestreut servieren. Nach Belieben Brot dazu reichen – am besten passt hier Laugengebäck.

SCHWEIZ IST GEIL!

SCHWEIZER VURSTSALAT MIT KÄSE UND WEGGLI

***Fensterprobe**: Hände leicht anfeuchten, den Teig ein wenig hoch und dann auseinanderziehen, bis er fast durchsichtig ist. Wenn der Teig nicht oder nur ganz minimal reißt, ist die "Fensterprobe" bestanden. Andernfalls den Teig ein paar Minuten weiterkneten und Fensterprobe erneut durchführen.

Wenn wir den süddeutschen Brühwurstsalat schon mithilfe einer würzigen Käsesorte zum „Schweizer Wurstsalat“ adeln, muss man auch original eidgenössisches Gebäck dazu reichen. Denn erst mit dem echten Schweizer „Weggli“ schmeckt das Gericht so wie in Zürich oder Bern. Früher, als es noch viele arme Schweizer gab, waren die Weggli ein Gebäck für die Oberschicht. Wie sich die Zeiten doch ändern.

FÜR 4 PERSONEN

Zubereitungszeit: ca. 55 Min.
Ruhezeit: 2 Std. 20 Min.
Backzeit: 10 Min.
Pro Portion ca. 1.135 kcal,
35 g E, 60 g F, 115 g KH

FÜR DEN VURSTSALAT

400 g vegetarische Fleischwurst
250 g Gewürzgurken, 200 g Schweizer Käse (z. B. Gruyère, Appenzeller, in Scheiben)
1 rote Zwiebel, 8 Radieschen
½ TL feines Meersalz
3 EL Weißweinessig, 4 EL Traubenkernöl (ersatzweise Sonnenblumenöl)
1 EL mittelscharfer Senf
3 EL Gurkensud (Einlegeflüssigkeit)
Salz, Pfeffer, Zucker
3 EL Schnittlauchröllchen

FÜR 12 VEGANE WEGGLI

330 g Haferdrink, ungesüßt
18 g frische Hefe, 20 g Zucker
500 g Weizenmehl (Type 550), Salz
65 g weiche vegane Butter (z. B. Naturli Organic Vegan Block)
1 EL Öl, 3 EL kalter Haferdrink
1 EL Ahornsirup (ersatzweise Agavendicksaft)

ZUM FERTIGSTELLEN

Petersilie zum Garnieren

FLEISCHALTERNATIVE

Gutfried Veggie-Fleischwurst (Basis: Hühnereiweiß und Rapsöl); ersatzweise REWE Vegane Wurst – Typ Fleischwurst (Kartoffel- und Erbsenprotein) oder Vantastic foods Cold Cuts Country Style (Erbsenprotein)

Veganize me!

Veganen Käse und die vegane Vurst-Alternative verwenden, bei Senf, Essig und Gurken auf vegane Herstellung achten.

VURSTSALAT

Vurst und Gewürzgurken in dünne Scheiben, den Käse in Streifen schneiden. Die Zwiebel schälen und in dünne Ringe schneiden. Radieschen waschen, putzen, in feine Scheiben hobeln, mit dem Meersalz vermengen und 10 Min. ziehen lassen. Essig, Öl, Senf, Gurkensud, Salz, Pfeffer und Zucker verrühren. Wurstscheiben, Zwiebelringe und Sauce vermischen und 30 Min. ziehen lassen.

WEGGLI

Haferdrink, Hefe, Zucker, Mehl, 9 g Salz und die weiche vegane Butter in Würfeln in die Rührschüssel der Küchenmaschine geben. Alles auf niedriger Stufe vermengen, anschließend auf mittlerer Stufe in 10–15 Min. glatt kneten. Mit der „Fensterprobe“* prüfen, ob die gewünschte Elastizität erreicht ist. Den Teig zur Kugel formen und in einer leicht geölten Schüssel mit einem feuchten Geschirrtuch bedeckt 50 Min. bei Raumtemperatur (21–22°) gehen lassen. Den Teig in 12 Portionen à 80 g teilen und zu Kugeln formen. Diese mit ausreichend Abstand auf ein mit Backpapier belegtes Backblech setzen und mit einem feuchten Tuch bedeckt im kalten Backofen bei eingeschaltetem Ofenlicht 30 Minuten gehen lassen. Anschließend die Teiglinge mit einem bemehlten dünnen Holzbrettchen (oder einem Weggli Drücker) mittig bis auf das Blech eindrücken, so entsteht die klassische Weggli-Naht. Den kalten Haferdrink, Ahornsirup und ¼ TL Salz verrühren, die Teiglinge damit bestreichen und 1 Std. bei Raumtemperatur (21–22°) gehen lassen. Den Backofen mit einem auf der untersten Schiene eingeschobenen Backblech auf 220° vorheizen. Die Teiglinge erneut mit der Haferdrinkmischung bepinseln. Das Blech mittig in den Ofen schieben, 100 ml Wasser auf das untere Blech gießen und die Weggli in 10–12 Min. backen, anschließend herausnehmen und abkühlen lassen. Perfekte Weggli sind oben goldbraun und von der Mitte nach unten heller.

FERTIGSTELLEN

Den Schnittlauch unter den Vurstsalat heben, diesen in Schälchen verteilen und mit Petersilie garnieren. Die Weggli dazu reichen.

FREI VON DER LEBER WEG!

LEBERVURST AUF BAUERNBROT

Bei der Verkostung industrieller veganer Streichvurstsorten ist uns so manche Laus über die Leber gelaufen. Das kann man besser machen. Wer keinerlei Zusatzstoffe drin haben will, lässt die Pommersche weg und verdoppelt die Menge von Schmorzwiebeln und Kokosfett. Die rezeptierte Menge reicht für zwei bis drei Brotzeiten zu viert. Die Vurst hält sich in verschlossenen Gläsern 1 bis 2 Wochen im Kühlschrank.

FÜR 4 PERSONEN
Zubereitungszeit: ca. 30 Min.
Pro Portion ca. 1.115 kcal,
60 g E, 60 g F, 80 g KH

FÜR DIE LEBERVURST
800 g Seitan Nr. 1 (s. S. 33)
125 g Rügenwalder Vegane Pommersche Apfel und Zwiebel
50 ml bitteres Bier (z. B. IPA)
100 g Jackfruit Barbecue
300 g Zwiebeln
80 g Bio-Kokosfett (hart)
1 EL gerebelter Majoran
1 TL gerebelter Salbei
½ TL gemahlene Muskatblüte
½ TL weißer Pfeffer
½ TL Ingwerpulver
1 Prise Nelkenpulver
Salz

ZUM FERTIGSTELLEN
1 rote Schalotte
1 Frühlingszwiebel
4 große Scheiben Sauerteigbrot
4 Gewürzgurken
100 g körniger Senf

FLEISCHALTERNATIVE
Seitan Nr. 1 (Basis: Weizengluten); Rügenwalder Vegane Pommersche Apfel und Zwiebel (Erbsenprotein); Lotao Jackfruit Barbecue oder Jacky F. Pulled Jackfruit BBQ Style

LEBERVURST

Den Seitan mit der veganen Pommerschen und dem Bier im Mixer zu einer streichfähigen, leicht stückigen Masse verarbeiten. Barbecue-Jackfruit mit einer Gabel einarbeiten. Die Zwiebeln schälen und klein würfeln. In einer hohen Pfanne das Kokosfett erhitzen, Zwiebeln, Majoran und Salbei zugeben und alles bei mittlerer Hitze langsam goldgelb braten. Die Mischung abkühlen lassen, übrige Gewürze unterrühren und die Zwiebelmischung unter die Seitanmasse mischen. Alles gut vermengen und die Lebervurst mit Salz abschmecken.

FERTIGSTELLEN

Die Schalotte schälen und in dünne Ringe schneiden. Die Frühlingszwiebel waschen, putzen und in sehr feine Ringe schneiden. Die Brotscheiben dick mit Lebervurst bestreichen, mit Schalotten- und Frühlingszwiebelringen bestreuen und mit Gewürzgurken und Senf servieren.

Veganize me!

Bei Bier, Gurken und Senf auf vegane Herstellung achten.

BURGER & HACK

WER MEINT, DASS ES DOCH LÄNGST ÜBERALL FLEISCHFREIE BURGER UND SOGAR KÖTTBULLAR GIBT, HAT UNSERE PATTYS, KLOPSE UND BULETTEN NOCH NICHT PROBIERT. OB BOLOGNESE, BEEFTEKI, KÖFTE, FALSCHER HASE ODER LASAGNE – HIER KOMMT DIE GIER AUCH OHNE TIER!

BURGER-BEGEHREN!

CLASSIC CHEESEBURGER MIT V-SPECK UND TOMATE

Hamburger waren die ersten Fast-Food-Speisen, die – vor allem von hippen Foodtruck-Köchen – in vegetarischen und veganen Versionen angeboten wurden. Die Authentizität steht und fällt hier natürlich nicht mit den seit jeher primär pflanzlichen Komponenten wie Brot oder Tomate. Sondern mit dem Patty. Vor allem bei Basis-Burgern wie diesem hat Beyond Meat aus den USA eine herzhafte und saftige Hackvleisch-Bulette im Köcher.

FÜR 4 PERSONEN
Zubereitungszeit: ca. 20 Min.
Pro Portion ca. 855 kcal,
35 g E, 50 g F, 65 g KH

FÜR DIE PATTYS
4 Beyond Burger Pattys

FÜR DEN BELAG
2 Gewürzgurken
1 Fleischtomate
1 rote Zwiebel, 4 Salatblätter
8 Scheiben Schmelzkäse
Ketchup
75 g V-Speck Nr. 1 (s. S. 36)
vegane Mayonnaise (s. S. 38)

ZUM FERTIGSTELLEN
4 Burger Buns Tangzhong Style (s. S. 40, ersatzweise andere Burger Buns)

FLEISCHALTERNATIVE
Beyond Meat Beyond Burger (Basis: Erbsenprotein) und V-Speck Nr. 1 (Yuba / Sojahaut); ersatzweise The Vegetarian Butcher Hack-selig Burger (Soja- und Weizenprotein)

PATTYS
Die Burgerpattys in einer heißen Grillpfanne ohne Fett oder auf dem Grill kross rösten.

BELAG
Die Gewürzgurken längs in dünne Scheiben schneiden. Die Tomate waschen und in dicke Scheiben schneiden. Die Zwiebel schälen und in feine Ringe schneiden. Die Salatblätter waschen und trocken tupfen. Übrige Zutaten bereitstellen.

FERTIGSTELLEN
Die Burger-Brötchen waagerecht halbieren. Die unteren Hälften mit Salat, Tomatenscheibe, 1 Scheibe Käse und Ketchup belegen. Die Burgerpattys daraufsetzen, mit den übrigen Käsescheiben belegen und die Burger in der Mikrowelle bei 800 Watt 1 Min. erhitzen, bis der Käse schmilzt. Anschließend alles mit V-Speck, Zwiebelringen, Mayonnaise, Gurkenscheiben und den oberen Brötchenhälften zu Burgern zusammensetzen und kräftig andrücken. Die Cheeseburger auf Teller setzen und rasch servieren.

Veganize me!

Veganen Schmelzkäse verwenden. Bei den Gewürzgurken auf vegane Herstellung achten.

KÖNIGS-BURGER!

GOURMET-BURGER MIT TRÜFFEL, KAVIAR UND WACHTELEI

Veganize me!

Wachteleier und Käseüberzug des Brötchens weglassen. Bei den Kapern auf vegane Herstellung achten.

Ein wahrhaft adeliger Burger! Die geschmacklich eher vornehm zurückhaltenden Mühlen-Frikadellen passen hier perfekt zu dem rauschhaften Genusserlebnis von erdigen Trüffel-Noten, trotz veganer Herstellung jodig-fischigem Kaviar, schmelzendem Wachtelei und Avocadoscheiben – plus der neckischen Schärfe der Shiso-Kresse. Hat wer behauptet, das Speisenprinzip Hamburger sei nichts für die Gaumen-Oberschicht?

FÜR 4 PERSONEN
Zubereitungszeit: ca. 30 Min.
Pro Portion ca. 1.320 kcal,
45 g E, 105 g F, 45 g KH

FÜR DIE BURGER
1 Avocado
½ TL feines Meersalz
½ TL Knoblauchpulver
Saft von 1 Limette
50 g eingelegte Trüffel (aus dem Glas)
200 g vegane Mayonnaise (s. S. 38)
4 große Kapernäpfel
5 EL Öl, 4 vegane Pattys
8 Wachteleier (ersatzweise 4 kleine Eier)

FÜR DIE BUNS
200 g Emmentaler
4 Burger Buns Tangzhong Style (s. S. 40, ersatzweise andere Burger Buns)
2 Eigelb

ZUM FERTIGSTELLEN
100 g veganer Algen-Kaviar (z. B. Cavi-Art)
Shiso-Kresse zum Bestreuen

FLEISCHALTERNATIVE
Rügenwalder Vegane Mühlen Frikadellen (Basis: Weizenprotein); ersatzweise Meatless Farm Burger (Erbsenprotein)

BURGER

Die Avocado halbieren und den Kern entfernen. Das Fruchtfleisch mit einem Löffel aus der Schale heben, in dünne Scheiben schneiden und mit dem Salz, dem Knoblauchpulver und dem Limettensaft 15 Min. marinieren. Die Trüffel hauchdünn hobeln. Die Trüffel-Einlegeflüssigkeit mit einem Schneebesen unter die vegane Mayonnaise rühren. Die Kapernäpfel halbieren. In einer Pfanne 3 EL Öl erhitzen und die Pattys darin (oder auf dem Grill) kross braten. In einer beschichteten Pfanne das restliche Öl erhitzen und die Wachteleier darin zu kleinen Spiegeleiern braten, dabei darauf achten, dass das Eigelb flüssig bleibt.

BUNS

Den Backofen auf 230° vorheizen. Den Emmentaler sehr fein reiben oder pulvrig mahlen. Die Brötchen auf ein mit Backpapier belegtes Backblech setzen. Die Eigelbe verquirlen, die Buns damit bestreichen und ringsum mit dem Käse bestreuen. Die Brötchen auf dem Blech kurz in den Ofen schieben, bis der Käse geschmolzen ist. Herausnehmen und die Buns leicht abkühlen lassen.

FERTIGSTELLEN

Die Buns waagerecht halbieren. Die unteren Brötchenhälften mit Avocado- und Trüffelscheiben, veganem Patty, Wachtelspiegeleiern, Algen-Kaviar, Kapernäpfel und Mayonnaise belegen. Alles mit Shiso-Kresse bestreuen, die oberen Brötchenhälften auflegen und kräftig andrücken, bis Eigelb und Mayonnaise etwas herausquellen. Die Burger auf Teller setzen und rasch servieren.

GROSS-BURGER!

BIG BURGER MIT V-SPECK, RÖSTZWIEBELN UND PAPRIKA

Wer von sich glaubt, er sei ein echtes Großmaul, sollte erst mal das hier probieren. Im Gegensatz zu den eher flachen Doppeldeckern der großen Burger-Ketten ist unser Groß-Burger nichts für Fast-Food-Freunde, die sich beim Essen nicht ordentlich das Gesicht und die Oberbekleidung einsauen wollen. Genauso wichtig wie die Zubereitung: Diesen Burger stets mit vielen Servietten servieren. Das wird ein saftiger Spaß mit dem Big Vac!

FÜR 4 PERSONEN
Zubereitungszeit: ca. 50 Min.
Marinierzeit: 2 Std.
Pro Portion ca. 1.380 kcal,
110 g E, 60 g F, 95 g KH

FÜR DIE BURGER
800 ml Marinade Nr. 1 (s. S. 31)
400 g Lotao Jackfruit Hack (Granulat)
250 g Meatless Farm Hack
25 g Erbsenproteinpulver
1 TL feines Meersalz, Pfeffer
3 rote Zwiebeln, 3 EL Öl, Salz
50 g Butterschmalz

ZUM FERTIGSTELLEN
2 Gewürzgurken, 2 Fleischtomaten
1 gelbe Paprika, 4 Salatblätter
4 Burger Buns Tangzhong Style (s. S. 40, ersatzweise andere Burger Buns)
vegane Mayonnaise (s. S. 38), Ketchup
100 g V-Speck Nr. 1 (s. S. 36)

FLEISCHALTERNATIVE
Selbst gemachte Pattys (je 2 × 150 g) aus Lotao Jackfruit Veggie Hack (Basis: Erbsenprotein, Jackfruit), Meatless Farm Hack (Soja- und Erbsenprotein) und Erbsenproteinpulver; V-Speck Nr. 1 (Yuba / Sojahaut); ersatzweise Garden Gourmet Incredible Burger oder EDEKA No Meat. Just Burger (beide: Sojaprotein)

BURGER

In einem Topf die Marinade aufkochen, dann die Hitze reduzieren, das Hackgranulat einrühren und 30 Min. bei niedriger Hitze köcheln lassen. Den Topf vom Herd ziehen und die Mischung in 2 Std. auskühlen lassen, dann durch ein Sieb passieren und die Marinade auffangen (sie kann wiederverwendet werden). Das V-Hack in einem Tuch gut ausdrücken, bis keine Flüssigkeit mehr austritt. Die Masse mit dem Fertig-Hack und dem Proteinpulver in eine Schüssel geben und mit beiden Händen zu einem kompakten Fleischteig kneten. Die Masse mit Meersalz und Pfeffer würzen, daraus 8 Pattys formen und so fest wie möglich zusammendrücken (Tipp: dazu am besten eine Burgerpresse verwenden. Bei Verwendung von fertigen Pattys: 8 Stück kaufen). Die Zwiebeln schälen und in Ringe schneiden. In einer Pfanne das Öl erhitzen und drei Viertel der Ringe darin bei mittlerer Hitze langsam goldbraun rösten. Herausnehmen, auf Küchenpapier entfetten und salzen. In einer Pfanne das Butterschmalz erhitzen und die Burgerpattys darin bei mittlerer Hitze ca. 10 Min. rösten, dabei nach 5 Min. vorsichtig wenden.

FERTIGSTELLEN

Gewürzgurken längs in dünne Scheiben schneiden. Tomaten und Paprika waschen und in Scheiben oder Ringe schneiden. Die Salatblätter waschen und trocken tupfen. Die Buns in je drei Scheiben schneiden (Unterteil, Mitte, Deckel) und die Burger in dieser Reihenfolge zusammensetzen: Bun-Unterteil, Salatblatt, Tomaten, die Hälfte der rohen Zwiebeln, Mayonnaise, erster Patty, die Hälfte der Röstzwiebeln, Paprika, Mittelteil des Brötchens, Ketchup, zweiter Patty, Rest der rohen und gerösteten Zwiebeln, Gurken und Bun-Deckel. Die Burger auf Teller setzen und rasch servieren.

Veganize me!

Statt Butterschmalz Öl zum Braten verwenden. Beim Ketchup und den Gurken auf vegane Herstellung achten.

WELT-BURGER!

FERNWEH-BURGER MIT ANANASKARAMELL
UND KOKOS-CHILI-MAYO

Auch wenn Mäcs und Kings den Burger-Weltmarkt mit ihren Standardprodukten beherrschen und deren Portionspreise sogar wissenschaftlich zum Vergleich der Kaufkraft der jeweiligen Länder herangezogen werden, gibt es auf unserem schönen Planeten zum Glück auch ein Burger-Leben jenseits dieser Ketten. Wir zum Beispiel gehen auf die große Reise und belegen einen Bagel mit einem Patty aus Jackfruit, dazu BBQ-Ananas und scharfe Asia-Mayo.

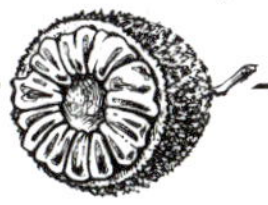

FÜR 4 PERSONEN
Zubereitungszeit: ca. 30 Min.
Marinierzeit: 30 Min.
Pro Portion ca. 810 kcal,
20 g E, 45 g F, 80 g KH

FÜR DIE PATTYS
4 EL geröstetes Sesamöl
4 Jackfruit Burger

FÜR DEN BELAG
300 g Ananas
1 TL feines Meersalz
1 EL Puderzucker
100 g vegane Mayonnaise (s. S. 38)
100 g Kokoscreme
50 g Flying Goose Sriracha Mayoo Sauce (Asienladen)
1 EL geröstetes Sesamöl
250 ml Wurzelgemüsefond (s. S. 28)
10 g Aonori-Algenflocken (ersatzweise Wakame-Flocken)

ZUM FERTIGSTELLEN
½ Bund Koriandergrün
4 Sesam-Mohn-Bagels
100 g Röstzwiebelpaste (s. S. 28)

FLEISCHALTERNATIVE
Lotao Jackfruit Burger (Jackfruit, Kichererbsen); ersatzweise Alberts Vrikadelle (Weizenprotein, Süßlupinensamen)

PATTYS
In einer beschichteten Pfanne das Öl erhitzen und die Pattys darin bei starker Hitze auf jeder Seite 2–3 Min. braten.

BELAG
Die Ananas schälen, putzen, mitsamt dem festen Kern in dünne Scheiben schneiden und 4 Scheiben beiseitelegen. Restliche Ananasscheiben auf beiden Seiten mit Salz und Puderzucker bestreuen und auf dem Grill oder in einer heißen Grillpfanne ohne Fett braten, bis Röststreifen sichtbar werden. Anschließend die Scheiben in ca. 1 cm breite Streifen schneiden. Mayonnaise, Kokoscreme, Sriracha Sauce und geröstetes Sesamöl verrühren. In einem Topf den Fond kurz aufkochen, vom Herd ziehen, die Algenflocken zugeben und 30 Min. darin ziehen lassen. Abgießen, die Algen mit Küchenpapier trocken tupfen und in einer beschichteten Pfanne ohne Fett kurz rösten.

FERTIGSTELLEN
Das Koriandergrün abbrausen, trocken tupfen und die Blättchen abzupfen. Die Bagels waagerecht halbieren. Die unteren Hälften auf Teller legen und jeweils mit Röstzwiebelpaste bestreichen. Je eine rohe Ananasscheibe und einen Patty auflegen und die gerösteten Ananasstreifen darauf verteilen. Alles mit der Kokos-Chili-Mayonnaise beträufeln, mit Korianderblättchen belegen und mit den gerösteten Algenflocken bestreuen. Die oberen Bagelhälften anlegen und die Burger servieren.

Veganize me!

Beim Bäcker fragen, ob die Bagel vegan sind. Ansonsten vegane Sesam-Mohn-Brötchen einsetzen.

BURGER-MEISTER!

PORTOBELLO-BURGER MIT CAMEMBERT UND PREISELBEEREN

Nach all den Burgern noch immer Hunger? Dann haben wir was für Sie: den ultimativen Fünfdecker zum Teilen für je zwei Personen. Nicht nur veggie, sondern sogar low carb, denn hier kommen statt Weißmehl-Brötchen supersaftige und herzhafte dunkle Portobello-Pilze als Boden, Trenner und Deckel zum Einsatz. Applaus der Gäste garantiert – aber nur, wenn man das Ungetüm mithilfe eines Stütz-Spießes heil zum Tisch bringt.

FÜR 4 PERSONEN
Zubereitungszeit: ca. 35 Min.
Pro Portion ca. 505 kcal,
30 g E, 35 g F, 10 g KH

FÜR DIE PATTYS
4 EL Öl
2 Vegane Mühlen Burger (à 220 g)

FÜR DIE PILZE
6 große Portobello-Pilze
4 EL Olivenöl
2 TL Kräutersalz
1 EL grober Pfeffer

ZUM FERTIGSTELLEN
1 große Gewürzgurke
2 Fleischtomaten
1 gelbe Paprika, 1 rote Zwiebel
8 Salatblätter
1 Camembert, Ketchup
2 EL Preiselbeeren (aus dem Glas)

FLEISCHALTERNATIVE
Rügenwalder Vegane Mühlen Burger Typ Rind (Basis: Sojaprotein); ersatzweise Beyond Meat Beyond Burger (Erbsenprotein)

PATTYS

In einer beschichteten Pfanne das Öl erhitzen und die Burger Pattys darin bei mittlerer Hitze auf jeder Seite 4–5 Min. braten, anschließend warm halten.

PILZE

Den Backofen auf 200° (Umluft) vorheizen. Die Portobello-Pilze putzen und den Stiel entfernen. Die Pilzhüte auf der Lamellenseite mit Olivenöl beträufeln, mit Kräutersalz und grobem Pfeffer würzen und auf ein mit Backpapier belegtes Backblech legen. Die Pilze im Ofen 15 Min. backen, anschließend (mit den Pattys) warm halten.

FERTIGSTELLEN

Die Gewürzgurke in dünne Scheiben schneiden. Tomaten und Paprika waschen und in Scheiben oder Ringe schneiden. Die Zwiebel schälen und in feine Ringe schneiden. Die Salatblätter waschen und trocken tupfen. Den Camembert mit einem dünnen Messer horizontal teilen. Jeweils ein Salatblatt auf einen Teller legen und die Burger in dieser Reihenfolge vorsichtig aufschichten und mit einem langen Holzspieß fixieren: Portobello-Pilz (Lamellen nach oben), Ketchup, Tomaten, Patty, Zwiebeln, Gewürzgurken, Paprika, Pilz (Lamellen nach unten), Salat, Patty, Tomaten, Ketchup und Pilz (Lamellen nach unten). Die Camemberthälften (Haut nach unten) auflegen und den Käse mit einem Flambierbrenner schmelzen. Die Portobello-Burger mit Preiselbeeren toppen und sofort servieren.

Veganize me!

Statt des Camemberts veganen Schmelzkäse verwenden. Beim Ketchup und der Gurke auf vegane Herstellung achten.

VOLLO BOLLO!

LANGE SPACCATELLI MIT BOLOGNESE-SUGO

Eine vegane Bollo wie diese entwickelt einen vergleichbar kräftigen Umami-Wumm auf dem Gaumen wie eine ähnlich lang geschmorte Sugo mit tierischem Hack. Auch optisch und in Sachen Textur sind sie im verarbeiteten Zustand kaum mehr zu unterscheiden. In Italien als primi piatti serviert, würde man nur eine Schöpfkelle Sugo auf die Pasta geben. Wir wollen natürlich viel mehr davon!

FÜR 4 PERSONEN
Zubereitungszeit: ca. 2 Std.
Marinier- und Trockenzeit: 13 Std.
Pro Portion ca. 1.385 kcal,
80 g E, 35 g F, 145 g KH

FÜR DIE BOLOGNESE
400 g Sojagranulat
600 ml Marinade Nr. 1 (s. S. 31)
3 rote Zwiebeln, 5 Knoblauchzehen
50 g Ingwer, 7 EL Olivenöl (raffiniert)
100 g Möhren
100 g Staudensellerie, 75 g Shiitake
2 EL Rohrzucker, 1 Peperoni
75 g getrocknete Tomaten
200 ml Madeira, 500 ml Rotwein
500 ml Wurzelgemüsefond (s. S. 28)
300 ml Tomatensauce Nr. 2 (s. S. 39)
1 EL dunkle Misopaste
2 EL gehackte Rosmarinnadeln
1 EL Thymianblättchen, 3 EL Tomatenmark
2 EL CHEF Vegan Flüssig Konzentrat
Rindsgeschmack, Salz, Pfeffer

FÜR DIE PASTA
2 EL Meersalz, 400 g lange Spaccatelli
(ersatzweise dicke Spaghetti)
75 g Parmesan

ZUM FERTIGSTELLEN
Basilikum zum Garnieren

FLEISCHALTERNATIVE
Vantastic foods Vantastic Granulat aus Soja (Basis: Sojaprotein); ersatzweise Lotao Jackfruit Veggie Hack (Erbsenprotein & Jackfruit)

Veganize me!

Statt Parmesan veganen Streukäse auf Cashew-Basis verwenden. Bei den Weinen auf vegane Herstellung achten.

BOLOGNESE

Das Granulat in eine hitzebeständige Schüssel geben. Die Marinade kurz aufkochen, das Granulat damit übergießen und mindestens 12 Std. marinieren, anschließend durch ein Sieb abgießen, dabei die Marinade auffangen (sie kann wiederverwendet werden). Das V-Hack auf einen großen Teller geben und 1 Std. trocknen lassen. Zwiebeln, Knoblauch und Ingwer schälen und fein würfeln. In einer hohen beschichteten Pfanne 3 EL Olivenöl erhitzen und alles darin bei mittlerer Temperatur 5 Min. anschwitzen. Möhren, Sellerie und Pilze putzen, klein schneiden und hinzugeben. Die Hitze etwas erhöhen, alles mit dem Zucker bestreuen und karamellisieren. Die Peperoni waschen, putzen und wie die getrockneten Tomaten fein hacken. Beides in die Pfanne geben und noch 3 Min. mitbraten. Alles mit Madeira ablöschen und diesen vollständig reduzieren. Den Rotwein zugießen und auf die Hälfte einkochen lassen. Fond und Tomatensauce Nr. 2 zugeben, die Misopaste einrühren und die Kräuter unterheben. Alles bei niedriger Hitze ohne Deckel ca. 1,5 Std. köcheln lassen, dabei ab und zu umrühren. Die Hitze erhöhen, Tomatenmark und Konzentrat einrühren und die Sauce unter stetigem Rühren sämig einkochen. Kurz vor Fertigstellung der Sauce in einer Pfanne das übrige Olivenöl erhitzen und das V-Hack darin goldbraun anbraten.

PASTA

In einem großen Topf 5 l Wasser mit dem Salz zum Kochen bringen und die Nudeln darin nach Packungsanweisung al dente garen. Inzwischen den Parmesan fein reiben.

FERTIGSTELLEN

Das gebratene V-Hack unter die Sauce mischen. Die Bolognese abschmecken und die Nudeln untermengen. Die Pasta in tiefe Teller verteilen und mit Basilikumblättchen garniert servieren.

LI-LA-LA-SAGNE!

LASAGNE MIT LINSENHACK

Diese Lasagne versucht noch nicht einmal, wie ein Fleischgericht zu schmecken oder eine vergleichbare Textur anzubieten. Durch die Verwendung von drei verschiedenen Linsensorten ist aber der zweite Zweck für den Einsatz von Fleischersatzprodukten erfüllt: Diese Hülsenfrüchte liefern jede Menge wertvolles Eiweiß. Dass die fertige Lasagne dennoch extrem vollmundig schmeckt, ist das Geheimnis dieses Rezeptes.

FÜR 4 PERSONEN
Zubereitungszeit: ca. 1 Std. 30 Min.
Pro Portion ca. 1.275 kcal,
60 g E, 40 g F, 155 g KH

FÜR DIE BÉCHAMEL
25 g Butter, 25 g Mehl
250 ml Milch, ½ TL Salz
1 Prise weißer Pfeffer
½ TL frisch geriebene Muskatnuss
3 Lorbeerblätter

FÜR DIE FÜLLUNG
200 g Beluga-Linsen, 2 Schalotten
2 Knoblauchzehen, 2 EL Olivenöl
1 Möhre, 50 g Knollensellerie
1 kleine Stange Lauch
1 EL gehackte Oreganoblätter
400 ml Wurzelgemüsefond (s. S. 28)
200 g Tomatensauce Nr. 2 (s. S. 39)
1 EL Apfeldicksaft
3 EL Umami-Würzpaste (s. S. 29)
100 g geschälte rote Linsen
100 g geschälte gelbe Linsen
Salz, Cayennepfeffer

ZUM FERTIGSTELLEN
300 g Bergkäse
400 g Lasagneplatten (ohne Kochen)

FLEISCHALTERNATIVE
dreierlei Linsen; ersatzweise Sonnenblumenhack

Veganize me!

Statt des Bergkäses geriebenen veganen Schmelzkäse verwenden, Béchamel mit Hafermilch und veganer Butter oder veganer Bratmargarine kochen.

BÉCHAMEL

In einem Topf die Butter bei mittlerer Temperatur schmelzen, das Mehl mit einem Schneebesen einrühren und hell anschwitzen, dann nach und nach die Milch einrühren. Salz, Pfeffer, Muskat und Lorbeerblätter zugeben und die Sauce 30 Min. unter häufigem Rühren köcheln lassen. Die Béchamel durch ein feines Sieb passieren und warm halten.

FÜLLUNG

Die Beluga-Linsen in einem Sieb abbrausen. Die Schalotten und den Knoblauch schälen und klein würfeln. In einem Topf das Öl erhitzen und die Linsen darin bei mittlerer Temperatur 2 Min. anschwitzen. Schalotten und Knoblauch zugeben und 5 Min. mitgaren. Inzwischen Möhre, Sellerie und Lauch schälen oder putzen, waschen und sehr fein würfeln. Gemüsewürfel, Oregano und Fond zu den Linsen in den Topf geben, alles kurz aufkochen und 20 Min. bei mittlerer Hitze köcheln lassen. Tomatensauce, Apfeldicksaft, Umami-Würzpaste und die roten und gelben Linsen zugeben. Alles unter häufigem Rühren noch 10 Min. kochen, bis die gelben und roten Linsen weich sind und die Masse zäh wird, dann mit Salz und Cayennepfeffer würzen. Bei Verwendung von Sonnenblumenhack statt der Linsen: 400 g Granulat und 600 ml Marinade Nr. 1 (s. S. 31) verwenden und weiterarbeiten, wie im Rezept für Bolognese (s. S. 91) beschrieben.

FERTIGSTELLEN

Den Backofen auf 180° vorheizen. Den Käse reiben. Einen Schöpflöffel Béchamel auf dem Boden einer Auflaufform verteilen und mit Lasagneplatten belegen. Abwechselnd Füllung und Teigplatten einschichten. Wenn die Füllung verbraucht ist, die Hälfte des geriebenen Käses aufstreuen und eine letzte Schicht Nudelplatten auflegen. Die restliche Béchamel darauf verteilen und die Lasagne im Ofen 35 Min. backen. Herausnehmen, die Lasagne mit dem restlichen Käse bestreuen und unter dem heißem Backofengrill noch 5–7 Min. gratinieren. Herausnehmen, die Lasagne in Stücke schneiden, auf Tellern anrichten und servieren.

BEEEEEEFTEKI!

V-HACKSTEAK-BIFTEKI MIT FETA UND KRITHARAKI-RISOTTO

Veganize me!

Statt des Feta veganen Hirtenkäse in Salzlake auf Kokosölbasis und für den Fleischteig die veganen Mühlen-Cevapcici benutzen. Beim Wein auf vegane Herstellung achten.

Im Gegensatz zu Rib Eye oder Rumpsteak, deren künstliche Erzeugung oder auch nur halbwegs realistische Substitution noch in weiter Ferne liegen, lassen sich Hacksteaks mit vegetarischen oder veganen Zutaten ebenso schmackhaft und realistisch herstellen wie zum Beispiel Buletten oder Burgerpattys. Im Fall der griechischen Bifteki sorgt der im Vleischteig eingebackene Feta für noch mehr Authentizität.

FÜR 4 PERSONEN
Zubereitungszeit: ca. 40 Min.
Marinierzeit: 3 Std.
Pro Portion ca. 1.170 kcal,
90 g E, 50 g F, 80 g KH

FÜR DIE BIFTEKI
200 g Jackfruit-Hack
400 ml Marinade Nr. 1 (s. S. 31)
1 rote Zwiebel, 2 EL Olivenöl
400 g Feta
300 g Beyond Mince
50 g Röstzwiebelpaste (s. S. 28)
1 EL Bifteki-Gewürzmischung (Salz, Knoblauch- und Zwiebelpulver Paprikapulver, Bohnenkraut, Majoran, Kurkuma, Kreuzkümmel, Chili Korianderkörner, Ingwer, Pfeffer)
35 g Erbsenproteinpulver, 1 Ei

FÜR DEN KRITHARAKI-RISOTTO
1 rote Zwiebel, 75 g gelbe Paprika
75 g grüne Paprika, 3 EL Olivenöl
300 g Kritharaki-Nudeln
100 ml trockener Weißwein
600 ml Wurzelgemüsefond (s. S. 28)

ZUM FERTIGSTELLEN
20 Kirschtomaten (an der Rispe)
1 rote Zwiebel
eingelegte grüne Peperoni (mild oder pikant)
glatte Petersilie zum Bestreuen

FLEISCHALTERNATIVE
Lotao Jackfruit Veggie Hack (Basis: Erbsenprotein & Jackfruit) und Beyond Meat Beyond Mince (Erbsenprotein); ersatzweise Rügenwalder Vegane Mühlen Hackröllchen Typ Cevapcici (Sojaprotein)

BIFTEKI

Das Jackfruit-Hack in eine hitzebeständige Schüssel geben. Die Marinade aufkochen, das Hack damit übergießen und mindestens 3 Std. marinieren. Alles durch ein Sieb abgießen, dabei die Marinade auffangen (sie kann wiederverwendet werden). Zwiebel schälen und klein würfeln. In einer Pfanne das Öl erhitzen und die Zwiebel darin goldbraun rösten, dann beiseitestellen. Den Feta in vier dicke Scheiben (à ca. 100 g) schneiden. Das Jackfruit-Hack gut ausdrücken und mit den übrigen Zutaten zu einem festen Vleischteig verarbeiten, anschließend in vier Portionen teilen, zu Kugeln formen und flach drücken. Jeweils eine Scheibe Feta mittig auflegen, mit der Masse umschließen und mit angefeuchteten Händen zu Hacksteaks formen. Die V-Hacksteaks auf jeder Seite 4–5 Min. grillen (oder mit etwas Öl in einer heißen Grillpfanne rösten), bis schöne Röststreifen entstehen. Bei Verwendung der Mühlen-Cevapcici für den Vleischteig den Inhalt von 3 Packungen à 250 g mit der Zwiebel, der Röstzwiebelpaste und 2 TL Bifteki-Gewürzmischung verkneten und weiterarbeiten, wie im Rezept beschrieben.

KRITHARAKI-RISOTTO

Zwiebel schälen, beide Sorten Paprika waschen, putzen und alles klein würfeln. In einer hohen Pfanne das Öl erhitzen und die Zwiebel darin unter Rühren goldgelb braten. Die Nudeln 2 Min. mitbraten, mit dem Wein ablöschen und diesen unter Rühren fast vollständig einkochen lassen. Nach und nach löffelweise den Fond zugeben und alles unter Rühren garen – wie bei einem Risotto. Nach 10 Min. die Paprikawürfel unterheben und die Nudeln noch 15–18 Min. unter Rühren garen. Sie sollen noch etwas Biss haben.

FERTIGSTELLEN

Die Kirschtomaten vorsichtig waschen, trocken tupfen und auf einem mit Backpapier belegten Backblech unter dem Backofengrill 5–8 Min. backen. Die Zwiebel schälen und in Ringe schneiden. Den Nudel-Risotto auf Teller verteilen, die V-Bifteki in Stücke schneiden und darauf anrichten. Alles mit Zwiebelringen und eingelegten Peperoni toppen, mit Petersilie bestreuen und servieren.

BUON APPETITO!

CAPPELLETTI-PESTO-PFANNE MIT GRILLGEMÜSE

Ob in der Kategorie „Essen am Arbeitsplatz“ oder „Vegetarische Gerichte“ – die „Cappelletti-Pesto-Pfanne“ hat bei ihrem Erfinder, einem der größten Betriebsverpflegungs-Unternehmen Deutschlands, seit Jahren einen Stammplatz in den Top 10 der „Menü-Charts“. Wir greifen die bewährten Grundideen dieser Speise gerne auf, treiben deren Stärken aber noch ein bisschen auf die Spitze.

FÜR 4 PERSONEN
Zubereitungszeit: ca. 1 Std.
Ruhezeit: 30 Min.
Pro Portion ca. 1.515 kcal,
55 g E, 105 g F, 75 g KH

FÜR DEN NUDELTEIG
150 g Mehl (z. B. Farina di grano tenero tipo 00)
100 g feines Hartweizenmehl (z. B. Semola rimacinata di grano duro)
1 Prise Salz, 2 Eier, 1 EL Olivenöl

FÜR DIE CAPPELLETTI
300 g Seitan Nr. 3 (s. S. 35)
50 g geräucherter Scamorza
1 EL Röstzwiebelpaste (s. S. 28)
2 EL Olivenöl, 1 TL Zwiebelpulver
Salz, Pfeffer, 50 g Butter
300 ml Wurzelgemüsefond (s. S. 28)

FÜR DAS PESTO
200 g Basilikumblätter, 2 Knoblauchzehen
150 g Parmesan, 50 g Pinienkerne
150 ml Olivenöl, Salz, Pfeffer

FÜR DIE GARNITUR
1 grüner Zucchino, 4 EL Olivenöl
1 TL feines Meersalz, 20 Datteltomaten
8 getrocknete Tomaten
100 ml roter Portwein, 50 g Pinienkerne

AUSSERDEM
Mehl zum Arbeiten

FLEISCHALTERNATIVE
Seitan Nr. 3 (Basis: Weizengluten); ersatzweise Viva Maris Vegane Algen Grillburger vegan (Kartoffel- und Erbsenprotein)

Veganize me!

Für den Teig 300 g Hartweizengrieß (z. B. Caputo Semola rimacinata di grano duro) mit 165 ml Wasser in 15 Min. zu einem glatten Teig verkneten. Zur Kugel formen und in Frischhaltefolie 40 Min. kühl ruhen lassen, dann weiterarbeiten wie beschrieben. Scamorza durch Räuchertofu ersetzen. Pesto ohne Käse zubereiten, Pasta mit veganer Butter garen, bei den Weinen auf vegane Herstellung achten.

NUDELTEIG

Aus beiden Sorten Mehl, Salz, den Eiern, dem Öl und 50–80 ml warmem Wasser einen glatten, geschmeidigen Teig kneten. In Frischhaltefolie wickeln und den Teig 30 Min. im Kühlschrank ruhen lassen. Herausnehmen, den Teig portionsweise auf einem bemehlten Backbrett (oder mit der Nudelmaschine) zu dünnen Bahnen auswalzen und daraus Kreise (ca. 8 cm Ø) ausstechen.

CAPPELLETTI

Den Seitan (oder die Grillburger) und den Scamorza fein raspeln. Beides in einer Schüssel mit der Röstzwiebelpaste, Öl und Zwiebelpulver vermischen, mit Salz und Pfeffer würzen und die Füllung abschmecken. Die Teigkreise an den Rändern mit Wasser bepinseln. Jeweils 1 TL Füllung mittig daraufsetzen. Die Kreise zu Halbmonden zusammenklappen und die Ränder gut andrücken. In einer großen Pfanne die Butter schmelzen und die Cappelletti bei mittlerer Hitze darin auf jeder Seite 2 Min. braten. Den Fond angießen, alles kurz aufkochen, die Hitze reduzieren und die Cappelletti noch 5 Min. köcheln lassen.

PESTO

Das Basilikum waschen und trocken schleudern. Knoblauch abziehen und fein würfeln. Den Parmesan reiben. In einer Pfanne die Pinienkerne ohne Fett goldgelb rösten. Alle Zutaten im Mörser oder Blitzhacker zu einem sämigen Pesto verarbeiten.

GARNITUR

Den Zucchino waschen, putzen und in 1 cm dicke Scheiben schneiden. Die Scheiben einseitig mit 2 EL Öl bepinseln und mit ½ TL Salz würzen und auf dem Grill oder in einer heißen Grillpfanne auf der geölten Seite grillen, bis ein schönes Grillmuster entstanden ist. Datteltomaten waschen, längs halbieren, mit dem übrigen Salz würzen und in beschichteter Pfanne in dem restlichen Öl bei starker Hitze 5 Min. braten. Getrocknete Tomaten längs in dünne Streifen schneiden. In einem Topf den Portwein aufkochen, getrocknete Tomaten zugeben, den Topf vom Herd ziehen und die Tomaten abkühlen lassen. In einer Pfanne die Pinienkerne ohne Fett goldgelb rösten.

FERTIGSTELLEN

Die Cappelletti mit den Zucchinischeiben und Datteltomaten auf vorgewärmte Teller verteilen. Alles mit den Pinienkernen und Tomatenstreifen bestreuen, mit etwas Pesto beträufeln und servieren. Restliches Pesto in einem Schälchen separat dazu reichen.

PAPPARDELLA-PAP!

PAPPARDELLE MIT POLPETTINE UND TOMATENSUGO

Hackbällchen werden in Italien schon so lange gegessen wie Pasta. Beides zusammen aber kam – mit Ausnahme einiger alten Familienrezepte aus Kampanien und Apulien – erst durch die Hollywood-Filmindustrie ins Mutterland der Nudelgerichte zurück. Arme italienische Auswanderer aßen in den USA zunächst ihre Pasta mit Tomatensauce, den aufkommenden Wohlstand zelebrierten sie mit zu Kugeln gerolltem Hack als Upgrade.

FÜR 4 PERSONEN
Zubereitungszeit: ca. 25 Min.
Pro Portion ca. 1.380 kcal,
45 g E, 90 g F, 90 g KH

FÜR DIE V-HACKBÄLLCHEN
1 l Öl zum Frittieren
600 g vegane Hackbällchen (3 Packungen)

FÜR DIE SAUCE
500 g Tomatensauce Nr. 2 (s. S. 39)
75 ml Olivenöl (extra vergine)
2 EL gehackte Basilikumblätter

FÜR DIE PASTA
2 EL Meersalz, 400 g Pappardelle
(Hartweizennudeln mit Ei)
50 g Parmesan

ZUM FERTIGSTELLEN
Basilikumblättchen zum Garnieren
Pfeffer

FLEISCHALTERNATIVE
Meatless Farm Vegan Bällchen (Basis: Soja- und Weizenprotein), ersatzweise Beyond Meat Beyond Mince oder Beyond Meatballs (beide: Erbsenprotein)

Veganize me!

Eifreie Pappardelle oder Tagliatelle verwenden. Statt Parmesan veganen Käse auf Cashew-Basis wählen.

V-HACKBÄLLCHEN

Den Backofen auf 100° vorheizen. Ein Backblech mit mehreren Lagen Küchenpapier belegen. In einem hohen Topf das Öl auf 180° erhitzen und die V-Hackbällchen darin portionsweise in je 5 Min. frittieren. Mit dem Schaumlöffel herausheben, kurz abtropfen lassen, auf das Blech geben und im Backofen entfetten und warm halten. Bei Verwendung von Beyond Mince: 600 g V-Hack mit Salz, Pfeffer und 1 EL gerebeltem Oregano würzen, 24 Bällchen daraus formen und weiterarbeiten, wie im Rezept beschrieben. Wenn es einmal schnell gehen muss: 2 Packungen Beyond Meatballs in einer Pfanne in reichlich Öl in 8 Min. kross braten.

SAUCE

Die Tomatensauce in einem Topf aufkochen, dann das Olivenöl und das Basilikum einrühren.

PASTA

In einem großen Topf 5 l Wasser mit dem Salz aufkochen und die Pappardelle darin nach Packungsanweisung bissfest garen. Inzwischen den Parmesan grob reiben. Die Nudeln abgießen und abtropfen lassen.

FERTIGSTELLEN

Pappardelle, Polpettine und die Sauce auf Teller verteilen. Alles mit Basilikumblättchen garnieren, mit Parmesan bestreuen, mit Pfeffer übermahlen und sofort servieren.

ALTER SCHWEDE!

VÖTTBULLAR MIT SCHWEDENSAUCE & BEEREN

Veganize me!

Vleischteig für die Vöttbullar mit veganem Ei-Ersatzpulver anmischen. Sauce mit veganer Butter und Creme zubereiten. Beim Essig und Senf auf vegane Herstellung achten.

Schraubst du noch oder isst du schon? Diesen Fleischklassiker brachten die Restaurants der schwedischen Möbelhäuser bis in den hintersten Winkel der Welt. Längst gibt es diese Bällchen dort auch in der fleischfreien Variante „Plantbullar", aber nur selbst gekocht kommt das richtige Billy-Feeling auf: Lange am Rezept herumgeschraubt, steht das Gericht irgendwann endlich wie eine Eins auf dem Tisch.

FÜR 4 PERSONEN
Zubereitungszeit: ca. 1 Std.
Marinierzeit: 2 Std. 30 Min.
Pro Portion ca. 1.035 kcal,
40 g E, 55 g F, 85 g KH

FÜR DIE VÖTTBULLAR
150 g Sonnenblumenhack
500 ml Marinade Nr. 1 (s. S. 31)
1 Zwiebel, 1 Knoblauchzehe
1 Bio-Zitrone, 100 g Paniermehl, 1 Ei
Salz, Pfeffer, Pimentpulver
frisch geriebene Muskatnuss
6 EL Distelöl

FÜR DIE SAUCE
40 g Butter, 40 g Mehl
300 ml Wurzelgemüsefond (s. S. 28)
1 Msp. Safranpulver
150 g Sahne
2 TL Sojasauce
1 EL Dijonsenf

FÜR PÜREE UND GURKENSALAT
800 g mehligkochende Kartoffeln
Salz, 50 g Sahne, 50 g Butter
½ TL frisch geriebene Muskatnuss
weißer Pfeffer, 1 Salatgurke
1 TL feines Meersalz, 1 EL Zucker
50 ml Weißweinessig
5 EL Distelöl, 4 EL gehackte Dillspitzen

ZUM FERTIGSTELLEN
100 g Rote Johannisbeeren
Dillzweige zum Garnieren

FLEISCHALTERNATIVE
Sonnenblumenhack; ersatzweise Rügenwalder Veganes Mühlen Hack (Sojaprotein)

VÖTTBULLAR

Das Sonnenblumenhack in eine hitzebeständige Schüssel geben. Die Marinade aufkochen, die Masse damit übergießen und 2 Std. abkühlen lassen, anschließend abgießen, dabei die Marinade auffangen (sie kann wiederverwendet werden). Das V-Hack mit Küchenpapier ausdrücken. Zwiebel und Knoblauch schälen und sehr fein hacken. Zitrone heiß waschen, trocken tupfen, 1 TL Schale abreiben und mit den vorbereiteten Zutaten in eine Schüssel geben. Paniermehl, Ei und Gewürze zufügen. Alles zu einem festen Vleischteig kneten, abschmecken und daraus mit angefeuchteten Händen 48 Bällchen formen. In einer großen Pfanne das Öl erhitzen, die Vöttbular darin portionsweise in je 8 Min. knusprig braten und im Backofen (100°) warm halten. Bei Verwendung von Rügenwalder Hack: Die Masse würzen und verarbeiten, wie beschrieben.

SAUCE

Die Butter schmelzen, das Mehl mit dem Schneebesen einrühren und unter Rühren 3 Min. hell anschwitzen. Fond, Safranpulver und Sahne zugeben, die Sauce unter häufigem Rühren 25 Min. köcheln lassen, dann die Sojasauce und den Senf unterrühren.

KARTOFFELPÜREE & GURKENSALAT

Die Kartoffeln schälen, in Salzwasser weich garen, abgießen und kurz ausdampfen lassen. In einem Topf Sahne, Butter und Muskat kurz aufkochen, die Kartoffeln zugeben und mit dem Kartoffelstampfer zerdrücken. Alles mit dem Schneebesen zu einem glatten Püree verarbeiten und dieses mit Salz und weißem Pfeffer würzen. Gurke waschen, in dünne Scheiben hobeln, mit Meersalz und Zucker vermischen und 15 Min. ziehen lassen, Essig, Öl und Dill unterheben und den Salat weitere 15 Min. ziehen lassen.

FERTIGSTELLEN

Johannisbeeren waschen, trocken tupfen und abzupfen. Das Kartoffelpüree auf Teller verteilen, die Vöttbullar darauf anrichten und mit der Sauce beträufeln. Alles mit Johannisbeeren und Dill garnieren und den Gurkensalat in Schälchen dazu reichen.

MEGA MOUSSAKA!

GRIECHISCHER AUBERGINENAUFLAUF MIT HACK UND KARTOFFELN

Selbst wenn das Original in Griechenland mit hocharomatischem Lammhack gekocht wird, braucht sich diese Version nicht zu verstecken, zumal kein Tierbaby dafür sterben muss. Wer es nicht eilig hat, ist hier klar im Vorteil – die Moussaka schmeckt noch viel besser, wenn man sie über Nacht komplett auskühlen und damit Bindung gewinnen lässt. Am nächsten Tag dann langsam im Backofen bei 100° erwärmen.

FÜR 4 PERSONEN
Zubereitungszeit: ca. 1 Std. 40 Min.
Marinierzeit: 2 Std.
Pro Portion ca. 900 kcal,
45 g E, 55 g F, 55 g KH

FÜR DIE V-HACKSAUCE
100 g Sojagranulat
500 ml Marinade Nr. 1 (s. S. 31)
3 EL Olivenöl (raffiniert)
750 g Tomatensauce Nr. 1 (s. S. 39)
2 EL gerebelter Oregano
½ TL gemahlener Kreuzkümmel

FÜR DAS GEMÜSE
2 große Auberginen
500 g festkochende Kartoffeln
5 EL Olivenöl (raffiniert)

FÜR DIE SAUCE
25 g Butter, 25 g Mehl
250 ml Milch
½ TL Salz
300 g Feta

ZUM FERTIGSTELLEN
50 g Parmesan
100 g Sahne
Kresse zum Garnieren

FLEISCHALTERNATIVE
Vantastic foods Granulat aus Soja (Basis: Sojaprotein); ersatzweise Lotao Jackfruit Veggie Hack (Erbsenprotein & Jackfruit)

Veganize me!
Vegane Butter, Creme und Feta, sowie Haferdrink statt Milch verwenden. Den Parmesan durch veganen Reibekäse ersetzen.

V-HACKSAUCE

Das Sojagranulat in eine hitzebeständige Schüssel geben. Die Marinade aufkochen, das Granulat damit übergießen und 2 Std. abkühlen lassen, anschließend abgießen und die Marinade auffangen (sie kann wiederverwendet werden). Das V-Hack mit Küchenpapier ausdrücken. In einer großen Pfanne das Öl erhitzen und das V-Hack darin goldbraun braten. Die Tomatensauce, Oregano und Kreuzkümmel zufügen, alles kurz aufkochen und gut durchrühren.

GEMÜSE

Die Auberginen waschen, putzen und längs in dünne Scheiben schneiden (z. B. mit einer Aufschnittmaschine). Die Auberginenscheiben von beiden Seiten in einer heißen Grillpfanne ohne Fett anbraten, bis Röststreifen zu sehen sind. Die Kartoffeln schälen und in dünne Scheiben hobeln. In einer Pfanne das Öl erhitzen und die Kartoffelscheiben darin goldgelb braten.

SAUCE

In einem Topf die Butter schmelzen und das Mehl darin unter Rühren mit dem Schneebesen 3 Min. hell anschwitzen. Milch und Salz zugeben und die Sauce unter häufigem Rühren 25 Min. köcheln lassen. Den Feta fein reiben und unterheben.

FERTIGSTELLEN

Den Backofen auf 170° vorheizen. 1 Schöpflöffel Sauce in eine Auflaufform gießen und auf dem Boden gleichmäßig verstreichen. Eine Schicht Auberginen- und Kartoffelscheiben einfüllen und mit V-Hacksauce bedecken. Wieder eine Lage Auberginen und Kartoffeln einschichten und jeweils je 2 Schöpflöffel Feta- und V-Hacksauce darauf verteilen. So weiterverfahren, bis das Gemüse aufgebraucht ist, dann die übrigen Saucen darauf verteilen. Die Moussaka im Ofen 45 Min. backen. Den Parmesan sehr fein reiben und mit der Sahne verrühren. Die Moussaka damit bestreichen und weitere 10–15 Min. backen, aber nicht zu stark bräunen. Die Moussaka bei geöffneter Ofentür (ohne Hitze) 10 Min. ruhen lassen, in Stücke schneiden und mit Kresse garniert servieren.

QUATSCH MIT SAUCE!!

VRIKADELLEN MIT KIRSCHSAUCE UND STROHKARTOFFELN

Frikadellen, Buletten, Fleischküchle, Laberl, Fleischpflanzerl – Deutschlands beliebte Hackklopse haben viele Namen, werden aber meist pur im Brötchen oder mit Kartoffelsalat gegessen. Im Südwesten reicht man gern eine Bratensauce dazu. Gute Idee, aber wir können die Buletten weder schmoren wie einen Schweinebraten, noch eine Fleisch-Tunke dazu essen. Die Lösung: ein deftiger Quatsch wie unsere vollmundige Kirschsauce.

FÜR 4 PERSONEN
Zubereitungszeit: ca. 50 Min.
Marinierzeit: 2 Std.
Pro Portion ca. 1.480 kcal, 65 g E, 80 g F, 95 g KH

FÜR DIE VRIKADELLEN
200 g Jackfruit-Hack (Granulat)
500 ml Marinade Nr. 1 (s. S. 31)
300 g Beyond Mince, 1 EL Kapern
150 g Röstzwiebelpaste (s. S. 28)
1 EL fein gehackter Majoran
1 Ei, 1 TL Dijonsenf, 1 EL Ketchup
100 g Paniermehl
½ TL frisch geriebene Muskatnuss
1 TL Knoblauchpulver, Salz, Pfeffer
Ingwerpulver, 100 g Butterschmalz

FÜR DIE KIRSCHSAUCE
350 g Schattenmorellen (aus dem Glas)
400 ml vegane Gravy (s. S. 37)
50 g Gemüse-Jus (s. S. 30)
5 Zweige Thymian

FÜR DIE STROHKARTOFFELN
600 g festkochende Kartoffeln, 1 l Öl
Salz, rosenscharfes Paprikapulver

ZUM FERTIGSTELLEN
Thymian zum Garnieren

FLEISCHALTERNATIVE
Lotao Jackfruit Veggie Hack (Basis: Erbsenprotein & Jackfruit) und Beyond Meat Beyond Mince (Erbsenprotein); ersatzweise Rügenwalder Veganes Mühlen Hack (Sojaprotein)

Veganize me!

Das Ei weglassen, zum Braten Alba-Öl oder vegane Bratmargarine mit Butteraroma verwenden und auf vegane Herstellung von Senf und Ketchup achten.

VRIKADELLEN

Das Jackfruit-Hack in eine hitzebeständige Schüssel geben. Die Marinade aufkochen, das Granulat damit übergießen und 2 Std. abkühlen lassen. Alles abgießen und die Marinade auffangen (sie kann wiederverwendet werden). Das V-Hack mit Küchenpapier ausdrücken und mit dem Beyond Mince mischen. Die Kapern sehr fein hacken und mit allen übrigen Zutaten (bis auf das Butterschmalz) zu einem festen Vleischteig verarbeiten. Aus der Masse mit angefeuchteten Händen flache Vrikadellen in der gewünschten Größe formen. In einer großen Pfanne das Butterschmalz erhitzen und die Vrikadellen darin portionsweise bei mittlerer Hitze langsam goldbraun braten. Bei Verwendung von 800 g Rügenwalder Hack: Dieses mit den übrigen Zutaten vermengen und weiterarbeiten, wie beschrieben.

KIRSCHSAUCE

Die Schattenmorellen abgießen, dabei 100 ml Saft auffangen. In einem Topf die vegane Gravy mit der Jus, den Kirschen, dem aufgefangenen Saft und dem Thymian aufkochen und alles bei mittlerer Hitze auf die gewünschte Konsistenz einköcheln lassen. Den Thymian herausnehmen und die Sauce warm halten.

STROHKARTOFFELN

Die Kartoffeln schälen, in feine Streifen schneiden und 30 Min. in kaltes Wasser legen, dann abgießen und mit Küchenpapier trocken tupfen. Den Backofen auf 100° vorheizen. Ein Backblech mit mehreren Lagen Küchenpapier auslegen. In einem hohen Topf das Öl auf 180° erhitzen und die Kartoffelstreifen darin portionsweise goldgelb frittieren. Die Strohkartoffeln mit dem Schaumlöffel herausheben, abtropfen lassen, auf dem Blech verteilen, im Ofen entfetten, mit Salz und Paprikapulver würzen und warm halten.

FERTIGSTELLEN

Die Vrikadellen auf Tellern anrichten, mit etwas Kirschsauce beträufeln und mit Thymian garnieren. Übrige Sauce und die Strohkartoffeln daneben verteilen und alles sofort servieren.

BABA KÖFTE!

KÖFTE VOM GRILL MIT DJUVEC-REIS UND BABA GANOUSH

Im Persischen bedeutet Köfte „Zerstampftes" – der Hinweis darauf, dass diese herzhaften Bratlinge am Spieß aus Hackfleisch gemacht werden. Auch in der Rinder- oder Lamm-Version sorgen 24 Stunden Kühlschrankruhe für die nötige Bindung. Neben dem orangenen Djuvec-Reis und den Granatapfelkernen bringt hier natürlich die gebrannte Auberginen-Sesam-Creme Baba Ganoush das orientalische 1001-Nacht-Feeling.

FÜR 4 PERSONEN
Zubereitungszeit: ca. 1 Std. 30 Min.
Kühlzeit: 24 Std.
Pro Portion ca. 1.035 kcal,
40 g E, 55 g F, 85 g KH

FÜR DIE KÖFTE
750 g vegane Hackröllchen (3 Packungen)
2 Knoblauchzehen, 1 EL gerebelte Minze
1 EL gerebelter Oregano, Salz, Pfeffer
1 TL Pul Biber (türk. Gewürzmischung)
1 TL Dukkah (Gewürzmischung)
4 EL Paniermehl, 1 Ei, Fett zum Braten

FÜR DEN DJUVEC-REIS
1 kleine Zwiebel, 1 Knoblauchzehe
3 EL Olivenöl (raffiniert)
je ½ rote und gelbe Paprika
½ TL gemahlene Kurkuma
1 TL rosenscharfes Paprikapulver
1 EL Tomatenmark, 3 EL Ajvar
200 g Langkornreis
400 ml Wurzelgemüsefond (s. S. 28)
Salz, Pfeffer

FÜR DAS BABA GANOUSH
1 große Aubergine, 2 Knoblauchzehen
1 EL gehacktes Koriandergrün
4 EL Zitronensaft, 3 EL Tahin (Sesampaste)
½ TL gemahlener Kreuzkümmel
4 EL Olivenöl (extra vergine)
Salz, Pfeffer

ZUM FERTIGSTELLEN
Pul Biber und Olivenöl zum Garnieren
100 g schwarze Oliven (entsteint)
75 g Granatapfelkerne
4 EL saurer Granatapfelsirup
½ Bund Koriandergrün

FLEISCHALTERNATIVE
Rügenwalder Vegane Mühlen Hackröllchen Typ Cevapcici (Basis: Sojaprotein); ersatzweise Beyond Meat Beyond Mince (Erbsenprotein)

Veganize me!

Veganer Ei-Ersatz nach Packungsanweisung für die Zubereitung von 1 Ei anrühren und in den Vleischteig geben.

V-KÖFTE

Die V-Hackröllchen mit zwei Gabeln in einer Schüssel zerpflücken. Den Knoblauch schälen, würfeln und mit den Kräutern und Gewürzen im Mörser zu einer glatten Paste verarbeiten. Paniermehl, Ei und die Würzpaste in die Schüssel geben und alles mit beiden Händen zu einem formbaren Vleischteig kneten. Die Masse auf ein mit Frischhaltefolie belegtes Brett geben, mit Frischhaltefolie bedecken und mit dem Nudelholz gleichmäßig 3 cm dick ausrollen. Aus dem Vleischteig mit einem Messer 12 Quader (3 × 3 × 6 cm) schneiden und jeweils einen breiten Holzspieß einstecken. Alles mit Frischhaltefolie bedecken und die V-Köfte 24 Std. im Kühlschrank durchziehen lassen. Am nächsten Tag die V-Köfte auf dem Grill oder in einer heißen Grillpfanne mit wenig Fett von allen Seiten insgesamt 8–10 Min. braten, bis sie ein schönes Grillmuster aufweisen. Bei Verwendung von Beyond Mince: Vergleichbare Menge verwenden, mit den genannten Zutaten zu V-Köfte verarbeiten und weiterarbeiten, wie beschrieben.

DJUVEC-REIS

Die Zwiebel und den Knoblauch schälen und beides fein würfeln. In einer hohen Pfanne das Öl erhitzen und beides darin goldgelb braten. Inzwischen beide Paprikahälften waschen, putzen und klein würfeln. Paprikawürfel mit den übrigen Zutaten (außer Salz und Pfeffer) unterheben und die Hitze reduzieren. Alles zugedeckt 15–18 Min. köcheln lassen, bis der Reis noch leicht bissfest ist, dann mit Salz und Pfeffer würzen und den Reis abschmecken.

BABA GANOUSH

Den Backofen auf 180° (Umluft) vorheizen. Die Aubergine längs halbieren und die Schnittflächen gitterartig einschneiden. Die Hälften mit der Schnittfläche nach oben auf ein mit Backpapier belegtes Backblech legen und im Ofen 45–50 Min. backen. Knoblauch abziehen und vierteln. Die Auberginen herausnehmen und abkühlen lassen. Das Fruchtfleisch mit einem Löffel auslösen und mit den restlichen Zutaten im Mixer zu einer glatten Creme verarbeiten.

FERTIGSTELLEN

Die Auberginencreme abschmecken, in Schälchen füllen, mit Pul Biber bestreuen und mit Olivenöl beträufeln. Die Oliven in Ringe schneiden. Den Djuvec-Reis auf Teller verteilen, die V-Köfte darauf anrichten und alles mit Oliven, Granatapfelkernen, -sirup und Koriandergrün garnieren und servieren. Die Schälchen mit dem Baba Ganoush separat dazu reichen.

OHNE LANGOHREN!

GANZ FALSCHER HASE MIT PILZSAUCE

Veganize me!

Auf vegane Weine achten. Vleischteig mit Ei-Ersatzpulver herstellen. Vegane hart gekochte Eier gibt es als „V-Love The Boiled“ in der Schweiz. Sie lassen sich aus den Ersatzpulvern nicht nachbauen, deshalb notfalls weglassen – dann wird der „Falsche Hase“ zum „Richtigen Hackbraten“.

Papst Zacharias verbot den Christen im Jahre 751 das Hasenfleisch, weil es zu „Unzucht und hitziger Geschlechtslust" anstecke. War das die Geburtsstunde des „Falschen Hasen" – oder doch eher die karge Zeit nach dem 2. Weltkrieg, als wegen des Fleischmangels den Katzen („Dachhasen") nachgestellt wurde? Egal, wir formen den Hackbraten aus Vleisch und machen ihn mit den darin versteckten Eiern zum „Ganz Falschen Hasen".

FÜR 4 PERSONEN
Zubereitungszeit: ca. 1 Std. 30 Min.
Pro Portion ca. 1.525 kcal,
115 g E, 75 g F, 115 g KH

FÜR DEN VLEISCHTEIG
900 g Beyond Mince (3 Packungen)
2 Zwiebeln, 25 g Erbsenproteinpulver
100 g Paniermehl, 2 Eier
2 EL gerebelter Majoran
½ TL frisch geriebene Muskatnuss
½ TL gemahlener Kümmel
Salz, Pfeffer, 1 TL Zwiebelpulver
1 EL Dijonsenf, 2 TL Tomatenmark
4 hart gekochte Eier, 1 EL Öl

FÜR DIE PILZSAUCE
500 ml vegane Gravy (s. S. 37)
75 g Gemüse-Jus (s. S. 30)
300 g gemischte Pilze nach Saison (z. B. Wiesenchampignons, Totentrompeten, Buchenpilze, weiße und braune Shimeji-Pilze), 1 TL feines Meersalz
100 ml trockener Sherry, 100 ml Madeira
25 g getrocknete Steinpilze
50 g Hafer-Kochcreme (ersatzweise Soja-Kochcreme)
Salz, Pfeffer, Zitronensaft

FÜR DEN SÜSSKARTOFFELSTAMPF
600 g Süßkartoffeln, 1 TL feines Meersalz
½ TL frisch geriebene Muskatnuss
4 EL Haselnussöl (kalt gepresst)
100 g Hafer-Kochcreme (ersatzweise Soja-Kochcreme), Salz, Pfeffer

ZUM FERTIGSTELLEN
Daikonkresse zum Garnieren

FLEISCHALTERNATIVE
Beyond Meat Beyond Mince (Basis: Erbsenprotein) und Erbsenproteinpulver; ersatzweise Meatless Farm Hack (Soja- und Erbsenprotein) und Erbsenproteinpulver

VLEISCHTEIG

Das V-Hack in eine Schüssel geben. Die Zwiebeln schälen, sehr fein hacken und mit den übrigen Zutaten (ohne die hart gekochten Eier und das Öl) hinzufügen. Alles zu einem festen Vleischteig kneten und abschmecken. Den Backofen auf 160° vorheizen. Gekochte Eier pellen und die Enden gerade schneiden, dafür jeweils ca. 5 mm Eiweiß abtrennen. Den Vleischteig zu einem Rechteck flach drücken und längs mittig die gekochten Eier auflegen, dabei ringsum einen 3–4 cm breiten Rand frei lassen. Den Vleischteig vom Rand mit angefeuchteten Händen nach oben drücken und die Eier damit fest umschließen. Den „Ganz Falschen Hasen" in einen geölten Bräter setzen und im Ofen 1 Std. backen.

PILZSAUCE

Die vegane Gravy mit der Jus erhitzen. Die Pilze putzen, bei Bedarf trocken tupfen und in einer großen hohen Pfanne ohne Fett bei sehr starker Hitze 5 Min. braten. Die Pilze salzen und weiterbraten, bis Flüssigkeit austritt. Die Pilze mit Sherry ablöschen und diesen vollständig reduzieren. Madeira angießen und auf die Hälfte einkochen lassen, dann heiße Gravy-Jus-Mischung untermischen. Steinpilze im Mixer pulvrig mixen, unterrühren und alles bei mittlerer Hitze 30 Min. kochen lassen. Kochcreme einrühren, die Sauce mit Salz, Pfeffer und Zitronensaft würzen und abschmecken.

SÜSSKARTOFFELSTAMPF

Die Süßkartoffeln schälen, ca. 5 mm groß würfeln, mit Salz, Muskat und Haselnussöl mischen und weich dämpfen. Alles mit einer Gabel zu einem stückigen oder feinen Stampf verarbeiten, dabei die Kochcreme einarbeiten. Den Süßkartoffelstampf mit Salz und Pfeffer würzen und abschmecken.

FERTIGSTELLEN

Den V-Hackbraten herausnehmen, noch 5 Min. ruhen lassen, dann mit einem Brot- oder Elektromesser in 8 Scheiben schneiden und auf Tellern anrichten. Süßkartoffelstampf dazwischen platzieren, mit der Pilzsauce übergießen und mit Kresse garniert servieren.

SUPPE GEHABT!

KÄSE-HACK-LAUCH-SUPPE

Wenn in Norddeutschland jemandem unverhofftes Glück beschieden wird, sagt man, er habe „Suppe gehabt“. Ebenso glücklich macht natürlich auch der Fleischverzicht in unserer vegetarischen Käse-Hack-Lauch-Suppe, die nicht nur so vollmundig schmeckt wie mit Mett gekocht, sondern uns auch nach dem zweiten Teller in den satten Happy-Himmel schießt.

FÜR 4 PERSONEN
Zubereitungszeit: ca. 1 Std.
Pro Portion ca. 760 kcal,
30 g E, 60 g F, 20 g KH

FÜR DIE SUPPE
3 Stangen Lauch
6 EL Butterschmalz
1,5 l Wurzelgemüsefond (s. S. 28)
½ TL frisch geriebene Muskatnuss
1 TL Knoblauchpulver
1 EL Zwiebelpulver
250 g Schmelzkäse
300 g Hafer-Kochcreme (ersatzweise Soja-Kochcreme)
Salz, Pfeffer, Zitronensaft
360 g Veganes Mühlen Hack (2 Packungen)

FÜR DAS TOPPING
250 g Lauch
4 EL Öl zum Braten, Salz

FLEISCHALTERNATIVE
Rügenwalder Veganes Mühlen Hack (Basis: Sojaprotein); ersatzweise Sonnenblumenhack

SUPPE
Den Lauch waschen, putzen und in dünne Ringe schneiden. In einem Topf 3 EL Butterschmalz erhitzen und den Lauch darin bei mittlerer Hitze 15 Min. zugedeckt dünsten. Fond und Gewürze zugeben und alles 30 Min. köcheln lassen. Den Topfinhalt mit dem Pürierstab leicht stückig pürieren. Den Schmelzkäse einrühren, die Kochcreme unterziehen und die Suppe mit Salz, Pfeffer und Zitronensaft würzen. In einer großen Pfanne das restliche Butterschmalz stark erhitzen und das V-Hack darin kross und krümelig braten. Drei Viertel der Menge unter die Suppe rühren und alles warm halten. Bei Verwendung von Sonnenblumenhack: 200 g Granulat und 400 ml Marinade Nr. 1 (s. S. 31) verwenden. Beides wie im Rezept für Bolognese (s. S. 91) verarbeiten, anbraten und unter die Suppe mischen, wie beschrieben.

TOPPING
Den Lauch waschen und putzen. Den hellgrünen Teil abschneiden, 50 g abwiegen und quer in feine Ringe schneiden. Vom dunkelgrünen Teil 200 g abwiegen und längs in sehr feine Streifen schneiden. In einer Pfanne das Öl erhitzen und die dunkelgrünen Lauchstreifen darin goldbraun (aber nicht zu dunkel) rösten und salzen.

FERTIGSTELLEN
Die Suppe abschmecken und in Schalen oder tiefe Teller verteilen. Das restliche V-Hack darüberstreuen. Die Suppe mit dem Lauchstroh und den hellgrünen Lauchringen toppen und servieren.

Veganize me!
Veganes Bratfett statt Butterschmalz und veganen Schmelzkäse verwenden.

HACK ATTACK!

GEFÜLLTE AUBERGINEN MIT TOMATENSUGO

Einer der beliebtesten Klassiker der Hackfleischküche sind die gefüllten Auberginen, bei denen das umhüllende Gemüse beim Gratinieren im Backofen quasi nebenbei mitgart. Normalerweise sind die Auberginen horizontal halbiert, wie Schiffchen gefüllt und mit viel Käse überbacken. Wir stellen sie zur Abwechslung mal hochkant und füllen sie mit einer Umami-Bombe von einer Hacksauce, die keine Käse-Verstärkung braucht.

FÜR 4 PERSONEN
Zubereitungszeit: ca. 1 Std. 15 Min.
Marinierzeit: 2 Std.
Pro Portion ca. 430 kcal, 15 g E, 25 g F, 30 g KH

FÜR DIE AUBERGINEN
4 mittelgroße, möglichst gerade Auberginen
4 EL Olivenöl (raffiniert)

FÜR DIE FÜLLUNG
100 g Lupinenschrot
500 ml Marinade Nr. 1 (s. S. 31)
3 EL Olivenöl (raffiniert)
2 EL gerebelter Oregano
350 g Tomatensauce Nr. 2 (s. S. 39)
200 g Tomatensauce Nr. 1 (s. S. 39)

FERTIGSTELLEN
100 g Tomatensauce Nr. 1 (s. S. 39)
Basilikumblätter zum Garnieren

FLEISCHALTERNATIVE
Lupinenschrot (Basis: Süßlupinensamen); ersatzweise Rügenwalder Veganes Mühlen Hack (Sojaprotein)

AUBERGINEN

Die Auberginen waschen und die Enden gerade abschneiden. Die Auberginen quer in 4–6 cm lange Stücke schneiden, hochkant stellen und mit einem Apfelausstecher bis auf einen 1,5–2 cm breiten Rand und Boden aushöhlen. Das ausgelöste Fruchtfleisch fein würfeln. In einer Pfanne das Öl erhitzen und die Auberginenwürfel darin goldbraun anbraten, anschließend beiseitestellen.

FÜLLUNG

Lupinenschrot in eine hitzebeständige Schüssel geben. Die Marinade aufkochen, das Schrot damit übergießen und 2 Std. abkühlen lassen, anschließend abgießen und die Marinade auffangen (sie kann wiederverwendet werden). Das V-Hack mit Küchenpapier gut ausdrücken. In einer hohen Pfanne das Öl stark erhitzen und das V-Hack darin goldbraun braten. Das gebratene Auberginenfruchtfleisch, Oregano, Tomatensauce Nr. 2 und Tomatensauce Nr. 1 zufügen und alles bei mittlerer Hitze in ca. 15 Min. sämig einkochen lassen, bis die Flüssigkeit vollständig verdampft ist. Bei Verwendung von Veganem Mühlen Hack: 360 g (2 Packungen) V-Hack vor dem Braten mit zwei Gabeln auseinanderziehen und in der Pfanne krümelig braten.

FERTIGSTELLEN

Den Backofen auf 160° vorheizen. Die Auberginenstücke hochkant auf ein mit Backpapier belegtes Backblech stellen. Die Füllung abschmecken und in die ausgehöhlten Auberginen verteilen. Die Auberginen im Ofen 25–30 Min. backen, bis sie weich sind. In einem Topf die Tomatensauce erhitzen. Die gefüllten Auberginen herausnehmen, vorsichtig auf Teller setzen und mit der Tomatensauce beträufeln. Alles mit Basilikumblättchen garnieren und servieren.

Veganize me!
Das Gericht ist bereits vegan.

AUS ALLER **WELT**

EINMAL MIT VOLLEN BACKEN VON ASIEN ÜBER SPANIEN UND ITALIEN BIS NACH MEXIKO: GLOBALE GAUMENFREUDEN MIT FRÜHLINGSROLLEN UND BAO BUNS, PAD THAI UND ENTE SÜSSSAUER, PAELLA UND CARBONARA ODER FAJITAS. ALLESAMT WIE DAS CHILI: SIN CARNE!

DER LENZ IST DA!

FRÜHLINGSROLLEN MIT ZWEI DIPS

Diese kross frittierten Röllchen sind die weltweit vielleicht bekanntesten Vorspeisen der Asia-Küche. Um nicht schon vor dem Hauptgericht satt zu sein, reichen zwei Röllchen pro Esser. Die einschlägigen Zutaten der meisten asiatisch angehauchten Rezepte in diesem Buch sollte die Fachabteilung jedes gut sortierten Supermarktes vorrätig haben – notfalls hilft ein kurzer Abstecher in den nächsten Asienladen.

FÜR 4 PERSONEN
Zubereitungszeit: ca. 30 Min.
Marinierzeit: 2 Std.
Pro Portion ca. 540 kcal,
15 g E, 30 g F, 45 g KH

FÜR DIE FRÜHLINGSROLLEN
50 g Sojagranulat
300 ml Marinade Nr. 1 (s. S. 31)
75 g Lauch (grüner Teil)
50 g Möhren, 25 g Shiitake
25 g Ingwer, 1 Knoblauchzehe
3 EL Erdnussöl, 1 TL Zitronengraspulver
½ TL Fünf-Gewürze-Pulver (Asienladen)
8 Frühlingsrollenblätter (ca. 25 cm Ø, auch TK)
1 l Öl zum Frittieren

FÜR DIE PONZU-SAUCE
200 ml Orangensaft
50 ml Sojasauce, 25 ml Yakitori-Sauce
2 EL Limettensaft, 1 Msp. Szechuanpfeffer

FÜR DIE SWEET-CHILI-SAUCE
1 rote Chilischote, 20 g Ingwer
75 g Frühlingsrollensauce
50 g Pad-Thai-Sauce, 3 EL Limettensaft

ZUM FERTIGSTELLEN
Koriandergrün, Shiso-Kresse und Kräuter zum Garnieren

FLEISCHALTERNATIVE
Vantastic foods Granulat aus Soja (Sojaprotein); ersatzweise Sonnenblumenhack

Veganize me!
Das Gericht ist vegan.

FRÜHLINGSROLLEN

Das Sojagranulat in eine Schüssel geben. Die Marinade aufkochen, das Granulat damit übergießen und 2 Std. abkühlen lassen. Das V-Hack abgießen, dabei die Marinade auffangen (sie kann wiederverwendet werden) und mit Küchenpapier ausdrücken. Den Lauch waschen und putzen, die Möhren schälen. Die Pilze putzen, Ingwer und Knoblauch schälen und alles in sehr feine Streifen schneiden. In einer Pfanne das Öl erhitzen und das V-Hack darin goldbraun braten. Die vorbereiteten Zutaten und die Gewürze zugeben und 3 Min. mitbraten. Jeweils ein Achtel der Füllung mittig auf ein Teigblatt platzieren. Den Teig von beiden Seiten mindestens 2 cm breit einschlagen und nicht zu straff aufrollen. Die Nahtstelle mit etwas Wasser bestreichen und gut andrücken. Den Backofen auf 100° vorheizen. Ein Backblech mit Küchenpapier auslegen. In einem hohen Topf das Öl auf 180° erhitzen und die Frühlingsrollen darin portionsweise goldgelb frittieren. Mit dem Schaumlöffel herausnehmen, die Frühlingsrollen abtropfen lassen, im Backofen auf dem Küchenpapier entfetten und warm halten.

PONZU-SAUCE

In einem Topf den Orangensaft bei mittlerer Hitze auf ein Viertel einkochen. Restliche Zutaten zugeben und alles unter häufigem Rühren sirupartig einkochen. Die Sauce abkühlen lassen.

SWEET-CHILI-SAUCE

Die Chilischote waschen, putzen und mit (schärfer) oder ohne Kerne und weiße Trennwände (milder) sehr fein hacken. Den Ingwer schälen, sehr fein würfeln und mit den Chiliwürfeln unter die restlichen Zutaten rühren.

FERTIGSTELLEN

Die Frühlingsrollen nach Belieben schräg halbieren, auf Tellern anrichten und mit Sweet-Chili-Sauce beträufeln. Alles mit Koriandergrün, Shiso-Kresse und Kräutern garnieren. Die Ponzu-Sauce in Schälchen dazu reichen.

OSCHI MIT UMEBOSHI!

SHIITAKE-GYOZAS MIT UMEBOSHI-DIP

Diese japanischen Vorspeise-Teigtaschen stammen von den chinesischen, mit Schweinehack und Kohl gefüllten Jiaozi ab. Diese dicken Oschis sind in China oft Teil eines Dim-Sum-Menüs. In Japan werden sie häufig als Beilage zu Ramen-Suppen gereicht. Man kann die Gyozas auch frittieren, aber feiner schmecken sie aus der Pfanne. Als Basis für unseren Dip dienen salzig fermentierte, mürbsüße Umeboshi-Aprikosen aus Japan.

FÜR 4 PERSONEN
Zubereitungszeit: ca. 1 Std.
Pro Portion ca. 470 kcal,
10 g E, 15 g F, 50 g KH

FÜR DIE GYOZAS
250 g Shiitake, 25 g Ingwer
2 Knoblauchzehen
1 rote Chilischote
3 EL Erdnussöl
300 ml Pflaumenwein
50 ml Sojasauce
4 EL Hoisin-Sauce
1 EL Zitronengraspulver
32 Gyoza-Teigblätter (10 cm Ø, s. S. 43)

FÜR DIE SAUCE
100 g eingelegte Umeboshi-Aprikosen
1 Bio-Limette, 50 ml dunkler Reisessig
50 ml Yuzu-Ponzu-Sauce
(z. B. von Clearspring), 4 EL Yakitori-Sauce
2 EL Kokosblütenzucker (ersatzweise Rohrzucker)

ZUM FERTIGSTELLEN
2 EL Erdnussöl
100 Daikonkresse
breite rote Chiliringe

AUSSERDEM
Mehl zum Arbeiten

FLEISCHALTERNATIVE
Shiitake und Pflaumenwein; ersatzweise Jackfruit und Pflaumenwein.

Veganize me!

Bei Essig und Pflaumenwein auf vegane Herstellung achten.

GYOZAS

Die Shiitake putzen und in dünne Streifen schneiden. Ingwer und Knoblauch schälen und fein würfeln. Die Chilischote waschen und je nach gewünschter Schärfe mit (schärfer) oder ohne Kerne und weiße Trennwände (milder) fein hacken. In einer hohen Pfanne oder im Wok das Öl stark erhitzen und die Pilze, Ingwer, Knoblauch und Chiliwürfel darin 5 Min. scharf anbraten. Alles mit dem Pflaumenwein ablöschen und diesen vollständig einkochen lassen. Die Hitze reduzieren, Soja- und Hoisin-Sauce sowie das Zitronengraspulver zugeben und 20 Min. mitköcheln, bis alle Flüssigkeit verdampft ist. Die Mischung auf ein Brett geben und fein hacken. Auf jedes Gyoza-Teigblatt mittig 2 TL Füllung setzen. Die Kreise auf die Hälfte zusammenklappen, den Rand gut andrücken und in 5–6 Falten legen. Die Gyozas auf ein bemehltes Brett legen und mit einem feuchten Geschirrtuch abdecken.

SAUCE

Die Umeboshi-Aprikosen in kleine Würfel schneiden. Die Limette heiß waschen, trocken tupfen und die Schale fein abreiben. Die bittere weiße Innenhaut entfernen und die Limette vierteln. In einem Topf die Aprikosen mit der Limette und den restlichen Zutaten kurz aufkochen und bei niedriger Hitze sirupartig einköcheln lassen. Limetten entfernen und die Sauce auskühlen lassen.

FERTIGSTELLEN

In einer großen Pfanne 1 EL Öl erhitzen und die Hälfte der Gyozas zuerst bei maximaler Hitze ca. 2 Min. braten, bis sich eine goldbraune Kruste gebildet hat. 80 ml Wasser angießen, den Deckel auflegen und die Gyozas 3 Min. dünsten, anschließend offen noch 2–3 Min. braten. Die Teigtaschen herausnehmen und warm halten. Die zweite Portion ebenso braten. Die Gyozas auf Tellern anrichten, mit etwas Sauce beträufeln und mit Kresse und mit Chiliringen bestreut servieren. Übrige Sauce in Schälchen dazu reichen.

BÄNG BUMM BAO BUNS!

DAMPFBRÖTCHEN MIT GESCHMORTER JACKFRUIT UND AVOCADOSALAT

Einer der beliebtesten Snacks an den Streetfood-Ständen in vielen chinesischen Provinzen, Singapur, Malaysia, Taiwan und den Chinatowns etlicher westlicher Metropolen. Kein Wunder, denn überall dort gibt es so gut wie keine Backöfen in den Küchen, man muss seine Hefebrötchen also im Bambusaufsatz auf dem Wok dämpfen. Das macht sie besonders fluffy – und sogar mit veganer Schmorfüllung so herzhaft wie mit Schweinehack.

FÜR 4 PERSONEN
Zubereitungszeit: ca. 1 Std.
Ruhezeit: 30 Min.
Pro Portion ca. 360 kcal,
5 g E, 30 g F, 10 g KH

FÜR DIE BAO BUNS
1 Rezept Bao-Bun-Teig (s. S. 41)
Öl zum Bestreichen

FÜR DIE FÜLLUNG
200 g Jackfruit (aus der Dose, ersatzweise 150 g Pilze)
2 Schalotten
1 Bund Koriandergrün
4 EL Erdnussöl
50 ml Sake
150 ml Teriyaki-Sauce

FÜR DEN AVOCADOSALAT
2 Avocados
1 Römersalatherz
2 Frühlingszwiebeln
1 rote Chilischote
1 Limette
1 TL feines Meersalz
1 EL geröstetes Sesamöl
1 TL Knoblauchpulver
1 EL Mirin

FLEISCHALTERNATIVE
Jackfruit; ersatzweise Enioki

BAO BUNS

Den Teig auf der Arbeitsfläche ca. 1 cm dick ausrollen und Kreise (ca. 10 cm Ø) ausstechen. Die Scheiben dünn mit Öl bestreichen, mittig zusammenklappen und mit einer Teigrolle sanft andrücken. Die Ebenen eines Bambusdämpfers mit Dampfgarerpapier auslegen, je 4–5 Bao Buns einlegen und abgedeckt 30 Min. ruhen lassen. Anschließend die Brötchen über Wasser 10 Min. dämpfen und noch 2 Min. bei leicht geöffnetem Deckel ausdampfen lassen.

FÜLLUNG

Jackfruit von den Kernen befreien und grob hacken. Schalotten abziehen und in feine Ringe schneiden. Koriandergrün waschen, trocken schütteln, die Blätter abzupfen und beiseitelegen, die Stiele fein hacken. In einer hohen Pfanne oder im Wok das Öl stark erhitzen, Jackfruit und Schalotten darin 5 Min. kräftig rösten. Sake und Korianderstiele zugeben und die Flüssigkeit vollständig einkochen lassen. Die Teriyaki-Sauce zugeben und bei niedriger Hitze unter häufigem Rühren 15–20 Min. köcheln lassen, bis eine zähe Masse entstanden ist.

AVOCADOSALAT

Avocados halbieren, entkernen, das Fruchtfleisch mit einem Löffel aus der Schale heben und in Scheiben schneiden. Das Salatherz in Blätter teilen, waschen, trocken schleudern und in Stücke zupfen. Frühlingszwiebeln waschen, putzen und schräg in feine Ringe schneiden. Chilischote waschen und mit (schärfer) oder ohne Kerne und weiße Trennwände (milder) schräg in Ringe schneiden. Die Limette auspressen. Den Saft mit Salz, Öl, Knoblauchpulver und Mirin mischen. Avocados und Salatblätter damit marinieren und die Hälfte der Frühlingszwiebeln und Chiliringe untermischen.

FERTIGSTELLEN

Die Bao Buns noch warm mit der heißen Jackfruit-Mischung füllen, mit den übrigen Frühlingszwiebeln, Chiliringen und Korianderblättchen garnieren und als Fingerfood servieren. Den Avocadosalat dazu reichen.

Veganize me!

Darauf achten, dass der Sake vegan und die Teriyaki-Sauce ohne Fischsauce oder Honig hergestellt ist.

SPIESSER!

SATÉ-SPIESSE MIT ERDNUSSSAUCE

Diese auf der indonesischen Insel Java erfundenen Streetfood-Spießchen eroberten als mit Huhn- oder Lammfleisch bestückte Asia-Schaschliks im Laufe der Jahrhunderte unter dem Namen Saté (oder Satay) über Singapur, Malaysia, Thailand und die Philippinen die halbe Welt. Auf Java wird die Mittelrippe des Kokospalmenwedels als Spieß benutzt. Die typische Erdnusssauce wird vielen Ländern als Sataysauce vermarktet.

FÜR 4 PERSONEN
Zubereitungszeit: ca. 30 Min.
Marinierzeit: 3 Std.
Pro Portion ca. 1.020 kcal, 55 g E, 65 g F, 50 g KH

FÜR DIE SPIESSE
600 g veganes Hähnchenfilet
1 l Marinade Nr. 2 (s. S. 32)
4 EL Erdnussöl

FÜR DIE ERDNUSSSAUCE
150 g ungesüßte Erdnussbutter (z. B. Manilife)
2 EL Limettensaft
3 EL Tamari-Sojasauce
2 EL Kokosblütenzucker (ersatzweise Dattelsirup)
½ TL Sriracha Hot Chili Sauce
50 ml Kokoscreme

FÜR DAS TOPPING
100 g Erdnüsse

ZUM FERTIGSTELLEN
Koriandergrün, Chiliringe
Rettichsprossen
Gurkenscheiben

AUSSERDEM
12 Holzspieße mit flachem Griffstück

FLEISCHALTERNATIVE
Vantastic foods Vegane Hähnchensticks (Basis: Soja- und Weizenprotein); ersatzweise Like Meat Like Chicken (Sojaprotein)

Veganize me!
Das Gericht ist vegan.

SPIESSE

Die veganen Hähnchenstücke in eine hitzebeständige Schüssel legen. In einem Topf die Marinade aufkochen, die Chunks damit übergießen und 3 Std. abkühlen lassen. Die Holzspieße 30 Min. in kaltem Wasser einweichen. Die Chunks abgießen, dabei die Marinade auffangen (sie kann wiederverwendet werden) und die Stücke mit Küchenpapier trocken tupfen. Pro Portion drei Spieße mit Chunks bestücken, dabei beim Aufspießen auf festen Sitz achten. In einer großen Pfanne das Öl stark erhitzen und die Spieße darin auf beiden Seiten scharf anbraten, bis sie ringsum goldbraun sind. Die Pfanne vom Herd ziehen, die Spieße herausnehmen und beidseitig dünn mit Erdnusssauce bestreichen, in die heiße Pfanne zurücklegen und noch 5 Min. ruhen lassen.

ERDNUSSSAUCE

Die Erdnussbutter mit den restlichen Zutaten zu einer sämig-zähen Sauce verrühren. Wenn sie zu dickflüssig ist, noch etwas Kokoscreme einrühren und die Erdnusssauce abschmecken.

TOPPING

Die Erdnüsse hacken und in einer Pfanne ohne Öl goldbraun rösten.

FERTIGSTELLEN

Mit einem Backpinsel diagonal einen breiten Streifen Erdnusssauce auf jeden Teller aufstreichen und jeweils 3 Spieße darauf anrichten. Alles mit Koriandergrün, Chiliringen, Rettichsprossen und Gurkenscheiben garnieren und servieren. Restliche Erdnusssauce in Schälchen dazu reichen.

NIE WAR MIR SO MISO!

RAMEN MIT TEMPEH UND MISOBRÜHE

Die wohl weltweit bekannteste Nudelsuppe asiatischer Herkunft ist nach ihren Teigwaren benannt: Ramen-Nudeln stammen aus Japan, ihre Basis ist Weizenmehl und ihre Form reicht von spaghettidünn bis flach und breit wie Tagliatelle. Durch ihre spezielle Oberfläche werden sie beim Kochen recht glitschig – schließlich müssen sie beim Essen ja auch ohne Gabel und Löffel im Ganzen geschlürft werden.

FÜR 4 PERSONEN
Zubereitungszeit: ca. 30 Min.
Abkühlzeit: 3 Std.
Pro Portion ca. 790 kcal,
45 g E, 25 g F, 100 g KH

FÜR DIE MISOBRÜHE
50 g Shiitake
50 g Kombu-Algen
2 l Wurzelgemüsefond (s. S. 28)
25 g weiße Misopaste

FÜR DIE EINLAGE
400 g Tempeh
3 EL Erdnussöl
4 Eier
4 Baby-Pak-Choi
200 g braune und weiße Shimeji-Pilze
4 Frühlingszwiebeln
1 rote Chilischote
1 Bund Koriandergrün
400 g frische Ramen-Weizen-Nudeln (Nassgewicht)
Salz

FLEISCHALTERNATIVE
Alberts Lupeh Lupinen Tempeh (Basis: Süßlupinensamen); ersatzweise Soja-Tempeh (Sojabohnen)

MISOBRÜHE

Die Pilze fein hacken, die Kombu-Algen mit der Schere in kleine Stücke schneiden. In einem Topf den Fond aufkochen und die Misopaste mit dem Schneebesen einrühren. Pilze und Algen zugeben und alles 30 Min. zugedeckt bei niedriger Hitze köcheln lassen. Den Topf vom Herd nehmen und die Brühe noch 3 Std. ziehen lassen, dann durch ein Sieb in einen Topf passieren.

EINLAGE

Tempeh in Scheiben schneiden. In einer Pfanne das Erdnussöl stark erhitzen und die Tempehscheiben darin bei starker Hitze unter Wenden goldgelb braten. Die Eier wachsweich kochen, kalt abschrecken und etwas abkühlen lassen. Pak Choi waschen, putzen und vierteln. Die Pilze putzen. Die Brühe aufkochen, den Pak Choi darin 3 Min. blanchieren und mit dem Schaumlöffel wieder herausheben. Shimeji-Pilze 5 Min. blanchieren und herausnehmen. Frühlingszwiebeln und Chilischote waschen, putzen und schräg in dünne Ringe schneiden. Die Nudeln kurz vor dem Servieren in Salzwasser nach Packungsanweisung kochen.

FERTIGSTELLEN

Die Eier pellen und halbieren. Die Brühe nochmals kurz aufkochen und auf vier Schalen verteilen. Nudeln, etwas Koriandergrün und übrige Einlagen dekorativ darauf verteilen und die Suppe mit dem restlichen Koriandergrün garniert servieren.

Veganize me!

Das Gericht ist vegan, wenn man die gekochten Eier weglässt.

MOCK! DUCK! WOK!

FALSCHE ENTE SÜSSSAUER MIT BASMATIREIS

Als Altkanzler Helmut Kohl bei einer Dienstreise durch China gefragt wurde, was er denn essen möchte, brachte er mit dem Wunsch „Ente süßsauer“ die Köche in Bredouille. Das Gericht kannten sie nicht und mussten das Rezept bei einem Verwandten telefonisch anfragen, der in Deutschland ein China-Restaurant betrieb. Wenn dieses „Asia“-Gericht eigentlich deutsch ist, kann man es auch gleich mit veganer Mock Duck aus der Dose kochen.

FÜR 4 PERSONEN
Zubereitungszeit: ca. 35 Min.
Marinierzeit: 3 Std.
Pro Portion ca. 1.055 kcal,
35 g E, 60 g F, 85 g KH

FÜR DIE FALSCHE ENTE
600 ml Marinade Nr. 2 (s. S. 32)
500 g Mock Duck (3 Dosen)
4 EL Erdnussöl

FÜR DIE SAUCE
300 ml Wurzelgemüsefond (s. S. 28)
1 EL Speisestärke
50 ml Ananassaft
4 EL Sojasauce, 1 EL Rohrzucker
1 EL Knoblauchgranulat
1 TL Chiliflocken
5 EL Reisessig

FÜR DAS GEMÜSE UND DEN REIS
je 1 gelbe und grüne Paprika
300 g gepickelte Mango
(aus dem Glas, Asienladen; ersatzweise halbreife frische Mango)
150 g Brokkoliröschen
2 Möhren, 200 g Basmatireis, Salz

ZUM FERTIGSTELLEN
1–2 Thai-Chilischoten, Koriandergrün
4 EL Erdnussöl

FLEISCHALTERNATIVE
Mock Duck (aus der Dose)
(Basis: Seitan / Seizenprotein); ersatzweise Vantastic foods Vegane Ente (Seitan) oder Like Meat Like Chicken (Sojaprotein)

Veganize me!

Beim Essig auf vegane Herstellung achten.

FALSCHE ENTE

In einem Topf die Marinade kurz aufkochen, Doseninhalt inklusive der Flüssigkeit zugeben. Alles erneut aufkochen, den Topf vom Herd ziehen und die Mock-Duck-Stücke mindestens 3 Std. marinieren, anschließend durch ein Sieb passieren, dabei die Marinade auffangen (sie kann wiederverwendet werden). Mock-Duck-Stücke sorgfältig mit Küchenpapier trocken tupfen. In einer großen Pfanne das Erdnussöl stark erhitzen und die Mock-Duck-Stücke darin kross braten – besonders die Seiten mit der eingeprägten „Haut“. Bei Verwendung von Like Chicken Chunks: Diese nach dem Marinieren trocken tupfen und in 1 l Öl goldbraun frittieren.

SAUCE

In einem Topf den Fond aufkochen. Die Speisestärke mit dem Ananassaft mit einem Schneebesen anrühren und zusammen mit den restlichen Zutaten zum Fond geben. Alles bei mittlerer Hitze noch 15 Min. kochen, bis die Sauce andickt, anschließend warm halten.

GEMÜSE UND REIS

Beide Paprika waschen, putzen und in Stücke, die Mango in Streifen schneiden. Brokkoli waschen, Möhren schälen und in Scheiben schneiden (z. B. mit einem Buntmesser). Den Reis in einem Sieb unter fließendem Wasser abbrausen, dann mit 400 ml Salzwasser aufkochen und bei niedriger Hitze ca. 15 Min. köcheln lassen.

FERTIGSTELLEN

Die Chilischoten waschen, putzen und mit (schärfer) oder ohne Kerne und weiße Trennwände (milder) schräg in breite Ringe schneiden. Koriandergrün abbrausen, trocken schütteln und die Blättchen abzupfen. In einer hohen Pfanne oder im Wok das Öl stark erhitzen und den Paprika unter häufigem Rühren 3 Min. anbraten. Möhren und Brokkoli zugeben und 3 Min. mitbraten. Mango, Mock Duck und 100 ml Sauce zugeben und alles 5 Min. kochen. Die Mischung auf Teller verteilen, mit Chiliringen und etwas Koriandergrün garnieren und servieren. Restliche Sauce, übriges Koriandergrün sowie den Reis in Schüsseln dazu reichen.

PI PA PAD THAI!

PAD THAI MIT VEGANER ENTE, ANANAS UND ASIA-GEMÜSE

Das thailändische Nationalgericht hat seinen Ursprung im Zweiten Weltkrieg: Als nicht genug Reis für die Bevölkerung geerntet werden konnte, propagierte die Regierung die weißen Nudeln, die man auch aus zerbrochenen Reisresten herstellen konnte. Wir nehmen stattdessen die nahezu kalorienfreien Nudeln aus der Stärke der Konjak-Wurzeln und erzeugen das typisch „fischige" Aroma mit veganen Wakame-Algen.

FÜR 4 PERSONEN
Zubereitungszeit: ca. 45 Min.
Marinierzeit: 3 Std.
Pro Portion ca. 850 kcal,
45 g E, 30 g F, 85 g KH

FÜR DAS VLEISCH
500 g vegane Ente
800 ml Marinade Nr. 2 (s. S. 32)
4 EL Erdnussöl, 150 ml Yakitori-Sauce

FÜR DIE ANANAS UND DAS GEMÜSE
2 Ananas, 2 Möhren, 50 g Ingwer
2 Frühlingszwiebeln
je 1 gelbe und rote Chilischote
100 ml Wurzelgemüsefond (s. S. 28)
15 g getrocknete Wakame-Algen
35 g Tamarindenpaste
50 ml helle Sojasauce, 25 ml Reisessig
50 g Kokosblütenzucker
(oder brauner Rohrzucker)
4 EL Erdnussöl
160 g Bambusstreifen (aus dem Glas)
200 g Lotoswurzeln (aus dem Glas)
5 EL Limettensaft

FÜR DIE NUDELN
400 g Konjak-Fettuccine
100 ml Sojasauce

ZUM FERTIGSTELLEN
Thai-Basilikum, Koriandergrün
optional Sesbania flower (Dog Snow)

FLEISCHALTERNATIVE
Vantastic foods Vegane Ente (Basis: Weizenprotein); ersatzweise Vantastic foods Vegane Hähnchenbällchen in Sesamöl (Sojaprotein)

Veganize me!

Veganen Essig nehmen, fertige Pad-Thai-Saucen verwenden.

VLEISCH

Vegane Ente in ca. 2 cm große Stücke schneiden. Die Marinade aufkochen und die Vleischstücke zugeben. Alles erneut aufkochen, vom Herd ziehen und mindestens 3 Std. abkühlen lassen. Die Stücke abgießen, dabei die Marinade auffangen (sie kann wiederverwendet werden) und sorgfältig mit Küchenpapier trocken tupfen. In einer großen Pfanne das Öl stark erhitzen und die Vleischstücke darin kross anbraten. Die Hitze reduzieren, die Yakitori-Sauce zugeben und die Stücke damit glasieren. Bei Verwendung der veganen Hähnchenbällchen (2 Packungen): Die Bällchen halbieren und zusammen mit der Einlegeflüssigkeit marinieren, dann weiterarbeiten, wie beschrieben.

ANANAS UND GEMÜSE

Die Ananas längs halbieren und aushöhlen, dabei einen 1–1,5 cm breiten Rand stehen lassen. Das Fruchtfleisch klein schneiden und 300 g abwiegen. Möhren und Ingwer schälen, Frühlingszwiebeln waschen und putzen. Alles in Scheiben oder feine Streifen schneiden. Chilischoten waschen, putzen und schräg in Ringe schneiden. Den Fond aufkochen, Algen, Tamarindenpaste, Sojasauce, Essig und Zucker einrühren und alles 10 Min. kochen. Die Sauce durch ein Sieb passieren und auffangen. In einer hohen Pfanne oder im Wok das Öl erhitzen, Möhren, Ingwer, Chiliringe und Ananas darin 5 Min. bei starker Hitze scharf anbraten. Frühlingszwiebeln, Bambus und Lotoswurzeln zugeben und 3 Min. mitbraten. Die Sauce und den Limettensaft einrühren und alles noch 2 Min. kochen.

NUDELN

Die Nudeln in einem Sieb 2 Min. unter fließendem Wasser abbrausen, dann 5 Min. in kaltes Wasser legen und abgießen. Mit der Sojasauce mischen und 30 Min. marinieren, ab und zu umrühren.

FERTIGSTELLEN

Nudeln und vegane Ente zum Gemüse geben und 3 Min. erwärmen, dann in die Ananashälften verteilen. Alles mit Thai-Basilikum, Koriandergrün oder Dog Snow garnieren und servieren.

LET'S GO BOWLING!

BOWL MIT TEMPEH, EDAMAME, GURKEN UND MANGO

Bunt gemischte Gemüseschüsseln können inzwischen kaum mehr ohne die Bezeichnung „Bowl" vermarktet werden – am liebsten wird noch mal schnell ein „Buddha" davorgesetzt. Nun, der kann sich nicht wehren, auch nicht dagegen, dass viele dieser Bowls mit Komponenten wie Huhn oder Shrimps bestückt sind, die in den buddhistischen Fastenspeisen keinen Platz haben. Ganz im Gegensatz zu unserer Tempeh-Bowl.

FÜR 4 PERSONEN
Zubereitungszeit: ca. 35 Min.
Marinierzeit: 1 Std.
Pro Portion ca. 655 kcal,
35 g E, 40 g F, 35 g KH

FÜR DEN TEMPEH
400 g Natur-Tempeh, 4 EL Erdnussöl
½ TL Shichimi Togarashi (japan. Chilipulver; ersatzweise Cayennepfeffer)

FÜR DAS GEMÜSE UND DIE MANGO
1 Salatgurke, 50 g Ingwer
1 TL feines Meersalz
1 EL Rohrzucker
1 EL geröstetes Sesamöl
2 EL Reisessig
1 EL gerösteter Sesam
300 g Edamame
50 ml Sojasauce
4 EL Limettensaft, 2 Mangos
4 EL Sweet-Chili-Sauce
1 EL schwarzer Sesam

FÜR DAS TOPPING
100 g Erdnüsse

ZUM FERTIGSTELLEN
1 große rote Chilischote, Koriandergrün (möglichst mit Wurzeln)

FLEISCHALTERNATIVE
Scheiben von Natur-Tempeh (Basis: Sojabohnen); ersatzweise Alberts Lupeh Lupinen-Tempeh (Süßlupinensamen)

TEMPEH

Tempeh längs in dünne Scheiben schneiden. In einer Pfanne das Öl erhitzen und die Tempeh-Scheiben darin bei mittlerer Hitze goldbraun braten und mit Shichimi Togarashi würzen.

GEMÜSE UND MANGO

Die Gurke waschen, längs halbieren, mit einem Teelöffel entkernen und in feine Scheiben schneiden. Den Ingwer schälen und fein würfeln. Die Gurkenscheiben mit Salz und Zucker einreiben, in eine Schüssel geben und ca. 10 Min. ziehen lassen. Anschließend Ingwer, Sesamöl, Essig und Sesam untermischen. Edamame in einer Schüssel mit Sojasauce und 2 EL Limettensaft mischen und mindestens 30 Min. marinieren. Die Mangos schälen, das Fruchtfleisch vom Stein und in schmale Streifen schneiden und in eine Schüssel geben. Sweet-Chili-Sauce, übrigen Limettensaft und schwarzen Sesam untermengen und alles mindestens 20 Min. durchziehen lassen.

TOPPING

Die Erdnüsse grob hacken und in einer Pfanne ohne Fett goldbraun braten.

FERTIGSTELLEN

Die Chilischote waschen, putzen und in Ringe schneiden. Das Koriandergrün waschen und trocken schütteln. Tempeh, Gurken, Edamame und marinierte Mangostücke jeweils getrennt nebeneinander in 4 Bowls anrichten. Alles mit Erdnüssen, Chiliringen und Koriandergrün garnieren und servieren.

Veganize me!
Das Gericht ist vegan.

BAMBI GORENG!

KNUSPRIGE BRATNUDELN MIT CURRYTOFU UND GEMÜSE

Bami Goreng ist an den meisten Asia-Schnellimbissen Deutschlands die preiswerteste „Vollmahlzeit". Und nicht nur deswegen eine der beliebtesten. Die Bratnudeln werden im Gegensatz zu vielen anderen To-Go-Speisen dieser Garküchen fast nie scharf gewürzt. Deshalb ist auch unsere Version so wenig pikant, dass man danach sogar noch einen „Bambi"-Film rattenscharf finden kann.

FÜR 4 PERSONEN
Zubereitungszeit: ca. 35 Min.
Pro Portion ca. 1.090 kcal,
35 g E, 55 g F, 110 g KH

FÜR DIE NUDELN
500 g Mie-Nudeln ohne Ei
Salz, 5 EL geröstetes Sesamöl

FÜR DAS GEMÜSE
400 g Sojasprossen
250 g Zuckerschoten
je 1 gelbe, grüne und rote Paprika
4 Frühlingszwiebeln
400 g Bambussprossen (Glas)
4 EL helle Sojasauce
4 EL Frühlingsrollensauce
1 TL Fünf-Gewürze-Pulver
3 EL Erdnussöl

FÜR DEN TOFU
400 g Tofu
1 l Öl zum Frittieren

ZUM FERTIGSTELLEN
Koriandergrün

FLEISCHALTERNATIVE
Alberts Currytofu Madras (Basis: Sojabohnen); ersatzweise Alberts Nusstofu

NUDELN

Die Mie-Nudeln in mindestens 4 l gesalzenem Wasser nach Packungsanweisung kochen, anschließend abgießen und mit dem Sesamöl mischen.

GEMÜSE

Die Sojasprossen in ein Sieb geben und abbrausen. Zuckerschoten und Paprika waschen, putzen und in Streifen schneiden. Frühlingszwiebeln waschen, putzen und in Ringe schneiden. Die Bambussprossen abgießen, dabei die Einlegeflüssigkeit auffangen und in einem Topf zusammen mit der Sojasauce, Frühlingsrollensauce und dem Fünf-Gewürze-Pulver auf die Hälfte reduzieren. In einer hohen Pfanne oder im Wok das Erdnussöl stark erhitzen und die Zuckerschoten sowie den Paprika darin 3 Min. unter Rühren scharf anbraten. Die. Bambussprossen zugeben und 2 Min. mitbraten, dann die Sauce, Frühlingszwiebeln und Sojasprossen zugeben und alles noch 3 Min. sprudelnd kochen lassen.

TOFU

Tofu in schmale Streifen schneiden. Den Backofen auf 100° vorheizen und ein Backblech mit Küchenpapier auslegen. In einem hohen Topf das Öl auf 180° erhitzen und die Tofustreifen darin portionsweise goldgelb frittieren. Mit dem Schaumlöffel herausheben, abtropfen lassen, auf dem Blech verteilen und im Backofen entfetten und warm halten.

FERTIGSTELLEN

Das Koriandergrün waschen und die Blätter abzupfen. Die Nudeln in einer großen beschichteten Pfanne goldgelb anbraten, dann mit dem Gemüse mischen und auf vier Teller oder Schalen verteilen. Alles mit den frittierten Tofustreifen bestreuen, mit Koriandergrün garnieren und servieren.

Veganize me!
Das Gericht ist vegan.

KORMA KARMA!

VEGANES ENTEN-KORMA MIT PAPADAMS UND KURKUMA-REIS

Ähnlich wie das Bami Goreng ist auch das Schmorgericht Korma im Vergleich zu den anderen Currys aus Pakistan, Indien und Bangladesch, die mit Unmengen von Chili zubereitet werden, eher ein Gericht für alle, die nicht so gern scharf essen. Das liegt vor allem an seiner zentralasiatischen Herkunft, die sich bis Persien zurückverfolgen lässt. Wir kochen das vegane Korma mit überraschend intensivem Geflügelaroma.

FÜR 4 PERSONEN
Zubereitungszeit: ca. 1 Std. 10 Min.
Marinierzeit: 3 Std.
Pro Portion ca. 1.040 kcal,
50 g E, 35 g F, 115 g KH

FÜR DIE VEGANE ENTE
500 g vegane Ente
800 ml Marinade Nr. 2 (s. S. 32)
4 EL Erdnussöl
100 ml Teriyaki-Sauce
2 EL Rohrzucker
2 EL CHEF Vegan Flüssig Konzentrat Huhngeschmack

FÜR DAS CURRY
50 g Ingwer, 3 Schalotten
1 milde Chilischote
1 Stange Zitronengras
3 EL Erdnussöl
3 EL milde gelbe Currypaste
4 EL Sojasauce
200 ml Sake
500 ml Kokosmilch
1 Mango, 1 Banane
200 g Ananas
3 EL Limettensaft
400 g Blumenkohlröschen
1 Möhre, 150 g Wasserspinat

FÜR DEN REIS
200 g Basmatireis, 1 TL Salz
1 EL gemahlene Kurkuma

ZUM FERTIGSTELLEN
1 Frühlingszwiebel
4 Papadams
2 EL geröstetes Sesamöl
1 EL Currypulver
Daikonkresse

FLEISCHALTERNATIVE
Vantastic foods Vegane Ente (am Stück) (Basis: Weizenprotein); ersatzweise Like Meat Like Chicken (Sojaprotein)

Veganize me!
Beim Sake auf vegane Herstellung achten.

VEGANE ENTE

Vegane Ente in ca. 3 cm große Stücke schneiden. Die Marinade kurz aufkochen, die Stücke zugeben und alles erneut aufkochen. Den Topf vom Herd ziehen und die veganen Entenstücke mindestens 3 Std. marinieren, anschließend durch ein Sieb abgießen und die Marinade auffangen (sie kann wiederverwendet werden). Die Stücke sorgfältig mit Küchenpapier trocken tupfen. In einer großen Pfanne das Erdnussöl stark erhitzen und die Vleischstücke darin goldgelb anbraten. Die Hitze reduzieren, Teriyaki-Sauce, Zucker und das Konzentrat untermischen, die veganen Entenstücke damit glasieren und warm halten.

CURRY

Ingwer und Schalotten schälen und fein hacken. Chilischote waschen, putzen und fein hacken. Das Zitronengras waschen, putzen, in 2 cm lange Stücke schneiden und mit einem Fleischklopfer plattieren. In einer hohen Pfanne oder im Wok das Öl stark erhitzen und alles darin 5 Min. scharf anbraten. Currypaste, Sojasauce, Sake und Kokosmilch einrühren und aufkochen. Mango, Banane und Ananas schälen, das Fruchtfleisch jeweils klein schneiden und mit dem Limettensaft untermischen. Alles bei mittlerer Hitze unter häufigem Rühren 25 Min. kochen. In der Zwischenzeit den Blumenkohl so zerteilen, dass die Röschen in etwa gleich groß sind. Die Möhre schälen und in dünne Scheiben schneiden. Wasserspinat abbrausen, abtropfen lassen und grob hacken. Das Curry mit dem Pürierstab im Topf fein pürieren und durch ein Sieb passieren. Blumenkohlröschen, Möhre und Wasserspinat in die Currysauce geben und 10 Min. bei mittlerer Hitze kochen.

REIS

Den Reis abbrausen. In einem Topf Salz und Kurkuma mit 2 l Wasser verrühren und den Reis darin nach Packungsanweisung kochen, abgießen und warm halten.

FERTIGSTELLEN

Die Frühlingszwiebel waschen, putzen und in Ringe schneiden. Die Papadams mit Sesamöl einpinseln, mit Currypulver bestreuen und nacheinander jeweils 50 Sek. bei 1000 Watt in der Mikrowelle kross backen. Das Curry auf vier Schalen verteilen, mittig die glasierten veganen Entenstücke auflegen, mit Daikonkresse garnieren und servieren. Den Reis und die Papadams separat dazu reichen.

ARRIBA FAJITA!

LUPINEN-FAJITAS MIT PICO DE GALLO UND GUACAMOLE

Texmex war zunächst nur die Abkürzung der regionalen Eisenbahngesellschaft „Texas Mexican Railway“, ist aber längst das Schlagwort der US-Wüstenküche beidseits des Rio Grande. Auch der Cowboy-Schmaus Fajitas ist Crossover pur: Tortillas und Chili haben mexikanische Wurzeln, der Kreuzkümmel wurde von Einwanderern nach Texas gebracht. Unsere Fajitas überzeugen mit Lupinen-Vleisch.

FÜR 4 PERSONEN
Zubereitungszeit: ca. 1 Std. 15 Min.
Marinierzeit: 3 Std.
Pro Portion ca. 1.410 kcal,
40 g E, 75 g F, 125 g KH

FÜR DAS VLEISCH
400 g Lupinen Vevapcici (2 Packungen)
800 ml Marinade Nr. 1 (s. S. 31)
4 EL Olivenöl (raffiniert)
50 ml Sticky BBQ Sauce (s. S. 38)

FÜR DIE MAISTORTILLAS (20 STÜCK)
400 g weißes Maismehl für Tortillas (z. B. White Corn Instant Flour von Veggy Duck)
½ TL feines Meersalz
560 ml warmes Wasser (35°)

FÜR DIE GUACAMOLE
2 Avocados, 1 Knoblauchzehe
2 EL Koriandergrün, 100 g Kirschtomaten
Salz, 2 EL Limettensaft

FÜR DAS PICO DE GALLO
100 g rote Zwiebeln, 3 Fleischtomaten
4 Stiele Koriandergrün
4 EL Olivenöl, 1 TL Zitronensaft
Salz, Pfeffer

ZUM FERTIGSTELLEN
250 g Tomatensauce Nr. 1 (s. S. 39), Salz
1 Radicchio di Treviso (ersatzweise roter Chicorée)
1 Maiskolben (vorgegart)
4 EL Olivenöl (raffiniert)
Knoblauchpulver
200 g Sour Cream
1 Bund Koriandergrün

AUSSERDEM
Taco-Presse

FLEISCHALTERNATIVE
Alberts Lupinen Vevapcici (Basis: Süßlupinensamen; Weizenprotein); ersatzweise Valess Steaks (Milch)

Veganize me!
Nicht die Valess-Steaks verwenden, ansonsten ist das Gericht vegan.

VLEISCH

Vevapcici (oder Valess Steaks) in 2 cm große Stücke schneiden. Die Marinade aufkochen, die Stücke zugeben und alles erneut aufkochen. Den Topf vom Herd ziehen und die Vleischstücke mindestens 3 Std. abkühlen lassen, anschließend durch ein Sieb abgießen. Die Marinade auffangen (sie kann wiederverwendet werden) und die Stücke sorgfältig mit Küchenpapier trocken tupfen. In einer großen Pfanne das Öl stark erhitzen und die Vleischstücke darin goldgelb anbraten. Die Hitze reduzieren, die BBQ-Sauce untermischen und das Vleisch warm halten.

MAISTORTILLAS

Maismehl und Salz in einer Schüssel vermischen und das Wasser zugießen. Alles mit den Händen in ca. 5 Min. zu einem glatten Teig kneten. Diesen in 20 Portionen teilen, zu Kugeln formen und mit einem Geschirrtuch abdecken. Einen Gefrierbeutel seitlich aufschneiden, aufklappen und zur Hälfte in die geöffnete Taco-Presse legen. Jeweils mittig eine Teigkugel auflegen und mit der zweiten Beutelhälfte bedecken. Die Taco-Presse schließen und kräftig drücken, bis ein dünner Fladen entstanden ist (oder die Kugel im Beutel mit einem großen Topf flach drücken). 2 beschichtete Pfannen auf zweithöchster Stufe erhitzen und die Tortillas ohne Fett von beiden Seiten darin nacheinander jeweils 1–2 Min. backen. Herausnehmen und in einem Geschirrtuch warm halten.

GUACAMOLE

Avocados halbieren, entkernen und das Fruchtfleisch mit einem Löffel aus der Schale heben. Knoblauch schälen und sehr fein, das Koriandergrün klein hacken. Tomaten waschen und fein würfeln. Alles stückig zerdrücken und mit Salz und Limettensaft würzen.

PICO DE GALLO

Die Zwiebeln schälen und fein hacken. Tomaten waschen und klein würfeln. Koriandergrün waschen und mit den Stielen klein hacken. Alles mit Öl, Zitronensaft, Salz und Pfeffer vermischen.

FERTIGSTELLEN

Die Tomatensauce kalt glatt mixen und mit Salz abschmecken. Radicchio waschen, putzen und in Blätter teilen. Den Maiskolben im heißen Öl ringsum goldbraun braten, mit Salz und Knoblauchpulver würzen und quer in Scheiben (oder die Körner vom Kolben) schneiden. Tortillas, Vleisch, Guacamole, Pico de Gallo, Sour Creme, Mais, Radicchio und Koriandergrün jeweils separat auf Tellern oder in Schalen anrichten und zum Selbernehmen servieren.

BLAUE BOHNEN!

CHILI SIN CARNE

Serviertipp: 12 Gemüsezwiebeln im Ofen (200°) 20–25 Min. backen, bis sie an der Oberseite leicht verbrannt sind. Herausnehmen und über Nacht auskühlen lassen. Mit einem gezackten Messer einen Deckel abschneiden und die Zwiebeln aushöhlen mit dem heißen Chili füllen und servieren. Den Rest separat dazu reichen.

Texas, der südlichste US-Bundesstaat mit seiner Texmex-Küche, war schon immer ein Schmelztiegel der Einwanderer und ihrer Esskulturen – das schmeckt so deftig wie ein Cowboyfilm, in dem die blauen Bohnen fliegen. Neben den essbaren Bohnen sind beim Chili sin Carne zwei mexikanische Aromen wichtig: die Schärfe der Chilischoten und die Schoko-Süße der Mole-Sauce. Auch wir binden unser Chili mit ein paar Löffeln Kakao.

FÜR 4 PERSONEN
Zubereitungszeit: ca. 1 Std. 45 Min.
Marinierzeit: 5 Std.
Pro Portion ca. 1.035 kcal,
65 g E, 30 g F, 110 g KH

FÜR DAS V-HACK
500 ml Marinade Nr. 1 (s. S. 31)
200 g Jackfruit-Hack (Granulat)
5 EL Olivenöl (raffiniert)

FÜR DAS CHILI
2 rote Zwiebeln, 3 Knoblauchzehen
1 rote Chilischote, 300 g Tomaten
3 EL Olivenöl (raffiniert)
200 ml zuckerhaltiges Cola
400 ml Wurzelgemüsefond (s. S. 28)
4 EL Umami-Würzpaste (s. S. 29)
2 EL gehackter Oregano
½ TL gemahlener Kreuzkümmel
250 g stückige Tomaten (aus der Dose)
je 500 g rote und schwarze Bohnen (aus der Dose)
100 g Mais (aus der Dose)
2 EL Kakaopulver
2 EL CHEF Vegan Flüssig Konzentrat Rindsgeschmack
Salz

ZUM FERTIGSTELLEN
1 Bund Koriandergrün
4 rote Chilischoten
8 Maistortillas (s. S. 137)

FLEISCHALTERNATIVE
Lotao Jackfruit Veggie Hack (Basis: Erbsenprotein & Jackfruit); ersatzweise Lupinenschrot (Süßlupinensamen)

V-HACK

In einem Topf die Marinade aufkochen, das Jackfruit-Hack zugeben und alles erneut aufkochen. Den Topf vom Herd ziehen und das Granulat mindestens 5 Std. (besser über Nacht) marinieren. Alles durch ein Sieb abgießen und die Marinade auffangen (sie kann wiederverwendet werden). Das V-Hack mit Küchenpapier gut ausdrücken. In einer großen Pfanne das Olivenöl stark erhitzen und das V-Hack darin goldbraun anbraten.

CHILI

Den Backofen auf 150° vorheizen. Zwiebeln und Knoblauch schälen und klein hacken. Chilischote waschen, putzen und in feine Ringe schneiden. Die Tomaten waschen und klein würfeln. In einem großen Bräter (mit Deckel) das Öl erhitzen, Zwiebeln und Knoblauch darin 5 Min. unter Rühren braten, dann mit dem Cola ablöschen und die Flüssigkeit auf die Hälfte einkochen lassen. Tomaten, Chiliringe, Fond, Würzpaste, Oregano und Kreuzkümmel unterheben und alles zugedeckt im Ofen 1 Std. schmoren. Herausnehmen, stückige Tomaten, rote und schwarze Bohnen, Mais, Kakaopulver, Konzentrat und das V-Hack unterrühren und das Chili bei 180° (Umluft) offen in 20–30 Min. fertig garen, dabei ab und zu umrühren. Wenn die Konsistenz zu dickflüssig wird, noch etwas Fond einrühren. Das Chili mit Salz abschmecken.

FERTIGSTELLEN

Das Koriandergrün waschen, trocken schütteln und nach Belieben die Blättchen abzupfen. Chilischoten waschen und trocken tupfen. Die Maistortillas achteln. Das Chili sin Carne in Schalen oder tiefe Teller verteilen, jeweils mit 1 Chilischote und etwas Koriandergrün garnieren und mit den Tortilla-Ecken servieren.

Veganize me!
Das Gericht ist vegan.

VOLLE PULLE!

PULLED TRINITY: PILZE, BIG STEAKS UND JACKFRUIT

Pulled Pork ist Teil der Holy Trinity in der BBQ-Kultur in den US-Südstaaten: Nach tagelangem Garen ist der Schweinenacken so zart und mürbe, dass er in Fasern gezupft werden kann („pulled"). Pulled Pork wird meist mit Cole Slaw auf Brötchen gegessen und nur mit Apfelessig und BBQ-Sauce gewürzt. So ähnlich machen wir das auch – „pullen" aber statt Schwein lieber Jackfruit, Soja-Steaks und Kräuterseitlinge.

FÜR 4 PERSONEN
Zubereitungszeit: ca. 2 Std. 35 Min.
Marinierzeit: 2 Std.
Pro Portion ca. 860 kcal,
35 g E, 35 g F, 90 g KH

FÜR DAS PULLED BIG SOJA STEAK
500 ml Marinade Nr. 1 (s. S. 31)
2 Vantastic Big Steaks
2 EL Öl zum Braten
1 EL CHEF Vegan Flüssig Konzentrat Rindsgeschmack
1 EL Sticky BBQ Sauce (s. S. 38)

FÜR DIE PULLED PILZE
200 g große Kräuterseitlinge
500 ml Marinade Nr. 1 (s. S. 31)
2 EL Öl zum Braten
1 EL Sticky BBQ Sauce (s. S. 38)

FÜR DIE PULLED JACKFRUIT
250 g Jackfruit (aus der Dose)
2 EL Öl zum Braten
2 EL Röstzwiebelpaste (s. S. 28)

ZUM FERTIGSTELLEN
1 Gemüsezwiebel, 1 grüne Paprika
4 EL Olivenöl, 3 EL Apfelessig, Salz, Pfeffer
12 Mini-Burger-Brötchen
12 EL Sticky BBQ Sauce (s. S. 38)

FLEISCHALTERNATIVE
Jackfruit, Vantastic foods Big Steaks (Basis: Sojaprotein); und Kräuterseitlinge

Veganize me!

Bei den Burger-Brötchen auf vegane Herstellung achten.

PULLED BIG SOJA STEAK

In einem Topf die Marinade mit 500 ml Wasser aufkochen, die Big Steaks einlegen und bei niedriger Hitze zugedeckt 2 Std. köcheln lassen, dabei darauf achten, dass nichts am Topfboden anbrennt. Bei Bedarf noch etwas Wasser zugeben. Die Big Steaks herausnehmen (Marinade nicht wiederverwenden), abkühlen lassen und zwischen mehreren Lagen Küchenpapier gut ausdrücken, bis keine Flüssigkeit mehr austritt. Das Vleisch mit zwei Gabeln faserig zerteilen. In einer Pfanne das Öl erhitzen und das Vleisch darin bei mittlerer Hitze goldbraun braten, dann mit dem Konzentrat und der BBQ-Sauce mischen, erneut erwärmen und warm halten.

PULLED PILZE

Die Kräuterseitlinge putzen, quer in dünne Scheiben schneiden und mit zwei Gabeln faserig zerteilen. In einem Topf die Marinade aufkochen, die Pilze zugeben, alles erneut aufkochen und Topf vom Herd ziehen. Die Pilze mindestens 2 Std. abkühlen lassen, anschließend abgießen (Marinade nicht wiederverwenden). Die Pilze sorgfältig mit Küchenpapier trocken tupfen. In einer Pfanne das Öl stark erhitzen und die Pilze darin scharf anbraten. Die BBQ-Sauce unterrühren und die Pilze warm halten.

PULLED JACKFRUIT

Die Jackfruit-Stücke von den Kernen befreien und mit den Fingern faserig zerteilen. In einer Pfanne das Öl stark erhitzen und die Fasern darin scharf anbraten. Die Röstzwiebelpaste einrühren und die Jackfruit warm halten.

FERTIGSTELLEN

Den Backofen auf 160° vorheizen. Gemüsezwiebel schälen und in feine Spalten schneiden. Paprika waschen, putzen und in dünne Streifen schneiden. Beides mit Öl, Essig, Salz und Pfeffer marinieren. Die Brötchen im Ofen kurz erwärmen und waagerecht halbieren. Untere Hälften mit Paprikasalat und dreierlei Pulled-Streifen belegen und mit 1 EL BBQ-Sauce überziehen. Oberen Brötchenhälften aufsetzen und alles unbedingt mit vielen Servietten servieren.

VAMOS A LA PAELLA!

PAELLA MIT SEITAN-CHORIZO UND JACKFRUIT-MEERESFRÜCHTEN

Allein in der Gegend von Valencia, der Geburtsstätte dieses Gerichtes, gibt es so viele „Originalrezepte“, wie es Omas, Mütter oder Onkel gibt, die traditionell am Sonntagmittag Paella für ihre Lieben kochen. Wer eine echte Paella-Pfanne samt Gas-Brennergestell besitzt, sollte das nutzen, um noch mehr aromatischen „Socarrat“ (Röst-Ansatz) zu erzeugen. Aber es geht auch mit jeder anderen großen Pfanne.

FÜR 4 PERSONEN
Zubereitungszeit: ca. 45 Min.
Marinierzeit: 3 Std.
Pro Portion ca. 745 kcal,
30 g E, 35 g F, 75 g KH

FÜR DAS VLEISCH
400 ml Marinade Nr. 3 (s. S. 32)
200 g Jackfruit (aus der Dose)
200 g Seitan-Würstchen (1 Packung)
2 EL Olivenöl (raffiniert)
1 EL Dattelsirup (oder Agavendicksaft)
50 ml roter Portwein
1 TL geräuchertes Paprikapulver (Pimentón ahumado)

FÜR DIE REIS-GEMÜSE-MISCHUNG
je 1 grüne, rote und gelbe Paprika
250 g grüne Bohnen
3 EL Olivenöl (raffiniert)
200 g Erbsen (auch TK)
250 g Paella-Reis (z. B. Albufera-Reis)
1 EL gehackte Rosmarinnadeln
100 ml Tomatensauce Nr. 1 (s. S. 39)
500 ml Wurzelgemüsefond (s. S. 28)
1 Pck. Safranpulver
Salz, Pfeffer

ZUM FERTIGSTELLEN
100 g schwarze Oliven (entsteint)
100 g grüne Oliven (entsteint)
Rosmarinzweige zum Garnieren
1 Bio-Zitrone (in Spalten)

FLEISCHALTERNATIVE
Alberts Seitan-Würstchen Fränkische Art (Basis: Weizenprotein) und Jackfruit; ersatzweise Viva Maris Vegane Algen-Currywurst (Erbsenprotein)

Veganize me!
Das Gericht ist vegan.

VLEISCH

In einem Topf die Marinade aufkochen und die Jackfruit-Stücke zugeben. Den Topf vom Herd ziehen und die Jackfruit 3 Std. abkühlen lassen. Die Vürstchen in 1 cm dicke Scheiben schneiden. In einer Pfanne das Olivenöl stark erhitzen und die Vurstscheiben darin unter Wenden 3 Min. scharf anbraten. Dattelsirup, Portwein und Paprikapulver zugeben, alles 2 Min. durchschwenken und bis zum Servieren warm halten.

REIS-GEMÜSE-MISCHUNG

Paprika waschen, längs halbieren, Kerne und weiße Trennwände entfernen und aus dem Fruchtfleisch mit einem kleinen runden Ausstechring (ca. 2 cm Ø) Kreise ausstechen. Die Bohnen waschen, putzen und in 3–4 cm lange Stücke schneiden. In einer großen Pfanne das Öl erhitzen und Paprika und Bohnen darin bei mittlerer Hitze 5 Min. braten, dann die Erbsen unterheben. Die Hitze auf das Maximum erhöhen, Reis und Rosmarin unterheben und 5 Min. braten. Die Hitze wieder reduzieren und die Tomatensauce unterrühren. In einem Topf den Fond mit dem Safranpulver aufkochen und nach und nach schöpfkellenweise zugießen. Wenn der Reis nach ca. 18 Min. noch minimal bissfest ist, alles bei maximaler Hitze noch 5 Min. ohne Rühren braten, damit sich am Boden ein aromatischer Röst-Ansatz bildet. Die Reis-Gemüse-Mischung mit Salz und Pfeffer würzen und abschmecken.

FERTIGSTELLEN

Alle Oliven in Ringe schneiden. Die Jackfruit-Stücke in der Marinade erneut kurz aufkochen, durch ein Sieb abgießen und die Marinade auffangen (sie kann wiederverwendet werden). Die Reis-Gemüse-Mischung flächig auf vorgewärmten Tellern anrichten. Vürstchen, Jackfruit-Stücke und Oliven darauf verteilen. Alles mit Rosmarinzweigen und Zitronenspalten garnieren und servieren.

VITELLISSIMO!

VITELLO SOJANO MIT FOCACCIA

Vitello tonnato ist zusammen mit Caprese, gegrillten Gemüse-Antipasti und Carpaccio von keiner italienischen Vorspeisenkarte wegzudenken. Diese geniale Verbindung aus Kalbsbratenscheiben, Thunfisch und Kapern lässt sich tatsächlich mit überschaubarem Aufwand veganisieren. Dabei bringt unsere „fleischige" Marinade Druck in das Soja-Vleisch und anstelle des Thuns sorgt ein Algen-Auszug für Meeresaroma.

FÜR 4 PERSONEN
Zubereitungszeit: ca. 1 Std. 35 Min.
Marinier- und Ruhezeit: 3 Std. 30 Min.
Pro Portion ca. 1.110 kcal,
40 g E, 45 g F, 125 g KH

FÜR DAS VLEISCH
1 l Marinade Nr. 2 (s. S. 32)
2 Vantastic Big Steaks
4 EL Olivenöl (raffiniert)

FÜR DIE SAUCE
10 g Kombu-Algen
150 ml Wurzelgemüsefond (s. S. 28)
1 TL weiße Misopaste
100 g Kapern (aus dem Glas, Nonpareilles in Salzlake ohne Essig eingelegt)
200 g Crème fraîche
2 TL Johannisbrotkernmehl (oder anderer Kaltbinder)
Pfeffer, Zucker, Salz, Zitronensaft

FÜR DIE FOCACCIA
500 g Weizenmehl (Type 550; ersatzweise Dinkelmehl Type 630)
5 g frische Hefe
20 ml Olivenöl (extra vergine) + 3 EL
5 g Honig, 6 g feines Meersalz
1 EL grobes Meersalz, 1 TL Fenchelsamen
1 TL Kümmel, 1 TL Schabzigerklee

ZUM FERTIGSTELLEN
12 Kapernäpfel, 1 EL Salz, 4 Limequats
1 TL rosenscharfes Paprikapulver

AUSSERDEM
Öl für das Blech, Sprühflasche

FLEISCHALTERNATIVE
Vantasic Foods Big Steak (Basis: Sojaprotein); ersatzweise Veggyness Veganer Fleischkäse (Weizenprotein)

VLEISCH
In einem Topf die Marinade aufkochen, Big Steaks einlegen und bei mittlerer Hitze zugedeckt 1 Std. kochen. Das Vleisch herausnehmen und 2 Std. abkühlen lassen. Die Marinade passieren (sie kann wiederverwendet werden). Das Vleisch zwischen mehreren Lagen Küchenpapier gut ausdrücken, bis keine Flüssigkeit mehr austritt, dann mit der Aufschnittmaschine in sehr dünne Scheiben schneiden. In einer Pfanne das Öl erhitzen und die Scheiben darin kurz anbraten, aber nicht bräunen und abkühlen lassen. Bei Verwendung von veganem Fleischkäse: Diesen nur mit Küchenpapier trocken tupfen und weiterarbeiten wie beschrieben.

SAUCE
Die Kombu-Algen mit der Küchenschere klein schneiden. In einem Topf den Fond aufkochen und die Misopaste mit dem Schneebesen einrühren. Die Algen zugeben, den Topf vom Herd ziehen und alles 2 Std. ziehen lassen. Den Fond durch ein Sieb in einen zweiten Topf passieren und auf die Hälfte einkochen. Die Flüssigkeit in einen hohen Rührbecher füllen. Kapern, 1 EL Einlegeflüssigkeit der Kapern, Crème fraîche und Johannisbrotkernmehl zugeben und alles mit dem Pürierstab in 5 Min. zu einer glatten Creme pürieren. Die Sauce mit Pfeffer, Zucker, (wenig) Salz und Zitronensaft würzen und abschmecken.

FOCACCIA
Mehl, Hefe und 340 ml kaltes Wasser vermischen und glatt kneten. Nacheinander 20 ml Öl, Honig und Salz unterkneten. Den Teig 5 Min. weiterkneten, dann abgedeckt 3 Std. im kalten Backofen bei eingeschaltetem Licht gehen lassen, dabei einmal pro Stunde mit befeuchteten Händen an vier Seiten auseinanderziehen und falten. Ein Backblech mit Backpapier belegen und leicht einölen. Den Teig auf das Blech stürzen, mit angefeuchteten Fingern auseinanderdrücken und 3 EL Öl, grobes Salz und Gewürze darauf verteilen. Den Fladen mit Wasser besprühen und 30 Min. ruhen lassen. Den Backofen auf 230° vorheizen. Die Focaccia im Ofen 8 Min. backen, dann bei 190° in ca. 15 Min. goldgelb fertig backen. Die Focaccia herausnehmen und leicht mit Wasser besprühen.

FERTIGSTELLEN
Kapernäpfel halbieren. Das Salz in 1 l kochendem Wasser auflösen, die Limequats darin 3 Min. blanchieren, kalt abschrecken und in dünne Scheiben schneiden. Die Vleischscheiben mit der Sauce auf Tellern anrichten und mit Kapernäpfeln und Limequats garnieren, mit Paprikapulver bestreuen und mit der Focaccia servieren.

Veganize me!

Pflanzencreme statt Crème fraîche und Agavendicksaft statt Honig verwenden.

SCHWERTER RAUS!

BUNTES SOJA-SCHASCHLIK

Im Kaukasus, wo diese Art der Fleischzubereitung erfunden wurde, steckt man noch immer die Zutaten auf Spieße, die aussehen wie kleine Schwerter. Doch im Grunde ist es egal, was wo draufgesteckt wird, solange es am Ende gut schmeckt. Statt der üblichen Stücke von Lamm, Rind und Schwein oder diversen Innereien bestücken wir unsere Klingen mit hocharomatisch marinierten Soja-Medaillons und knackigem BBQ-Gemüse.

FÜR 4 PERSONEN
Zubereitungszeit: ca. 35 Min.
Marinierzeit: 2 Std.
Pro Portion ca. 600 kcal,
30 g E, 30 g F, 50 g KH

FÜR DAS VLEISCH
800 ml Marinade Nr. 1 (s. S. 31)
600 g veganes Rind in Stücken (2 Packungen)
50 g Sticky BBQ Sauce (s. S. 38)

FÜR DAS GEMÜSE
1 gelber Zucchino
je 1 rote und grüne Paprika
4 rote Zwiebeln

ZUM FERTIGSTELLEN
Sticky BBQ Sauce (s. S. 38)
6 EL neutrales Öl
Chiliflocken

AUSSERDEM
12 Schaschlikspieße

FLEISCHALTERNATIVE
Vantastic foods Veganes Rind in Stücken (Basis: Sojaprotein); ersatzweise Veganz Soja-Medaillons (Sojaprotein)

VLEISCH

In einem Topf die Marinade aufkochen, veganes Rind in Stücken zugeben und alles erneut aufkochen. Den Topf vom Herd ziehen und die Stücke mindestens 2 Std. abkühlen lassen. Alles durch ein Sieb abgießen und die Marinade auffangen (sie kann wiederverwendet werden). Die Vleischstücke sorgfältig mit Küchenpapier trocken tupfen. Bei Verwendung des Trockenproduktes Soja-Medaillons: Die Stücke in der Marinade zugedeckt 3 Std. leicht köcheln lassen, anschließend abgießen und die Medaillons mit Küchenpapier ausdrücken, bis keine Flüssigkeit mehr austritt, anschließend weiterarbeiten, wie beschrieben.

GEMÜSE

Zucchino und Paprika waschen und putzen. Den Zucchino quer in ca. 1,5 cm dicke Scheiben schneiden und diese mittig halbieren. Das Paprikafruchtfleisch in ähnlich große Stücke schneiden. Die Zwiebeln schälen und achteln.

FERTIGSTELLEN

Das Gemüse und die Vleischstücke abwechselnd auf Schaschlikspieße stecken und eng zusammenschieben. 6 EL Sticky BBQ Sauce mit dem Öl verrühren und die Spieße damit ringsum bestreichen. Das Schaschlik auf dem Grill oder in einer heißen Grillpfanne ca. 8 Min. rösten, dabei alle 2 Min. etwas drehen. Die Spieße auf Tellern anrichten, mit Chiliflocken bestreuen und servieren. Extra Sticky BBQ Sauce in Schälchen dazu reichen. Als Beilage passt Röstbrot oder ein Kartoffelsalat.

Veganize me!
Das Gericht ist vegan.

JEDEN TAG EINE GUTE TARTE!

V-SPECK-LAUCH-QUICHE

Jede Nation hat ihre Lieblings-Resteverwertung. In Italien wandert übriges Essen in die Pasta, die Deutschen kochen Eintopf daraus, in Frankreich landet der Rest auf Mürbeteig im Backofen. Als Quiche. Oder doch als Tarte? Letztere darf auch süß sein, darunter kann eine Eimasse stecken. Muss aber nicht. Wie auch immer – wir backen unsere Quichetarte munter ohne Fleisch und ganz im Sinne des Pfadfindergedankens: Jeden Tag eine gute Tarte!

FÜR 4 PERSONEN
Zubereitungszeit: ca. 30 Min.
Warte- und Kühlzeit: 30 Min.
Backzeit: 40 Min.
Pro Portion ca. 925 kcal,
40 g E, 60 g F, 60 g KH

FÜR DEN V-SPECK
180 g Vantastic Carpaccio (2 Pakete)

FÜR DEN TEIG
250 g Dinkelmehl (Type 630)
½ TL Salz, 100 g kalte vegane Butter (z. B. Naturli Organic Vegan Block)
4 EL Eiswasser, 4 EL Haferdrink (ungesüßt)
1 EL Sesam, 1 EL Leinsamen

FÜR DEN BELAG
500 g Lauch
80 g würziger Käse (z. B. Gruyère)
5 Eier, 200 g Crème fraîche
1 TL Kala Namak Salz (Bioladen)

AUSSERDEM
1 Quicheform (28 cm Ø)
Fett für die Form, Dinkelmehl zum Arbeiten

FLEISCHALTERNATIVE
Vantastic foods Carpaccio Bacon Style (Basis: Weizenprotein); ersatzweise Vivera Veganer Speck (Sojaprotein)

Veganize me!

Der Teig ist bereits vegan. Für den Belag Ei-Ersatzpulver (z. B. MyEy) nach Packungsanweisung zum Ersatz der Eier anrühren. Dann mit 400 g veganem Frischkäse (z. B. Simply V), 1 TL Kala Namak Salz, 2 EL Hefeflocken und 100 g veganem Streukäse homogen vermischen. Den gehackten Lauch unterheben und weiterarbeiten, wie beschrieben.

V-SPECK

Die Carpaccio-Scheiben in je vier Lagen übereinanderschichten und 30 Min. mit einem schweren Gegenstand beschweren. Dann den V-Speck in ca. 5 mm breite Streifen schneiden. Bei Verwendung von Vivera-Speck: Diesen direkt in Streifen schneiden und mit zwei Stößen Raucharoma (z. B. The Original Australian – Liquid Smoke Hickory Natural) aus der Sprühflasche aromatisieren.

TEIG

Das Dinkelmehl in eine Schüssel sieben. Salz und die vegane Butter in Würfeln zufügen und alles mit den Fingerspitzen vermischen. Eiswasser, Haferdrink, Sesam und Leinsamen dazugeben und alles rasch zu einem Teig kneten. Den Teig in Frischhaltefolie wickeln und 30 Min. im Kühlschrank ruhen lassen.

BELAG

Den Lauch putzen, sorgfältig waschen, die Stangen in Ringe schneiden und 16 Stück beiseitelegen. Übrigen Lauch grob hacken. Den Käse nicht zu fein reiben. Die Eier verquirlen, mit der Crème fraîche und dem Salz vermischen und den Käse unterheben.

FERTIGSTELLEN

Den Backofen auf 190° vorheizen. Die Quicheform einfetten. Den Teig auf einem Bogen Backpapier mit etwas Mehl bestäuben, ca. 5 mm dick ausrollen und die Form damit auskleiden, dabei auch einen Rand andrücken. Den Teigboden mit einer Gabel mehrmals einstechen. Den gehackten Lauch und den V-Speck auf dem Teigboden verteilen und mit der Ei-Käse-Masse übergießen. Alles mit den übrigen Lauchringen belegen und diese leicht eindrücken. Die Quiche im Ofen ca. 40 Min. backen. Herausnehmen, die Quiche leicht abkühlen lassen, in Stücke schneiden und servieren.

RAN AN DEN SPECK!

SPAGHETTI ALLA CARBONARA

Wer hat diesen Pasta-Klassiker nun bekannt gemacht? Die Köhler („Carbonaro") in den Wäldern des Apennin oder römische Kriegsflüchtlinge, die sich das Rezept dort abguckten und später im ganzen Land verbreiteten? Wie auch immer, geschmacksbildend ist im Original neben Guanciale (speckartig geräucherte Schweinebacke) Eigelb und Pecorino. Veganen Speck kriegen wir hin, bei Ei & Käse wird's kniffelig.

FÜR 4 PERSONEN
Zubereitungszeit: ca. 20 Min.
Marinierzeit: 30 Min.
Pro Portion ca. 915 kcal,
45 g E, 45 g F, 85 g KH

FÜR DEN V-SPECK
400 g milder Räuchertofu (z. B. von Taifun)
50 ml BBQ-Sauce (z. B. Old Texas Whiskey Pepper Sauce)
2 EL Alberts Lupinensauce (ersatzweise 2 TL Meersalz)
1 EL Rote-Bete-Pulver, 50 ml Olivenöl

FÜR DIE PASTA
400 g Spaghetti, Salz
200 g Pecorino (ersatzweise Parmesan)
4 Eigelb

ZUM FERTIGSTELLEN
Raucharoma (z. B. The Original Australian – Liquid Smoke Hickory Natural)
grober Pfeffer

FLEISCHALTERNATIVE
Räuchertofu (Basis: Sojabohnen); ersatzweise Vantastic Foods Carpaccio (Weizenprotein)

V-SPECK

Den Räuchertofu in Streifen von ca. 0,5 × 0,5 × 3 cm schneiden. BBQ- und Lupinensauce, Rote-Bete-Pulver und Öl mischen und die Streifen darin 30 Min. marinieren. Die Streifen mit Küchenpapier sorgfältig trocken tupfen und in einer heißen beschichteten Pfanne ohne weiteres Öl bei mittlerer Hitze 5 Min. anbraten. Den V-Speck anschließend bis zur Verwendung in der Pfanne warm halten. Bei Verwendung von Vantastic foods Carpaccio (3 Pakete): Die Scheiben in vier Lagen übereinanderschichten und 30 Min. mit einem schweren Gegenstand beschweren, dann in ca. 5 mm breite Streifen schneiden und vor dem Servieren kurz in wenig Öl anbraten.

PASTA

In einem Topf die Spaghetti in reichlich stark gesalzenem Wasser bissfest kochen. Den Pecorino fein reiben und zur Hälfte in einer Schüssel mit den Eigelben verquirlen. Die Nudeln abgießen, dabei ein wenig Kochwasser auffangen.

FERTIGSTELLEN

Den V-Speck mit 4 Stößen Raucharoma aus der Sprühflasche einsprühen. Die Spaghetti in die Pfanne geben und mit dem V-Speck vermischen, dann mit der Eigelb-Käse-Mischung übergießen und alles gut vermengen. Wenn die Pasta zu trocken erscheint, noch etwas heißes Kochwasser unterrühren. Die Spaghetti alla carbonara auf Teller verteilen, mit grobem Pfeffer bestreuen und mit etwas Käse bestreuen. Den restlichen Pecorino separat dazu reichen.

Veganize me!

Bei diesem Gericht schwierig. Statt Eigelb die Pasta mit Pflanzensahne (mit etwas Kurkuma und Kala Namak Salz einkochen) und veganem Käse (z. B. Cashew-Käse) zubereiten. Bei der BBQ-Sauce auf vegane Herstellung achten.

HAUSMANNS-**KOST**

JETZT GEHT'S AN OMIS SONNTAGSBRATEN, SCHMOR-ROULADEN, CORDON BLEU, HÜHNERFRIKASSEE, GULASCH, GRÜNKOHL, KÖNIGSBERGER KLOPSE, MAULTASCHEN BIS HIN ZUM RHEINISCHEN SAUERBRATEN. ALLES OHNE FLEISCH & FISCH – SOGAR DIE CALAMARES!

WIENER BLUT!

V-SCHNITZEL WIENER ART MIT KARTOFFELSALAT

Muss ein „Echtes“ Wiener Schnitzel stets vom Kalb sein? Immerhin steht auf der Speisekarte der „Figlmüller“-Restaurants in Österreichs Hauptstadt „Unser Original vom Schwein seit 1905“. Ebenfalls unklar, ob der Feldmarschall Graf Radetzky das „Wiener“ erfunden oder nur das „Costoletta alla milanese“ von seiner Mailänder Stationierung mitgebracht hatte. Egal, wir müssen zum Glück gar kein Tier ins Schnitzel stecken.

FÜR 4 PERSONEN
Zubereitungszeit: ca. 30 Min.
Marinierzeit: 30 Min.
Pro Portion ca. 570 kcal,
20 g E, 35 g F, 40 g KH

FÜR DIE V-SCHNITZEL
75 g Butterschmalz
4 panierte vegane Schnitzel à 90–100 g (8 Schnitzel bei großem Hunger)

FÜR DEN KARTOFFELSALAT
800 g vorwiegend festkochende Kartoffeln
1 EL Kümmel, Salz
2 kleine Schalotten
1 EL Weißweinessig, 1 EL Dijonsenf
2 TL heller Honig
2 EL Sonnenblumenöl (kalt gepresst; ersatzweise kalt gepresstes Raps- oder Traubenkernöl)
Pfeffer, ½ TL gemahlener Schabzigerklee
3 EL gehackter Dill

ZUM FERTIGSTELLEN
5 EL Gartenkresse
Kapernäpfel und Zitronenspalten zum Garnieren

FLEISCHALTERNATIVE
Meatless Farm Schnitzel (Basis: Weizen- und Erbsenprotein); ersatzweise selbst gemachte Schnitzel mit Seitan Nr. 2 (Weizengluten, s. S. 34) oder das weizenfreie Like Meat Like Schnitzel (Sojaprotein)

V-SCHNITZEL

In einer großen Pfanne das Butterschmalz bei mittlerer Hitze erhitzen und die veganen Schnitzel darin in 8–10 Min. goldbraun braten, dabei ab und zu wenden. Bei Verwendung von selbst gemachtem Seitan: 4 dünne Scheiben à ca. 150 g abschneiden und zwischen Frischhaltefolie oder mit einem Gefrierbeutel bedeckt mit dem Nudelholz plattieren. Die Seitan-Schnitzel mit Mehl bestäuben und erst in verquirltem Ei (vegan: Ei-Ersatzpulver mit Hafercreme anrühren), dann in Paniermehl wenden.

KARTOFFELSALAT

Die Kartoffeln waschen und ungeschält in einem Topf mit dem Kümmel in Salzwasser in 15–20 Min. weich kochen. Die Schalotten abziehen und klein würfeln. Den Essig mit dem Senf, Honig, Öl, Salz, Pfeffer, Schabzigerklee, Dill und den Schalotten zu einem Dressing verrühren. Die Kartoffeln noch heiß pellen, in Scheiben schneiden, in eine Schüssel geben und mit dem Dressing übergießen. Den Salat durchmischen und noch ca. 30 Min. ziehen lassen.

FERTIGSTELLEN

Den Kartoffelsalat abschmecken, mit Kresse bestreuen und auf Teller verteilen. Die Schnitzel daneben anrichten, jeweils mit einem Kapernapfel und einer Zitronenspalte garnieren und servieren.

Veganize me!

Vegane Bratmargarine oder Distelöl zum Braten verwenden. Den Honig durch Agavensirup ersetzen. Bei Senf und Essig auf vegane Herstellung achten.

WAIDMANNSHEIL

JÄGERSCHNITZEL MIT GERÖSTETEN PILZEN UND KROKETTEN

Der beliebte Klassiker Jägerschnitzel wird nicht aus Jägerfleisch gebraten – es ist also weder ein leicht marmoriertes Berufsjägerschnitzel noch ein fettes Sonntagsjägerschnitzel. Aber da wir ja ohnehin kein Fleisch brauchen für dieses rundum vollmundige Gericht, könnten wir es eigentlich auch „Pilzsammlerschnitzel" nennen. Oder TK-Kroketten statt der selbst gemachten nehmen. Aber warum sollten wir?

Veganize me!

Vegane Bratmargarine statt Butter und Butterschmalz verwenden. Beim Teig der Kroketten das Ei weglassen, dafür etwas mehr Stärke einarbeiten. Zum Panieren Ei-Ersatzpulver nach Packungsanweisung mit Pflanzencreme anrühren. Bei den Weinen auf vegane Herstellung achten.

FÜR 4 PERSONEN
Zubereitungszeit: ca. 1 Std.
Marinierzeit: 2 Std.
Pro Portion ca. 1.400 kcal,
105 g E, 80 g F, 100 g KH

FÜR DIE V-SCHNITZEL
1 l Marinade Nr. 1 (s. S. 31)
4 Vantastic Big Steaks
75 g Butterschmalz

FÜR DIE SAUCE
100 ml trockener Sherry
50 g getrocknete Steinpilze
300 g weiße Champignons
1 TL feines Meersalz
50 g Butterschmalz, 2 Schalotten
150 ml Weißwein mit Restsüße (z. B. Auslese oder Muskateller)
50 g Gemüse-Jus (s. S. 30)
2 EL Thymianblättchen
300 g Hafer-Kochcreme (ersatzweise Soja-Kochcreme)
Salz, Pfeffer, Zitronensaft

FÜR DIE KROKETTEN
600 g mehligkochende Kartoffeln
Salz, 1 EL Maisstärke, 2 Eier
weißer Pfeffer
frisch geriebene Muskatnuss
1 EL Milch, 150 g Paniermehl
½ TL rosenscharfes Paprikapulver
1 l Öl zum Frittieren

ZUM FERTIGSTELLEN
12 kleine braune Champignons
50 g Buchenpilze (ersatzweise braune Shimeji-Pilze)
2 große Kräuterseitlinge
25 g Butterschmalz
50 ml trockener Wermut (z. B. Noilly Prat)

AUSSERDEM
Maisstärke zum Arbeiten

FLEISCHALTERNATIVE
Vantastic foods Big Steaks (Basis: Sojaprotein); ersatzweise Valess Steaks (Milch)

V-SCHNITZEL

Marinade aufkochen, Big Steaks einlegen und zugedeckt 45 Min. kochen, anschließend herausnehmen (Marinade passieren und wiederverwenden), 2 Std. abkühlen lassen und gut ausdrücken. In einer großen Pfanne das Butterschmalz erhitzen und die V-Schnitzel darin bei mittlerer Hitze unter mehrfachem Wenden 7 Min. braten. Bei Verwendung von Valess Steaks: diese horizontal halbieren, 2 Std. marinieren und weiterarbeiten, wie beschrieben.

SAUCE

Den Sherry aufkochen, die getrockneten Steinpilze damit übergießen und 2 Std. einweichen, anschließend abgießen. Die Einweichflüssigkeit auffangen und durch einen Kaffeefilter gießen. Champignons putzen, blättrig schneiden und in einer großen beschichteten Pfanne mit dem Meersalz ohne Fett 5 Min. bei großer Hitze braten, bis Flüssigkeit austritt. Butterschmalz zugeben und die Pilze bei mittlerer Hitze weiterbraten. Schalotten schälen, klein würfeln und 5 Min. mitbraten, dann mit dem Wein ablöschen und diesen auf ein Viertel reduzieren. Jus, Steinpilze und Einweichflüssigkeit zugeben und 10 Min. mitkochen. 1 EL Thymian und Kochcreme einrühren, die Sauce auf die gewünschte Konsistenz einkochen und mit Salz, Pfeffer und Zitronensaft würzen.

KROKETTEN

Die Kartoffeln schälen, würfeln und in Salzwasser weich kochen, abgießen, noch heiß durch die Kartoffelpresse drücken (oder fein zerstampfen). Die Kartoffelmasse mit der Maisstärke und 1 Ei vermengen, mit Salz, weißem Pfeffer und Muskat würzen und abschmecken. Den Backofen auf 100° vorheizen. Ein Backblech mit drei Lagen Küchenpapier auslegen. Die Masse noch warm auf einem mit Stärke bestreuten Brett zu 2,5 cm dicken Strängen rollen und in 7 cm lange Kroketten schneiden. In einem tiefen Teller das übrige Ei mit der Milch verquirlen. Paniermehl und Paprikapulver auf einem Teller vermischen. Die Kroketten erst im Ei, dann im Paniermehl wenden. In einem hohen Topf das Öl auf 170° erhitzen und die Kroketten darin portionsweise in 6–7 Min. goldgelb frittieren, dann herausheben und im Ofen entfetten und warm halten.

FERTIGSTELLEN

Pilze putzen und die Seitlinge in dünne Scheiben schneiden. In einer Pfanne das Butterschmalz erhitzen, die Pilze darin bei starker Hitze anbraten, mit Wermut ablöschen und diesen wieder einkochen lassen. V-Schnitzel, Kroketten, Sauce und Pilze auf Tellern anrichten, mit dem übrigen Thymian bestreuen und servieren.

SPRING INS MAUL!

SALTIMBOCCA ALLA ROMANA MIT SPINATSALAT

Italiener lieben bildhafte Bezeichnungen für Speisen – von „Zieh mich hoch" (Tiramisu) bis zu „Kleine Ohren" (Orecchiette-Nudeln). Die spaßigste Idee aber ist es, die kleinen Kalbsschnitzel Saltimbocca zu nennen, weil sie so lecker sind, dass sie scheinbar von selbst in den Mund springen. Neben dem Schnitzel (bei uns aus Lupine) sind Salbei, Marsala und Schinkenspeck wichtig – Letzteren machen wir aus Sojahaut.

FÜR 4 PERSONEN
Zubereitungszeit: ca. 25 Min.
Marinierzeit: 1 Std.
Pro Portion ca. 1.095 kcal, 55 g E, 65 g F, 65 g KH

FÜR DIE V-SCHNITZEL
- 800 g Lupinenfilets (4 Packungen)
- 100 g Umami-Würzpaste (s. S. 29)
- 50 ml Walnussöl
- 200 ml Marsala

FÜR DEN SPINATSALAT
- 600 g Baby-Blattspinat
- 5 EL Olivenöl (extra vergine)
- 3 EL gereifter Aceto balsamico
- Salz, Pfeffer

FÜR DIE GARNITUR
- 50 g Pinienkerne
- 100 g V-Speck Nr. 1 (s. S. 36)
- 150 g gelbe oder orangene Kirschtomaten
- ½ TL feines Meersalz
- 4 EL Aceto balsamico bianco

ZUM FERTIGSTELLEN
- 4 Stängel Salbei

FLEISCHALTERNATIVE
Alberts Lupinen Filets (Basis: Süßlupinensamen, Weizenprotein) und V-Speck Nr. 1 (Yuba / Sojahaut); ersatzweise Vantastic foods Big Steaks (Sojaprotein)

V-SCHNITZEL
Die Lupinenfilets horizontal halbieren, ringsum mit der Würzpaste einstreichen und 1 Std. marinieren. In einer beschichteten Pfanne das Öl erhitzen und die Schnitzel darin bei mittlerer Temperatur 8–10 Min. braten. Mit dem Marsala ablöschen, diesen auf eine sirupartige Konsistenz einkochen lassen und die Schnitzel darin bis zum Servieren warm halten. Bei Verwendung von 4 Vantastic Big Steaks diese mit 800 ml Marinade Nr. 1 (s. S. 31) zubereiten, wie auf S. 157 beschrieben.

SPINATSALAT
Den Spinat verlesen, waschen und trocken schleudern. Öl, Essig, Salz und Pfeffer verrühren und das Dressing abschmecken.

GARNITUR
In einer beschichteten Pfanne die Pinienkerne ohne Fett goldgelb rösten, herausnehmen und abkühlen lassen. In der heißen Pfanne den V-Speck erwärmen. Die Kirschtomaten waschen, in Scheiben schneiden und mit Salz und Essig würzen.

FERTIGSTELLEN
Den Spinat mit dem Dressing vermischen und auf vier Teller verteilen. Die V-Schnitzel darauf anrichten, jeweils mit etwas Marsalasauce beträufeln und mit V-Speck und Salbei toppen. Die Kirschtomaten ringsum verteilen, alles mit den gerösteten Pinienkernen bestreuen und sofort servieren.

Veganize me!
Beim Wein und Essig auf vegane Herstellung achten.

LE GRAND BLEU!

CORDON BLEU MIT LEIPZIGER ALLERLEI
UND ROSMARIN-OFENKARTOFFELN

Nach einer Entscheidung des Verwaltungsgerichts Stuttgart dürften wir unser gefülltes Veggieschnitzel nicht „Cordon bleu“ nennen. Die Richter sahen das sogar schon beim Putenschnitzel mit Geflügelbrust und Schmelzkäse als Verbraucher-Irreführung. Nun, unser Käse ist echt und wir wollen mit den Soja-Steaks und dem -Schinken niemanden täuschen. Wir meinen nur: Schmeckt mindestens so gut wie mit Fleisch, Euer Ehren!

FÜR 4 PERSONEN
Zubereitungszeit: ca. 1 Std. 50 Min.
Marinierzeit: 2 Std.
Pro Portion ca. 1.370 kcal,
65 g E, 70 g F, 120 g KH

FÜR DIE V-SCHNITZEL
1 l Marinade Nr. 1 (s. S. 31)
4 Vantastic Big Steaks, Salz, Pfeffer
1 TL rosenscharfes Paprikapulver
4 Scheiben veganer Schinkenaufschnitt (ersatzweise 12 Scheiben Carpaccio)
4 Scheiben Käse (z. B. Gruyère)
2 Eier, 3 EL Sahne, 100 g Mehl
200 g Paniermehl, 75 g Butterschmalz

FÜR DAS LEIPZIGER ALLERLEI
4 Stangen weißer Spargel (auch TK)
8 Baby-Möhren mit Grün
100 g Blumenkohlröschen
100 g Brokkoliröschen, 75 g Butter
150 ml Wurzelgemüsefond (s. S. 28)
50 g Gemüse-Jus (s. S. 30)
Salz, Pfeffer

FÜR DIE ROSMARINKARTOFFELN
600 g kleinere festkochende Kartoffeln
1 Zweig Rosmarin, 4 EL Olivenöl
2 EL Fleur de Sel, 1 EL Thymianblättchen

FLEISCHALTERNATIVE
Vantastic foods Big Steaks (Basis: Sojaprotein) und Vantastic foods Veganer Schinken Aufschnitt (Soja & Weizenprotein); ersatzweise Valess Steaks (Milch) und Vantastic foods Carpaccio Bacon-Style (Weizengluten)

Veganize me!

Veganen Schmelzkäse, vegane Bratmargarine und mit Pflanzencreme angerührten Ei-Ersatz (s. S. 164) verwenden.

V-SCHNITZEL

Die Marinade aufkochen, die Big Steaks einlegen und zugedeckt 45 Min. kochen, anschließend herausnehmen (Marinade passieren und wiederverwenden), 2 Std. abkühlen lassen und zwischen Küchenpapier gut ausdrücken. Die Big Steaks mit einer Aufschnittmaschine halbieren. Je zwei Scheiben nebeneinanderlegen und mit Salz, Pfeffer und Paprikapulver würzen. Jeweils eine Hälfte mit veganem Schinken und Käse belegen, die zweite Hälfte auflegen und sehr fest zusammendrücken. Eier und Sahne verquirlen und die Cordon bleus erst in Mehl, dann im Ei und zum Schluss in dem Paniermehl wenden und dieses gut andrücken. In großer Pfanne das Butterschmalz erhitzen und die Cordon bleus darin bei mittlerer Hitze in 10 Min. goldbraun braten, dabei mehrfach wenden. Bei Verwendung von Valess Steaks: Diese horizontal in je 2 Scheiben schneiden, marinieren und weiterarbeiten, wie beschrieben.

LEIPZIGER ALLERLEI

Den Spargel schälen, putzen und schräg in je 4 Stücke schneiden. Die Möhren waschen und putzen, dabei ca. 3 cm Grün stehen lassen. Blumenkohl und Brokkoli waschen. In einer großen Pfanne die Butter zerlassen, Spargel und Möhren darin bei mittlerer Hitze 8 Min. dünsten. Fond, Gemüse-Jus und die Röschen zugeben, alles noch 10 Min. kochen, salzen, pfeffern und warm halten.

ROSMARINKARTOFFELN

Den Backofen auf 200° vorheizen. Ein Backblech mit Backpapier belegen. Kartoffeln waschen, halbieren und die Schnittflächen parallel ca. 5 mm tief einschneiden. Rosmarin waschen, trocken schütteln, die Nadeln fein hacken, mit dem Öl und 1 EL Fleur de Sel mischen und das Backpapier damit bestreichen. Die Kartoffeln mit der Schnittfläche nach unten darauf verteilen und im Ofen 35–40 Min. backen, dabei nach ca. 20 Min. wenden.

FERTIGSTELLEN

Rosmarinkartoffeln mit dem übrigen Fleur de Sel bestreuen, mit dem Gemüse auf Teller verteilen und mit Thymian bestreuen. Die Cordon bleus quer halbieren, daneben anrichten und servieren.

SCHNITZEL-BOMBER!

V-SCHNITZELBRÖTCHEN MIT MAYO

In der deutschen Fast-Food-Systemgastronomie ist das Schnitzelbrötchen einer der großen Konkurrenten der doppelstöckigen Hamburger. Beide sind gewaltige Kalorienbomben und stillen selbst den größten Hunger. Doch wo bei den Burgern längst flächendeckend vegetarische oder vegane Alternativen angeboten werden, stammt das Schnitzel im Gebäck nach wie vor von traurigen Schweinen. Das ändern wir jetzt mal.

FÜR 4 PERSONEN
Zubereitungszeit: ca. 15 Min.
Pro Portion ca. 700 kcal,
20 g E, 50 g F, 40 g KH

FÜR DIE V-SCHNITZEL
4 vegane Schnitzel
50 g Butterschmalz
1 Zitrone

FÜR DEN BELAG
8 grüne Salatblätter
2 Tomaten
½ Salatgurke

ZUM FERTIGSTELLEN
4 Baguettebrötchen mit Sesam
1 Zitrone
150 g vegane Mayonnaise (s. S. 38)

FLEISCHALTERNATIVE
The Vegetarian Butcher Wie'n Schnitzel (Basis: Soja- und Weizenprotein); ersatzweise Like Meat Like Schnitzel (Sojaprotein)

V-SCHNITZEL

Die Schnitzel halbieren. In einer beschichteten Pfanne das Butterschmalz erhitzen und die Schnitzel darin bei mittlerer Temperatur auf beiden Seiten goldbraun braten.

BELAG

Die Salatblätter waschen und trocken schleudern. Tomaten waschen und quer in Scheiben schneiden. Die Gurke waschen, putzen und schräg in dünne Scheiben schneiden.

FERTIGSTELLEN

Den Backofen auf 230° (Umluft) vorheizen. Die Brötchen ca. 3 Min. aufbacken, herausnehmen und halbieren. Die Unterhälften jeweils mit Salatblättern, Gurkenscheiben und Tomaten belegen. Die Zitrone vierteln, den Saft über den Schnitzeln ausdrücken und diese auflegen. Mit den übrigen Tomaten- und Gurkenscheiben belegen und die Mayonnaise darauf verteilen. Die oberen Hälften aufsetzen, die Schnitzelbrötchen etwas zusammendrücken und als Fingerfood servieren. Sie schmecken warm oder kalt.

Veganize me!

Statt Butterschmalz vegane Bratmargarine verwenden.

LET'S ROLL!

V-ROULADEN MIT ROTKOHL UND GERÖSTETEN SEMMELKNÖDELN

Rouladen tauchen nicht nur seit Jahrzehnten zuverlässig in den Top Ten der Lieblingsgerichte Deutschlands auf, sie gehören in ihrer fleischfreien Umsetzung auch zu den kniffeligsten Herausforderungen der Veggie-Küche. Wer aber den Aufwand nicht scheut, wird mit einer perfekten Rinderbraten-Mimikry belohnt und kann diese Rouladen auch den Karnivoren am Tisch servieren – mit wenigen Drehs sogar vegan.

FÜR 4 PERSONEN
Zubereitungszeit: ca. 2 Std.
Marinierzeit: 3 Std.
Pro Portion ca. 1.520 kcal,
65 g E, 60 g F, 140 g KH

FÜR DIE V-ROULADEN
1 l Marinade Nr. 1 (s. S. 31)
4 Vantastic Big Steaks
300 g Räuchertofu (z. B. von Taifun)
50 ml BBQ-Sauce (z. B. Old Texas Whiskey Pepper Sauce), 2 EL Alberts Lupinensauce (ersatzweise 2 TL Meersalz)
Raucharoma (z. B. The Original Australian – Liquid Smoke Hickory Natural)
Salz, Pfeffer, 4 EL Dijonsenf
2 große Gewürzgurken, 75 g Butterschmalz

FÜR DIE SAUCE
50 g Bitterschokolade
500 ml vegane Gravy (s. S. 37)
150 g Röstzwiebelpaste (s. S. 28)
50 g Umami-Würzpaste (s. S. 29)
100 ml roter Portwein, Zucker

FÜR DEN ROTKOHL UND DIE KNÖDEL
600 g Rotkohl (s. S. 169)
300 g Brötchen vom Vortag
1 Zwiebel, 1 EL Butter, 250 ml Milch
1 Ei, 2 EL gehackte Petersilie, Salz, Pfeffer

ZUM FERTIGSTELLEN
2 EL Butter
Schnittlauch zum Garnieren

FLEISCHALTERNATIVE
Vantastic foods Big Steaks (Basis: Sojaprotein) und Taifun Räuchertofu (Sojabohnen); ersatzweise Rohmasse Seitan Nr. 3 (Weizengluten, s. S. 35) und Vantastic foods Veganer Schinken Aufschnitt (Soja- und Weizenprotein)

V-ROULADEN
Marinade aufkochen, Big Steaks einlegen und bei mittlerer Hitze zugedeckt 1 Std. kochen, dabei darauf achten, dass nichts anbrennt. Den Topf vom Herd ziehen und das Vleisch 3 Std. abkühlen lassen. Big Steaks herausnehmen (Marinade passieren und wiederverwenden), zwischen mehreren Lagen Küchenpapier trocken tupfen und mit einem scharfen Messer oder der Aufschnittmaschine vorsichtig längs bis auf 1 cm ein-, aber nicht durchschneiden (Schmetterlingsschnitt). Räuchertofu längs in dünne Streifen schneiden. Beide Saucen mischen, den Tofu einlegen und 30 Min. marinieren. Das Vleisch mit 4 Stößen Raucharoma aus der Sprühflasche aromatisieren, zu V-Rouladen aufklappen, innen salzen, pfeffern und mit Senf bestreichen. Gewürzgurken in dünne Scheiben schneiden. Die V-Rouladen mit Gurken- und Tofuscheiben belegen, straff aufrollen und mit Küchengarn fixieren. In einer Pfanne das Butterschmalz erhitzen und die Rouladen darin ringsum kross anbraten. Bei Verwendung von selbst gemachtem Seitan Nr. 3): 600 g Seitan-Rohmasse zwischen zwei gefetteten Lagen Frischhaltefolie mit dem Nudelholz ca. 1,5 cm dick ausrollen, in Rechtecke (ca. 10 × 20 cm) schneiden und füllen, wie beschrieben (evtl. statt Räuchertofu gleiche Menge Vantastic Schinken Aufschnitt verwenden). Mit Küchengarn fixieren und die Seitan-Rouladen in der Marinade 1 Std. bei niedriger Hitze köcheln, dann herausnehmen, trocken tupfen und ringsum kross anbraten.

SAUCE
Schokolade fein reiben und mit den übrigen Zutaten (außer dem Zucker) in einem Topf aufkochen. Alles gut durchrühren und bei mittlerer Hitze sämig einkochen. Die Sauce mit Zucker würzen.

ROTKOHL UND KNÖDEL
Den Rotkohl erhitzen und mit Preiselbeeren oder Orangensaft verfeinern. Brötchen in Scheiben schneiden und in eine Schüssel geben. Zwiebel schälen, fein hacken und in der Butter glasig anschwitzen. Die Milch zugießen und kurz aufkochen. Die Brötchen damit übergießen und 10 Min. ziehen lassen. Ei, Petersilie, etwas Salz und Pfeffer zufügen. Alles gut durchkneten, zu kleinen Knödeln formen und in Salzwasser in 15–20 Min. gar ziehen lassen.

FERTIGSTELLEN
Knödel abkühlen lassen, in Scheiben schneiden und in der Butter goldgelb braten. Den Rotkohl auf Teller verteilen. Rouladen schräg in Stücke schneiden, mit den Knödeln darauf anrichten, mit der Sauce nappieren und mit Schnittlauchstücken garniert servieren.

Veganize me!

Butterschmalz und Butter durch vegane Bratmargarine, Milch durch Haferdrink ersetzen und statt Ei veganes Eipulver mit Kochcreme anrühren. Bei den BBQ-Saucen und dem Wein für den Rotkohl auf vegane Herstellung achten.

ICH WOLLT ICH WÄR EIN VUHN!

VÜHNERFRIKASSEE MIT WILDREIS

Sowohl die in diesem Rezept verwendeten Like Chicken Chunks wie auch die selbst gemachte Seitan-Alternative kommen texturell dem gekochten Fleisch von Hühnerkeulen schon recht nahe. Leider schmecken sie nach nichts. Kein Problem, denn dafür haben wir unsere Vühner-Wundermarinade entwickelt. Mit ihr lassen sich sämtliche Chicken Chunks pimpen und z. B. auch für Geschnetzeltes oder Wok-Pfannen einsetzen.

FÜR 4 PERSONEN
Zubereitungszeit: ca. 45 Min.
Marinierzeit: 3 Std.
Pro Portion ca. 1.220 kcal, 45 g E, 65 g F, 90 g KH

FÜR DAS VLEISCH
500 ml Milch, 3 EL CHEF Vegan Flüssig Konzentrat Huhngeschmack
50 ml Gin, 75 ml trockener Wermut (z. B. Noilly Prat), 5 Lorbeerblätter
2 Stängel Majoran, 1 EL Wacholderbeeren
1 EL Korianderkörner, ½ TL gemahlener Piment, 540 g Like Chicken (3 Packungen)

FÜR DAS FRIKASSEE
100 g Möhren, 50 g Staudensellerie
3 Schalotten, 200 g weiße Champignons
4 Stangen weißer Spargel (auch TK)
50 g Butterschmalz, 2 EL Mehl
200 ml weißer Portwein
300 g Erbsen (frisch oder TK)
300 g Sahne (mind. 30 % Fett)
1 EL Worcester-Sauce
4 EL gehackte krause Petersilie
Salz, weißer Pfeffer, Zucker, Zitronensaft

FÜR DEN REIS
300 g Wildreismischung, Salz, 75 g Butter

ZUM FERTIGSTELLEN
1–2 EL gehackte Petersilie zum Garnieren

FLEISCHALTERNATIVE
Like Meat Like Chicken (Basis: Sojaprotein); ersatzweise selbst gemachter Seitan Nr. 2 (Weizengluten, s. S. 34)

Veganize me!

Vegane Bratmargarine, Mandelmilch und Kochcreme sowie vegane Worcester-Sauce verwenden. Bei Gin und Weinen auf vegane Herstellung achten.

VLEISCH

Alle Zutaten in einem Topf aufkochen, Like Chicken Chunks einlegen und 20 Min. bei niedriger Hitze köcheln, dann 3 Std. abkühlen lassen. Die Chicken Chunks aus der Marinade nehmen und sorgfältig trocken tupfen. Die Marinade durch ein feines Sieb passieren und auffangen. Bei Verwendung von selbst gemachtem Seitan Nr. 2: 600 g der fertig gekochten Masse in kleine Stücke zerreißen und weiterverfahren, wie mit den Like Chicken Chunks beschrieben.

FRIKASSEE

Möhren putzen und in dünne Scheiben schneiden. Sellerie waschen, putzen und klein würfeln. Die Schalotten abziehen und ebenfalls in kleine Würfel schneiden. Champignons putzen und blättrig schneiden. Spargel schälen, holzige Enden entfernen und die Stangen in Stücke schneiden. In einer großen hohen Pfanne das Butterschmalz erhitzen. Die Vleischstücke mit Mehl bestäuben und mit den Schalotten darin 5 Min. bei mittlerer Hitze braten. Möhren und Sellerie zugeben und 3 Min. mitbraten. Alles mit dem Portwein ablöschen und diesen vollständig reduzieren. 300 ml Marinadeflüssigkeit, Spargel, Pilze und Erbsen zugeben und 5 Min. kochen. Sahne, Worcester-Sauce und Petersilie untermischen und alles weitere 5–8 Min. garen, bis das Frikassee schön sämig ist, dann mit Salz, weißem Pfeffer, Zucker und Zitronensaft würzen.

REIS

Die Wildreismischung in einem Sieb 3 Min. unter fließendem Wasser abbrausen. In einem Topf 600 ml Wasser mit ½ TL Salz aufkochen, Wildreismischung zugeben, umrühren und zugedeckt bei niedriger Hitze 25–30 Min. köcheln lassen, bis der Reis das Wasser komplett aufgenommen hat, dann die Butter unterrühren.

FERTIGSTELLEN

Den Reis auf Teller verteilen. Das Frikassee abschmecken und darauf anrichten. Alles mit Petersilie bestreuen und servieren.

UNGARN VEGAN!

V-GULASCH MIT ROTKOHL UND NUDELN

Veganize me!

Vegane Bratmargarine statt Butterschmalz verwenden. Bei den Weinen und dem Essig auf vegane Herstellung achten.

In vielen Fleischrezepten wird Gulasch auf der Herdplatte gekocht. Viel zarter und mürber wird es, wenn man es nach dem scharfen Anbraten im geschlossenen Bräter im Backofen schmort. Das liegt daran, dass hier die Hitze von allen Seiten auf die Zutaten wirken kann und nicht nur von unten. Und wen bei Ungarns Nationalgericht das Fleisch stört, findet mit unseren Medaillons aus europäischem Soja eine rundum herzhafte Alternative.

FÜR 4 PERSONEN
Zubereitungszeit: ca. 3 Std. 30 Min.
Marinierzeit: 4 Std.
Pro Portion ca. 1.640 kcal,
75 g E, 35 g F, 185 g KH

FÜR DAS VLEISCH
1,5 l Marinade Nr. 1 (s. S. 31)
300 g Soja-Medaillons

FÜR DAS GULASCH
750 g rote Zwiebeln, 5 Knoblauchzehen
4 rote Spitzpaprika, 50 g Shiitake
150 g braune Champignons
50 g getrocknete Tomaten
75 g Butterschmalz, 1 EL Rohrzucker
100 ml Madeira, 100 ml roter Portwein
500 ml Rotwein
200 ml Wurzelgemüsefond (s. S. 28)
50 g Umami-Würzpaste (s. S. 29)
2 EL CHEF Vegan Flüssig Konzentrat Rindsgeschmack, 250 g geschälte Tomaten (aus der Dose), 4 EL gehackte Majoranblätter, 1 TL gemahlener Kümmel
2 EL rosenscharfes Paprikapulver
Salz, Pfeffer, Zucker

FÜR DEN ROTKOHL UND DIE NUDELN
800 g Rotkohl, 1 EL feines Meersalz
1 EL Rohrzucker, 100 ml Orangensaft
150 g rote Zwiebeln, 1 Apfel, 2 EL Butterschmalz, 1 Prise Zucker, 50 ml Portwein
300 ml trockener Rotwein, 3 EL Rotweinessig, 4 Lorbeerblätter, 1 EL Wacholderbeeren, 1 TL gemahlene Nelken, ½ TL Zimtpulver, 4 EL Preiselbeeren (aus dem Glas)
Salz, Pfeffer, 400 g bunte Fusilli

ZUM FERTIGSTELLEN
1 Bio-Orange, Petersilie zum Garnieren

FLEISCHALTERNATIVE
Vegane Soja-Medaillons (Basis: Sojaprotein); ersatzweise Vantastic foods Medaillons aus Soja (Sojaprotein)

VLEISCH

Die Marinade aufkochen, Soja-Medaillons einlegen und bei mittlerer Hitze zugedeckt 1 Std. kochen, vom Herd ziehen und 4 Std. abkühlen lassen. Die Soja-Medaillons abgießen und trocken tupfen. Bei Soja-Unverträglichkeit Würfel aus Seitan Nr. 3 (s. S. 35) verwenden – allerdings ist das Kaugefühl nicht ganz so authentisch.

GULASCH

Den Backofen auf 130° vorheizen. Zwiebeln und Knoblauch schälen und fein würfeln. Paprika waschen, putzen und würfeln. Pilze putzen und in dünne Scheiben schneiden. Getrocknete Tomaten fein hacken. In einem großen Bräter das Butterschmalz erhitzen und die Vleischstücke darin bei starker Hitze 4–5 Min. anbraten. Paprika, Zwiebeln, Knoblauch und Zucker zugeben und 5 Min. mitbraten. Pilze, getrocknete Tomaten und Madeira zufügen und die Flüssigkeit vollständig reduzieren. Den Portwein angießen und wieder einkochen lassen. Rotwein, Fond, Würzpaste und Konzentrat, geschälte Tomaten in Stücken, Majoran und Gewürze unterrühren. Das Gulasch im Ofen zugedeckt 2 Std. schmoren, anschließend mit Salz, Pfeffer und Zucker abschmecken.

ROTKOHL UND NUDELN

Rotkohl putzen, fein hobeln, mit Salz und Zucker kneten. Orangensaft angießen und den Kohl 1 Std. marinieren. Zwiebeln und Apfel schälen und diesen entkernen. Beides fein würfeln, in Butterschmalz bei starker Hitze mit dem Zucker 5 Min. braten, dann mit dem Portwein ablöschen und diesen vollständig reduzieren. Rotkohl, Wein, Essig und Gewürze zugeben und alles bei mittlerer Hitze unter gelegentlichem Rühren 20 Min. kochen. Preiselbeeren unterheben und 5 Min. mitgaren, dann alles mit Salz und Pfeffer abschmecken. Die Nudeln in Salzwasser al dente kochen.

FERTIGSTELLEN

Orange heiß waschen, trocken tupfen und die Schale in Zesten abziehen. Nudeln und Gulasch auf Tellern anrichten und mit Petersilie bestreuen. Rotkohl mit den Zesten bestreuen und dazu reichen.

GREENPLEASE!

GRÜNKOHL MIT V-KASSLER, V-SPECK UND BRATVURST

Grünkohl hat, wenn man ihn in Wasser kochen würde, nur 28 Kalorien pro 100 g. Aber wer will das schon, wenn er doch trotz rein vegetarischer Zutaten mitsamt dem V-Speck und -Leberkäse, dem Zucker, den fetten Kartöffelchen, der unter der Gabel vor Freude spritzenden Bratvurst sowie dem kühlen Pils dazu und dem Korn hinterher den Abend mit 50-mal so vielen Kalorien hochleben lassen kann?

Veganize me!

Alle im Rezept erwähnten Fleischalternativen sind vegan. Butterschmalz durch vegane Bratmargarine ersetzen. Beim Wein auf vegane Herstellung achten.

FÜR 4 PERSONEN
Zubereitungszeit: ca. 1 Std.
Marinierzeit: 3 Tage
Pro Portion ca. 1.695 kcal,
85 g E, 95 g F, 105 g KH

FÜR DAS VLEISCH
50 g Pökelsalz 0,5 %, 2 Lorbeerblätter
5 Wacholderbeeren, 1 TL Senfkörner
½ TL gemahlene Muskatblüte
½ TL gemahlener Ingwer
½ TL gemahlener weißer Pfeffer
1 TL gerebelter Thymian
1 TL gerebelter Majoran
2 Scheiben veganer Leberkäse
(2 Packungen; z. B. Veggyness)
6 EL Öl zum Braten
500 g Vantastic foods Veganer
Räucherspeck am Stück
(2 Packungen; als V-Kassler)
4 vegane Bratwürste (z. B. Meatless Farm)

FÜR DEN GRÜNKOHL
4 große Zwiebeln, 4 säuerliche Äpfel
Salz, Pfeffer
200 g V-Speck Nr. 2 (s. S. 36)
2 EL Rohrzucker, 100 g Butterschmalz
250 ml trockener Weißwein
800 g Grünkohl (aus der Dose, z. B. Lüders
Stramme Packung)
400 ml Wurzelgemüsefond (s. S. 28)

FÜR DIE KARTOFFELN
1 kg kleine Kartoffeln (z. B. Drillinge)
50 g Butterschmalz, 1 EL grobes Meersalz
1 EL Puderzucker, Fleur de Sel, Pfeffer

ZUM FERTIGSTELLEN
Raucharoma (z. B. The Original Australian
– Liquid Smoke Hickory Natural)

FLEISCHALTERNATIVE
Veggyness Veganer Fleischkäse (Weizen; ersatzweise Vantastic foods Vegane Brotzeitscheibe (Seitan); Vantastic foods Veganer Räucherspeck am Stück (Soja- und Weizenprotein) als „Kassler“; Meatless Farm Bratwurst (Soja); ersatzweise Taifun Räuchertofu (Sojabohnen), Like Meat Like Schinkenbratwurst (Erbsenprotein); V-Speck aus Vantastic foods Big Steaks (Basis: Sojaprotein) als Kohlzutat

VLEISCH

In einem Topf 1 l Wasser zum Kochen bringen und das Pökelsalz darin auflösen. Die Lorbeerblätter, Gewürze und Kräuter zufügen und alles bei mittlerer Hitze 15 Min. kochen. Die Pökellake abkühlen lassen. Vegane Leberkäsescheiben (oder Vantastic Vegane Brotzeitscheiben) in einem verschließbaren Gefäß mit der Pökellake übergießen und 3 Tage im Kühlschrank marinieren. Herausnehmen, die Scheiben unter fließendem Wasser abspülen und mit Küchenpapier gut trocken tupfen. In einer Pfanne 2 EL Öl erhitzen und die V-Leberkäsescheiben darin goldbraun braten, diagonal teilen und warm halten. V-Räucherspeck in 4 Stücke schneiden, in 2 EL Öl kross braten und warm halten. Bratwürste direkt vor dem Servieren im restlichen Öl goldbraun braten.

GRÜNKOHL

Den Backofen auf 180° vorheizen. Die Zwiebeln schälen und klein würfeln. Äpfel schälen, entkernen und ebenfalls in kleine Würfel schneiden. Den V-Speck in dünne, 2 cm lange Streifen schneiden. Alles mit dem Rohrzucker mischen. In einem großen Topf oder Bräter (mit Deckel) das Butterschmalz stark erhitzen und die Zwiebelmischung darin unter ständigem Rühren 5 Min. braten. Mit dem Weißwein ablöschen und diesen auf die Hälfte reduzieren. Inzwischen den Grünkohl in eine Schüssel geben, mit beiden Händen klein zerpflücken und in den Topf geben. 200 ml Fond angießen, alles umrühren und kurz aufkochen lassen. Den Grünkohl zugedeckt im Ofen 45 Min. schmoren. Herausnehmen, den übrigen Fond angießen und den Grünkohl offen weitere 15 Min. braten, bis die Flüssigkeit verdampft ist, dann mit Salz und Pfeffer würzen. Den Grünkohl abschmecken.

KARTOFFELN

Den Backofen auf 180° vorheizen. Die Kartoffeln gut waschen, bei Bedarf bürsten und trocken tupfen. In großer Pfanne das Butterschmalz erhitzen und die Kartoffeln darin bei starker Hitze 5 Min. unter Wenden rösten, dann auf einem mit Backpapier belegten Backblech verteilen, salzen und mit dem Puderzucker bestäuben. Die Kartoffeln im Ofen ca. 20 Min backen. Herausnehmen, in eine Schüssel geben, mit Fleur de Sel und Pfeffer würzen.

FERTIGSTELLEN

V-Räucherspeck mit 4 Sprühstößen Raucharoma besprühen und mit dem V-Kassler, Grünkohl, den Kartoffeln und der Bratvurst auf Tellern anrichten und servieren. Nach Belieben verschiedene Sorten Senf und Meerrettich dazu reichen.

HOPS, HOPS, KLEINER KLOPS!

KÖNIGSBERGER KLOPSE MIT BOUILLONKARTOFFELN UND BETEN

Laut Forsa-Umfrage kennen über 90 Prozent der Deutschen dieses ostpreußische Gericht. Das dortige Kaliningrad hieß im 19. Jahrhundert Königsberg, aus der Zeit stammen die ersten Rezepte – damals schon mit für die deutsche Küche ungewöhnlichen Aromagebern wie Zitrone, Kapern und Sardellen zum Kalbshack. Wir brauchen weder Salzfische noch Jungkühe und lassen mit Algen und Tofu die Klopse hopsen.

Veganize me!

Butter durch vegane Bratmargarine, Milch und Sahne durch Haferprodukte ersetzen. Statt Ei im Klopsteig Ei-Ersatzpulver mit etwas Kochcreme anrühren. Salz für die Bete ohne Eiweiß, aber mit 60 g Mehl vermischen. Bei den Essigen und dem Wein auf vegane Herstellung achten.

FÜR 4 PERSONEN
Zubereitungszeit: ca. 1 Std.
Marinierzeit: 12 Std. 30 Min.
Backzeit: 1 Std.
Pro Portion ca. 1.445 kcal,
100 g E, 60 g F, 100 g KH

FÜR DIE V-KLOPSE
600 ml Marinade Nr. 2 (s. S. 32)
20 g Nori-Algen (am Stück)
400 g Sonnenblumenhack
200 g Nusstofu
50 g Sojaproteinpulver, 50 g Paniermehl
2 Schalotten, 75 g Butter
100 g Kapern + 2 EL Kapernsud (aus dem Glas)
1 Ei, 1 EL Dijonsenf
2 EL fein gehackte Petersilie
1 Bio-Zitrone, Salz, weißer Pfeffer
frisch geriebene Muskatnuss
500 ml Wurzelgemüsefond (s. S. 28)
150 g Gemüse-Jus (s. S. 30)
4 Lorbeerblätter
20 g Mehl, 100 ml Weißwein
250 g Sahne, Zucker

FÜR DIE BOUILLONKARTOFFELN
800 g kleine vorwiegend festkochende Kartoffeln
500 ml Wurzelgemüsefond (s. S. 28)
150 g Gemüse-Jus (s. S. 30), 50 g Butter

FÜR DEN ROTE-BETE-SALAT
4 große Rote Beten, 3 Eiweiß
2 kg grobes Meersalz, 30 g Mehl
4 EL gereifter Aceto balsamico
2 EL Rotweinessig, 2 EL Kürbiskernöl
Salz, Pfeffer
25 g Sonnenblumenkerne
25 g Kürbiskerne
4 EL Schnittlauchröllchen

ZUM FERTIGSTELLEN
1 Bund Dill

FLEISCHALTERNATIVE
Sonnenblumenhack, Alberts Nusstofu (Basis: Sojabohnen) und Sojaproteinpulver (oder Erbsenproteinpulver); ersatzweise Rügenwalder Veganes Mühlen Hack (Sojaprotein)

V-KLOPSE

Marinade und Algen aufkochen, das Sonnenblumenhack damit übergießen und mindestens 12 Std. marinieren, anschließend abgießen (die Marinade kann nicht wiederverwendet werden) und die Algen entfernen. Nusstofu sehr fein reiben, mit Sojaproteinpulver und Paniermehl zum V-Hack geben. Schalotten schälen, sehr fein würfeln und in 20 g Butter glasig anschwitzen. 40 g Kapern fein hacken, mit Schalotten, Ei, Senf und Petersilie zugeben und alles zu einem homogenen Vleischteig verkneten. Zitrone heiß waschen, trocken tupfen, 1 TL Schale abreiben und etwas Saft auspressen. Die Masse mit Zitronenschale, Salz, weißem Pfeffer und Muskat kräftig würzen und daraus 12–16 Klöße formen. In einem Topf Fond, Jus und Lorbeerblätter aufkochen, die Hitze reduzieren und die Klopse darin in 15 Min. gar ziehen lassen, anschließend abgießen und den Sud auffangen. Lorbeerblätter entfernen und die Klopse warm halten. In einem Topf die übrige Butter erhitzen und das Mehl darin unter Rühren hell anschwitzen. Weißwein, 100 ml Garsud und den Kapernsud unterrühren und alles 20 Min. bei niedriger Hitze unter Rühren kochen. Sahne einrühren und die Sauce auf die gewünschte Konsistenz einkochen lassen, dann mit Salz, Zucker, Pfeffer, Muskat und Zitronensaft abschmecken.

BOUILLONKARTOFFELN

Kartoffeln schälen und in der Fond-Jus-Mischung weich kochen, anschließend abgießen und ausdampfen lassen. In einer Pfanne die Butter erhitzen und die Kartoffeln darin schwenken.

ROTE-BETE-SALAT

Den Backofen auf 180° vorheizen. Rote Beten putzen, waschen, aber nicht schälen. Eiweiße aufschlagen, mit Salz und Mehl mischen und zu einem Drittel in einer mittelgroßen Auflaufform verteilen. Rote Beten eindrücken, mit der übrigen Salzmischung bedecken und diese gut andrücken. Die Beten im Ofen 1 Std. backen. Beide Essige mit Öl, Salz und Pfeffer verrühren. Sonnenblumen- und Kürbiskerne ohne Fett goldgelb rösten. Die Salzkruste aufklopfen, die Beten etwas abkühlen lassen und die Schale mit einem Messer abkratzen. Rote Beten in dünne Scheiben schneiden, noch warm mit der Sauce vermischen und 30 Min. marinieren.

FERTIGSTELLEN

Die Klopse in der Sauce erhitzen, mit den Bouillonkartoffeln auf Tellern anrichten und mit den restlichen Kapern bestreuen. Den Rote-Bete-Salat daneben verteilen. Dill waschen, trocken schütteln, die Spitzen abzupfen, alles damit bestreuen und servieren.

HALT'S MAUL, TASCHE!

V-MAULTASCHENSUPPE MIT RÖSTZWIEBELN

Schon in dunklen Vorzeiten war der schwäbische Erfindungsreichtum Legende: Weil sie weder das kirchliche Fleischverbot in der Fastenzeit brechen wollten noch auf eine deftige Mahlzeit zu verzichten bereit waren, verhüllten Sie ihr Hack vor den Augen des Herrn in Nudelteig. Bis heute sind die Maultaschen im Volksmund als Herrgottsbscheißerle bekannt. Unsere V-Hack-Füllung setzt dem Beschiss ein Ende.

FÜR 4 PERSONEN
Zubereitungszeit: ca. 30 Min.
Ruhezeit: 30 Min.
Pro Portion ca. 600 kcal,
25 g E, 30 g F, 60 g KH

FÜR DEN TEIG
200 g Weizenmehl, 1 Ei
3 Eigelb, ½ TL Olivenöl, 1 Prise Salz

FÜR DIE FÜLLUNG
250 g veganes Hack, 300 g Spinat
5 Stängel krause Petersilie, Salz
50 g Paniermehl, 1 EL mittelscharfer Senf
50 g Crème fraîche, Pfeffer
frisch geriebene Muskatnuss

FÜR DIE SUPPE
1,2 l Wurzelgemüsefond (s. S. 28)
4 EL CHEF Vegan Flüssig Konzentrat
Rindsgeschmack, 1 große Zwiebel, Salz
1 TL Mehl, 30 g Butterschmalz

ZUM FERTIGSTELLEN
krause Petersilie zum Garnieren

AUSSERDEM
Mehl zum Arbeiten

FLEISCHALTERNATIVE
Rügenwalder Veganes Mühlen Hack (Basis: Sojaprotein); ersatzweise Beyond Meat Beyond Mince (Erbsenprotein)

Veganize me!

Für den Teig 160 ml Wasser, 7 g Salz, 250 g Weizenmehl (Type 550) und 1 TL Olivenöl zu einem glatten Teig verkneten. Zur Kugel formen und 30 Min. kühl ruhen lassen. Butterschmalz durch vegane Bratmargarine und Crème fraîche durch vegane Kochcreme ersetzen und veganen Senf verwenden.

TEIG

Das Mehl mit Ei, Eigelben, Öl und Salz vermischen und von Hand rasch durchkneten, dabei die Hände immer wieder befeuchten, bis ein glatter, fester Teig entsteht. Zur Kugel formen, den Teig in Frischhaltefolie wickeln und 30 Min. kühl ruhen lassen.

FÜLLUNG

Das V-Hack in eine Schüssel geben. Spinat verlesen, putzen und waschen. Die Petersilie waschen, die Blätter abzupfen und mit dem Spinat in kochendem Salzwasser 3 Min. blanchieren, anschließend in ein Sieb abgießen, ausdrücken und fein hacken. Paniermehl, Senf, Spinatmischung und Crème fraîche zum V-Hack in die Schüssel geben und alles gut vermengen. Den Vleischteig mit Salz, Pfeffer und Muskat würzen und abschmecken.

SUPPE

In einem Topf den Fond mit dem Konzentrat kurz aufkochen (wenn die Suppe klarer sein soll, durch einen Kaffeefilter gießen). Die Zwiebel schälen, in feine Ringe schneiden oder hobeln, salzen und mit dem Mehl bestäuben. In einer Pfanne das Butterschmalz erhitzen und die Zwiebelringe darin bei mittlerer Temperatur goldgelb rösten.

FERTIGSTELLEN

Den Nudelteig halbieren und jeweils auf einem bemehlten Brett zu einer dünnen Bahn ausrollen. Den Teig mit der Füllung bestreichen, dabei oben einen ca. 1 cm breiten Rand frei lassen. Den Teig vorsichtig aufrollen, dabei wiederholt leicht flach drücken. Mit einem Tellerrand 5–6 cm breite Stücke von der Rolle abtrennen. Die Maultaschen in die heiße, aber nicht kochende Suppe einlegen und in ca. 10 Min. gar ziehen lassen. Die Suppe mit den Maultaschen in tiefe Teller oder Schalen verteilen, mit Röstzwiebeln toppen, mit Petersilie bestreuen und servieren.

LINSEN-GRINSEN!

SCHWÄBISCHER LINSENTELLER MIT VIENERLE

Linsen gehören zu den ältesten vom Menschen kultivierten veganen Eiweißlieferanten. Und weil diese Pflanzen auch in rauem Terroir gedeihen, waren sie lange Zeit das bevorzugte Ackergut auf den kargen Höhen der Schwäbischen Alb. Deshalb schmeckt unser Linsenteller mit den Original Alb-Leisa am schwäbischsten – inklusive der Veggie-„Saidewirschtle“, damit auch die Schweine was zu lachen haben.

FÜR 4 PERSONEN
Zubereitungszeit: ca. 45 Min.
Einweichzeit: 12 Std.
Pro Portion ca. 1.210 kcal,
55 g E, 50 g F, 135 g KH

FÜR DIE VÜRSTCHEN
16 Vürstchen (3 Packungen)

FÜR DAS GEMÜSE
200 g Linsen (z. B. Alb-Leisa; Fachhandel oder Internet)
100 g kleine schwarze Bohnen
200 g Möhren, 2 Zwiebeln, 25 g Butter
300 ml Wurzelgemüsefond (s. S. 28)
50 g Gemüse-Jus (s. S. 30)
4 Lorbeerblätter, 100 g rote Linsen
100 g gelbe Linsen, Salz, Pfeffer, Apfelessig

FÜR DIE VEGANEN SPÄTZLE
300 g Mehl (ersatzweise Dinkelmehl Type 630)
100 g Hartweizengrieß
3 TL Kala Namak Salz
1 Msp. gemahlene Kurkuma
200 ml Haferdrink, 200 ml Mineralwasser (mit Kohlensäure), 4 TL Olivenöl, Salz

ZUM FERTIGSTELLEN
50 g vegane Bratmargarine
gehackte krause Petersilie zum Garnieren

FLEISCHALTERNATIVE
Rügenwalder Vegetarische Mühlen Würstchen (Basis: Eiweiß / Methylcellulose); ersatzweise Taifun Tofu-Wiener (Sojabohnen)

VÜRSTCHEN
Reichlich Wasser in großem Topf aufkochen, die Hitze auf Minimum stellen, die Vürstchen einlegen und 5 Min. ziehen lassen.

GEMÜSE
Linsen und schwarze Bohnen über Nacht in 5 l Wasser einweichen. Die Möhren putzen und fein würfeln. Zwiebeln schälen und in kleine Würfel schneiden. In einem großen Topf die Butter schmelzen und die Zwiebeln darin bei mittlerer Hitze in 5 Min. glasig anschwitzen. Linsen und Bohnen abgießen, zusammen mit dem Fond, der Jus und den Lorbeerblättern zu den Zwiebeln geben und 25 Min. köcheln lassen. Die Möhren, die roten und gelben Linsen zufügen und alles weitere 10 Min. köcheln lassen, bis die gelben Linsen zu zerfallen beginnen, dann mit Salz und Pfeffer würzen und mit Apfelessig leicht säuerlich abschmecken.

VEGANE SPÄTZLE
Alle Zutaten in einer Rührschüssel mit einem Schneebesen zu einem homogenen, weich fließenden Teig aufschlagen. In einem großen Topf reichlich Salzwasser zum Kochen bringen und den Teig entweder mit einem Spätzlehobel oder mit einem Messer über ein Spätzlebrett ins siedende Wasser hobeln oder schaben. Die Spätzle mit dem Schaumlöffel herausheben, wenn sie an die Oberfläche steigen und in einem Sieb abtropfen lassen.

FERTIGSTELLEN
In einer großen Pfanne die vegane Bratmargarine erhitzen und die Spätzle darin goldgelb anbraten. Die Linsen auf vorgewärmte Teller verteilen und mit gehackter Petersilie bestreuen. Die Vürstchen und Spätzle daneben anrichten und alles servieren.

Veganize me!

Für die Linsen vegane Bratmargarine und 8 Taifun Tofu-Wiener statt Rügenwalder Würstchen verwenden.

HOCH DIE LATTE!

KÖNIGINPASTETEN MIT RAGOÛT FIN

Das mit kleinen Fleischstückchen und weißer Sauce als Pastetenfüllung servierte Ragoût fin ist von keiner deutschen Kaffeehaus-Speisekarte wegzudenken. In Frankreich kennt das aber kein Mensch, denn das Snack-Rezept stammt aus den Berliner Hurenhäusern der 1920er-Jahre – luststeigernde Zutaten wie Hahnenkämme, Stier- und Hammelhoden sollten die Kunden stärken. Auch wir hängen mit feinster Veganküche die Latte hoch.

FÜR 4 PERSONEN
Zubereitungszeit: ca. 50 Min.
Marinierzeit: 3 Std.
Pro Portion ca. 945 kcal,
40 g E, 50 g F, 45 g KH

FÜR DAS RAGOÛT FIN
400 g Lupinen-Geschnetzeltes
600 ml Marinade Nr. 2 (s. S. 32)
4 Stangen weißer Spargel (auch TK)
Salz, je 50 g weiße und braune Shimeji-Pilze (ersatzweise Buchenpilze)
100 g Champignons
75 g Butter, 100 g Erbsen (auch TK)
100 ml Weißwein
25 ml Weißweinessig
100 ml Wurzelgemüsefond (s. S. 28)
1 EL Mehl, 1 EL Kapern, 1 Bio-Zitrone
100 g Crème double, 1 Eigelb
1 EL Worcester-Sauce
Salz, weißer Pfeffer

FÜR DIE PASTETEN
8 Blätterteigpasteten (Königin-Pasteten)

ZUM FERTIGSTELLEN
2 EL gehackte krause Petersilie
2 EL Kresse

FLEISCHALTERNATIVE
Alberts Lupinen Geschnetzeltes (Basis: Süßlupinensamen, Weizeneiweiß); ersatzweise Like Meat Like Chicken (Soja)

Veganize me!

Vegane Blätterteigpasteten einsetzen. Bei der Sauce Pflanzencreme statt Crème double und Bratmargarine statt Butter verwenden und das Eigelb weglassen. Bei Wein, Essig und Worcester-Sauce auf vegane Herstellung achten.

RAGOÛT FIN

Das Lupinen-Geschnetzelte in eine Schüssel geben. Die Marinade aufkochen, die Stücke damit übergießen und 3 Std. abkühlen lassen, anschließend abgießen und die Marinade auffangen (sie kann wiederverwendet werden). Die Vleischstücke trocken tupfen und 2 cm groß würfeln. Spargel schälen, putzen und in Salzwasser bissfest kochen. Die Stangen in 2–3 cm große Stücke schneiden. Die Pilze putzen und die Champignons in Scheiben schneiden. In einem Topf 25 g Butter schmelzen und die Erbsen darin 5–10 Min. anschwitzen. In einer hohen Pfanne 20 g Butter aufschäumen lassen und das Vleisch darin 5 Min. bei mittlerer Hitze garen, aber nicht bräunen. Wein und Essig angießen und beides auf die Hälfte reduzieren. Den Fond angießen und alles 10 Min. bei niedriger Hitze köcheln lassen. Das Vleisch abgießen, dabei die Flüssigkeit auffangen. In einer hohen Pfanne die übrige Butter schmelzen, das Mehl einrühren und hell anschwitzen. Nach und nach den aufgefangenen Fond mit dem Schneebesen unterrühren und bei Bedarf noch etwas Wasser zugeben. Die Kapern hacken, mit den Pilze unterheben und noch 10 Min. mitkochen. Die Zitrone heiß waschen, trocken tupfen, die Schale fein abreiben und mit der Crème double unterziehen, den Saft auspressen. Alles noch 5 Min. köcheln lassen, dann das Eigelb einrühren. Spargel, Erbsen und Vleisch untermischen und 5 Min. in der Sauce erwärmen, aber nicht mehr kochen. Das Ragoût fin mit Worcester-Sauce, Salz, Pfeffer und nach Belieben mit etwas Zitronensaft würzen und abschmecken.

PASTETEN

Den Backofen auf 120° vorheizen. Mit einem kleinen scharfen Messer die Deckel der Pasteten ablösen und bei Bedarf überschüssigen Teig im Inneren entfernen. Pasteten und Deckel auf ein mit Backpapier belegtes Backblech setzen und im Ofen 10 Min. aufbacken.

FERTIGSTELLEN

Die warmen Pasteten auf Teller setzen und mit Ragoût fin füllen. Die Deckel aufsetzen oder anlegen, alles mit Petersilie und Kresse garnieren und servieren. Übriges Ragoût getrennt dazu reichen.

SCHICHT IM SCHACHT!

SCHICHTBRATEN MIT SCHMORSAUCE UND HASSELBACK-SÜSSKARTOFFELN

***Hasselback-Süßkartoffeln backen**: Süßkartoffeln auf ein mit Backpapier belegtes Blech legen und 30 Min. bei 140° backen, dann mit flüssiger Butter übergießen und das Kräutersalz in die Zwischenräume streuen. Die Temperatur auf 225° (Umluft) erhöhen und die Hasselback-Süßkartoffeln in 10 Min. fertig backen.

Veganize me!

Farce mit 25 g Paniermehl statt mit Ei zubereiten. Bei den Süßkartoffeln: vegane Bratmargarine statt Butter verwenden. Auf die vegane Herstellung von Senf und den Weinen achten.

Bei Verwendung von roher Seitanmasse lassen sich daraus sogar Rollbraten herstellen. Allerdings nur mit Füllungen, die die notwendigen langen Garzeiten vertragen. Bei unserem Schichtbraten erzeugen frische Kräuter ätherische Aromen in der Farce, die bis zum Servieren erhalten bleiben. Dieses Gericht maßt sich nicht an, einen Rinderbraten ersetzen zu können, überzeugt aber mit Charakter und herzhaftem Aroma.

FÜR 4 PERSONEN

Zubereitungszeit: ca. 1 Std. 15 Min.
Backzeit: 45 Min.
Pro Portion ca. 2.210 kcal,
165 g E, 100 g F, 190 g KH

FÜR DEN V-SCHICHTBRATEN

1 kg Seitan Nr. 3 (s. S. 35; als Quader von ca. 18 × 10 × 10 cm zubereitet)
300 g Seitan Nr. 1 (s. S. 33)
75 g Shiitake, 3 EL Öl zum Braten
2 EL gehackte Majoranblätter
100 ml trockener Sherry
1 EL gehackte Salbeiblätter
50 g Walnusskerne, 1 Ei, Salz, Pfeffer
2 EL dunkle Misopaste
500 ml Wurzelgemüsefond (s. S. 28)
3 große Yubablätter (à ca. 30 × 20 cm)
4 EL Sojasauce, 2 EL geröstetes Sesamöl
1 EL Raucharoma (z. B. Old Texas Liquid Hickory Smoke)
1 TL Knoblauchpulver
½ TL geräuchertes Paprikapulver (Pimentón ahumado), 1 TL mittelscharfer Senf, 2 TL Alberts Lupinensauce (ersatzweise 1 TL Salz)

FÜR DIE SAUCE

3 Schalotten, 2 EL Öl, 100 ml Marsala
100 g stückige Tomaten (aus der Dose)
500 ml vegane Gravy (s. S. 37)
50 g Umami-Würzpaste (s. S. 29)

FÜR DIE HASSELBACK-SÜSSKARTOFFELN

4 mittelgroße Süßkartoffeln
80 g flüssige Butter, 4 TL Kräutersalz

ZUM FERTIGSTELLEN

Shiso-Kresse zum Garnieren

FLEISCHALTERNATIVE

Seitan Nr. 3, Seitan Nr. 1 (Basis: Weizengluten), große Yubablätter (Sojahaut)

V-SCHICHTBRATEN

Den Seitan waagerecht in 3 gleich dicke Scheiben schneiden. Seitan Nr. 1 in kleine Stücke schneiden. Shiitake klein hacken. In einer Pfanne das Öl erhitzen und die Pilze darin bei mittlerer Hitze 5 Min. braten. 1 EL Majoran und Sherry zugeben und die Pilze zugedeckt 15 Min. dünsten, anschließend offen garen, bis alle Flüssigkeit verdampft ist. Pilze, Seitan Nr. 1, Salbei, übrigen Majoran, Walnüsse und das Ei zu einer glatten Farce mixen, salzen, pfeffern und abschmecken. Für die Bratenkruste in einer großen Pfanne 1 EL Misopaste im Fond auflösen, Yubablätter einlegen und bei niedriger Hitze in ca. 20 Min. weich kochen. Den Backofen auf 140° vorheizen. Sojasauce mit der übrigen Misopaste und den restlichen Zutaten glatt rühren. Yubablätter vorsichtig herausnehmen, einseitig mit der Marinade bepinseln und überlappend auf der Arbeitsfläche auslegen. Eine Scheibe Seitan auflegen, mit der Hälfte der Farce bestreichen und die zweite Scheibe Seitan auflegen. Übrige Farce darauf verteilen und mit der dritte Scheibe bedecken. Yubablätter eng um den V-Braten schlagen, mit angefeuchteten Händen glatt streichen und alles mit Küchengarn wie einen Rollbraten in Form binden. Den V-Braten mit der restlichen Marinade bestreichen und im Ofen 35 Min. backen, dann bei 225° (Umluft) noch ca. 8 Min. weiterbacken, bis die Kruste kross ist.

SAUCE

Schalotten schälen, würfeln, in Öl glasig anschwitzen, dann mit dem Marsala ablöschen und diesen vollständig reduzieren. Übrige Zutaten untermischen und alles in ca. 10 Min. sämig einkochen, anschließend nach Belieben pürieren und die Sauce abschmecken.

HASSELBACK-SÜSSKARTOFFELN

Süßkartoffeln waschen, putzen, trocken tupfen, parallel im Abstand von 5 mm tief ein-, aber nicht durchschneiden und backen*.

FERTIGSTELLEN

Das Küchengarn nach Belieben entfernen, den Braten in ca. 2,5 cm dicke Scheiben schneiden, mit der Sauce und den Hasselback-Süßkartoffeln anrichten und mit Kresse garniert servieren.

KÜCHEN-WATERLOO!!

BEEV WELLINGTON MIT FLOWER SPROUTS UND WILDEM BROKKOLI

Der englische Feldherr Arthur Wellington (1769–1852) hätte sich im Traum nicht vorstellen können, was wir mit seinem Rinderbraten hier so anstellen. Dabei hat er ihn doch nach Napoleons Niederlage bei Waterloo selbst zu einem Polit-Mahl pervertiert: Er ließ das Fleisch eines in der Schlacht getöteten französischen Kavalleriepferdes im Blätterteig braten. Dann doch lieber Seitan in Pilzfarce und Blätterteig wickeln.

FÜR 4 PERSONEN
Zubereitungszeit: ca. 1 Std.
Einweichzeit: 2 Std.
Backzeit: 40 Min.
Pro Portion ca. 1.755 kcal,
205 g E, 85 g F, 115 g KH

FÜR DEN V-BRATEN UND DIE FARCE
1 kg Seitan Nr. 2 (s. S. 34)
2 EL Rote-Bete-Pulver
1 TL gemahlene Kurkuma
200 ml trockener Sherry
50 g getrocknete Steinpilze
2 rote Zwiebeln
75 g Staudensellerie
75 g getrocknete Tomaten
200 g braune Champignons
100 g Shiitake
3 EL neutrales Öl, 2 EL Rohrzucker
200 ml trockener Weißwein
100 ml Portwein
150 ml Wurzelgemüsefond (s. S. 28)
3 EL Umami-Würzpaste (s. S. 29)
1 Ei, 50 g Paniermehl
2 EL gehackte Petersilie

FÜR DAS GEMÜSE
400 g wilder Brokkoli
300 g Flower Sprouts (Kohlröschen/ Kalettes; ersatzweise Palm- oder Grünkohl)
25 ml Walnussöl
150 ml Wurzelgemüsefond (s. S. 28)
50 g Gemüse-Jus (s. S. 30)
Zucker, Pfeffer

ZUM FERTIGSTELLEN
1 Rolle Blätterteig (ca. 30 × 40 cm; 250 g)
1 EL Dijonsenf, 1 Eigelb

FLEISCHALTERNATIVE
Seitan Nr. 2 (Basis: Weizengluten), Pilze und getrocknete Tomaten

Veganize me!

Veganen Blätterteig wählen. Die Farce ohne Ei mit Ei-Ersatzpulver (in Kochcreme aufgelöst) herstellen und den Teig mit Walnussöl statt mit Eigelb bestreichen. Bei den Weinen und dem Senf auf vegane Herstellung achten.

V-BRATEN UND FARCE

Seitan nach Grundrezept zubereiten, aber zusätzlich 2 EL Rote-Bete-Pulver und 1 TL gemahlene Kurkuma in die Trockenzutaten mischen. Alles zu einem Laib in Größe eines Rinderfilet-Mittelstückes formen. Den Sherry aufkochen, die getrockneten Steinpilze damit übergießen und 2 Std. einweichen. Die Zwiebeln schälen und klein hacken. Sellerie waschen, putzen und wie die getrockneten Tomaten klein würfeln. Die Pilze putzen und klein schneiden. In einer großen Pfanne das Öl erhitzen und die Zwiebeln mit dem Zucker darin 5 Min. glasig anschwitzen. Gemüse, Tomaten und Pilze zugeben und 5 Min. mitgaren. Die Steinpilze abgießen, dabei die Einweichflüssigkeit auffangen und durch einen Kaffeefilter gießen. Die Steinpilze hacken, in die Pfanne geben, alles mit Weißwein und Portwein ablöschen und die Flüssigkeit wieder einkochen lassen. Fond und Einweichflüssigkeit angießen, die Würzpaste einrühren und alles ca. 20 Min. bei mittlerer Hitze köcheln lassen, bis die Flüssigkeit vollständig verdampft und die Masse fest ist. Die Masse auf einem Teller ausstreichen und kurz abkühlen lassen. Die Hälfte mit dem Ei im Mixer sehr fein pürieren, dann mit der übrigen Masse, Paniermehl und Petersilie zu einer homogenen, festen Farce kneten und bei Bedarf noch etwas Paniermehl einarbeiten.

GEMÜSE

Brokkoli waschen und in 7–8 cm lange Stücke schneiden. Die Kohlröschen waschen, putzen und größere Exemplare halbieren. In einer beschichteten Pfanne das Öl erhitzen und den Brokkoli darin bei mittlerer Hitze 5 Min. anschwitzen. Flower Sprouts zugeben und 5 Min. mitgaren. Die Hitze erhöhen, Fond und Jus angießen, wieder einkochen und alles mit Zucker und Pfeffer würzen.

FERTIGSTELLEN

Den Backofen auf 180° vorheizen. Ein Backblech mit Backpapier belegen. Den Blätterteig darauf entsprechend groß ausrollen und mit der Farce bestreichen, dabei ringsum einen 3–4 cm breiten Rand frei lassen. Den V-Braten mit Senf bestreichen, in den Blätterteig einschlagen und mit der Naht nach unten auf das Blech setzen. Nach Belieben aus Teigresten Blätter ausschneiden. Das Eigelb mit 2 EL Wasser verquirlen, den Teig damit bestreichen. Falls vorhanden, die Blätter andrücken und ebenfalls mit Eigelb bestreichen. Den V-Braten im Ofen 35–40 Min. backen, bis die Oberfläche goldbraun ist. Herausnehmen und das Beev Wellington noch 5 Min. ruhen lassen, dann mit dem Brot- oder Elektromesser in 3–4 cm dicke Scheiben schneiden, mit dem Brokkoli und den Flower Sprouts auf Tellern anrichten und sofort servieren.

BEIZHALS!

RHEINISCHER SAUERBRATEN MIT ROTKOHL UND KLÖSSEN

Früher wurde für diesen deutschen Klassiker oftmals Pferdefleisch verwendet – vor allem bei der mit Rosinen und Fruchtgelee relativ süß abgeschmeckten Variante des Rheinischen Sauerbratens. Das liegt vor allem am niedrigen pH-Wert der sauren Marinade, die noch die Fasern der ältesten Gäule mürbe macht. Wir lassen Fury natürlich am Leben und legen einen Seitan-Jackfruit-Braten in die Beize.

Veganize me!

Vegane Bratmargarine statt Butterschmalz verwenden.
Bei Essig und Wein auf vegane Herstellung achten.

FÜR 4 PERSONEN
Zubereitungszeit: ca. 3 Std. 30 Min.
Kühlzeit: 2 Std.
Marinierzeit: 3 Tage
Pro Portion ca. 2.240 kcal,
100 g E, 70 g F, 200 g KH

FÜR DEN V-BRATEN
800 g Rohmasse Seitan Nr. 3 (s. S. 35)
300 g Jackfruit (aus der Dose)
1 Möhre, 1 Stange Lauch
200 g Knollensellerie
1 Stange Staudensellerie
3 Zwiebeln, 2 EL Butterschmalz
50 g Rohrzucker, 300 ml Rotweinessig
1 TL Nelken, 1 EL bunte Pfefferkörner
1 EL Wacholderbeeren
4 Lorbeerblätter
700 ml trockener Rotwein
75 g Erbsenproteinpulver
50 g Lupinenproteinpulver
600 ml vegane Gravy (s. S. 37)
50 g Umami-Würzpaste (s. S. 29)
100 g Rosinen, 2 EL Johannisbeergelee
50 g Butterschmalz zum Braten

FÜR DIE KLÖSSE UND DEN ROTKOHL
4 Scheiben Weißbrot
50 g Butter, Salz
750 g Kloßteig für rohe Klöße
800 g Rotkohl (s. S. 169)

ZUM FERTIGSTELLEN
1 Bio-Zitrone
50 g Meerrettichwurzel

FLEISCHALTERNATIVE
Seitan Nr. 3 Rohmasse (Basis: Weizengluten), Jackfruit, Erbsen- und Lupinenproteinpulver

V-BRATEN

Die Seitan-Rohmasse nach Grundrezept herstellen. Jackfruit-Fruchtfleisch von den Kernen befreien und mit den Fingern in Fasern zerteilen. Das Gemüse schälen oder putzen, waschen und grob würfeln. Die Zwiebeln schälen und in größere Stücke schneiden. In einer beschichteten hohen Pfanne das Butterschmalz erhitzen, die Zwiebeln mit dem Zucker darin bei starker Hitze 3 Min. braten, dann mit dem Essig ablöschen. Nelken, Pfefferkörner und Wacholderbeeren im Mörser leicht andrücken (nicht zerstoßen) und mit den Lorbeerblättern und dem vorbereiteten Gemüse dazugeben. Alles kurz aufkochen, auskühlen lassen und den Rotwein zugießen. Seitan-Rohmasse und Jackfruit-Fasern mit beiden Proteinpulvern und 50 ml der Rotweinmarinade zu einem festen Teig kneten. Ist die Masse zu trocken, noch etwas Marinade einarbeiten. Den Vleischteig zu einem Laib formen und 3 Std. dampfgaren, anschließend 2 Std. abkühlen lassen. Den Seitan-Jackfruit-Braten in ein Gefäß mit Deckel (oder in einen Gefrierbeutel) geben, mit der Rotweinmarinade bedecken und 3 Tage im Kühlschrank marinieren. Den V-Sauerbraten entnehmen und trocken tupfen. Die Marinade durch ein feines Sieb passieren und auffangen. In einem Topf vegane Gravy, Würzpaste, 200 ml der aufgefangenen Marinade, Rosinen und Johannisbeergelee aufkochen und die Sauce auf die gewünschte Konsistenz einkochen lassen. In einer großen Pfanne das Butterschmalz stark erhitzen und den V-Braten darin ringsum knusprig anbraten. Mit der Sauce übergießen und alles 10 Min. bei niedriger Hitze köcheln lassen.

KLÖSSE UND ROTKOHL

Das Weißbrot klein würfeln, in der Butter goldbraun braten und salzen. Die Croûtons herausnehmen und kurz auf Küchenpapier abtropfen lassen. Aus dem Kloßteig mit angefeuchteten Händen 20 kleine Klöße formen und mit den Croûtons füllen. In einem Topf 5 l Salzwasser aufkochen, die Hitze reduzieren, die Klöße einlegen und bei niedriger Temperatur in 15 Min. gar ziehen lassen. Den Rotkohl zubereiten und abschmecken.

FERTIGSTELLEN

Den V-Braten mit dem Brot- oder Elektromesser in ca. 2 cm dicke Scheiben schneiden. Den Rotkohl auf vorgewärmte Teller verteilen, den V-Braten darauf anrichten, mit der Sauce nappieren und umgießen. Die Klöße ringsum verteilen. Die Zitrone heiß waschen, trocken tupfen und die Schale in feinen Zesten abziehen. Meerrettich schälen und in sehr feine Streifen hobeln oder schneiden. Den V-Braten mit Zesten und Meerrettich bestreuen und servieren.

BYE, BYE, KÄPT'N IGLU!

VISCHSTÄBCHEN MIT HAUSFRAUENSAUCE UND KARTOFFELSALAT

Keine Zeit?: Wer mal eben schnell Vischstäbchen essen möchte und keine Selbstgemachten mehr im TK-Fach hat, findet im Supermarkt mit den Vantastic Food Fish Fingers (4 Packungen) eine erträgliche Alternative, wenngleich ohne jegliches „Fischaroma".

Veganize me!

Ei bei der Sauce und dem Salat weglassen und vegane Creme statt Crème fraîche beziehungsweise Joghurt verwenden. Für die Panierung Ei-Ersatzpulver anrühren. Bei den Gewürzgurken und dem Essig auf vegane Herstellung achten.

Ob vom Käpt'n oder vom Discounter: Alle Kinder lieben Fischstäbchen, die bekanntlich aus dem Fischstäbchenfisch gewonnen werden – der hat weder Kopf noch Flossen. Erwachsene wissen, dass die Stäbchen kaum nach Fisch schmecken, weil sie aus vor der Totenstarre schockgefrosteten Pollackfilets gesägt werden. Aber muss man für so was noch die Meere leer fischen? Unsere Vischstäbchen sind vegan und schmecken angenehm nach Meer.

FÜR 4 PERSONEN
Zubereitungszeit: ca. 2 Std.
Marinierzeit: 3 Std.
Kühlzeit: 2 Std.
Pro Portion ca. 2.190 kcal, 100 g E, 135 g F, 125 g KH

FÜR DIE VISCHSTÄBCHEN
700 g Seitan Nr. 2 Rohmasse (s. S. 34)
400 g Jackfruit (aus der Dose)
750 ml Marinade Nr. 3 (s. S. 32)
50 g Lupinenproteinpulver
3 Eier, 5 EL Haferdrink, 150 g Paniermehl
1 TL rosenscharfes Paprikapulver
½ TL gemahlene Kurkuma
2 EL Hefeflocken, 50 g Mehl

FÜR DIE HAUSFRAUENSAUCE
1 hart gekochtes Ei
400 g vegane Mayonnaise (s. S. 38)
2 EL fein gewürfelte Gewürzgurken
3 EL fein gewürfelter saurer Apfel
1 EL fein gehackte Kapern, 2 EL fein gehackte Petersilie, 2 EL Schnittlauchröllchen
100 g Crème fraîche
je 1 Prise Zucker und weißer Pfeffer

FÜR DEN KARTOFFELSALAT
800 g vorwiegend festkochende Kartoffeln
Salz, 3 EL Traubenkernöl
4 EL Weißweinessig, Pfeffer, Zucker
2 hart gekochte Eier, 100 g Radieschen
1 TL feines Meersalz, 250 g Joghurt
100 g Crème fraîche, 50 g Mais (aus der Dose), 50 g Erbsen (aus der Dose)

ZUM FERTIGSTELLEN
gehackte glatte Petersilie zum Bestreuen
1 Bio-Zitrone (in Spalten)

VISCHALTERNATIVE
Seitan Nr. 2 (Basis: Weizengluten, Lupinenproteinpulver) und Jackfruit; ersatzweise Vantastic foods Vantastic Fish Fingers (Sojaprotein)

VISCHSTÄBCHEN

Die Seitan-Rohmasse Nr. 2 nach Grundrezept herstellen. Die Jackfruit mit den Finger zu Fasern zerteilen, dabei die Kerne entfernen. Die Marinade kurz aufkochen, Jackfruit zugeben, vom Herd ziehen und 3 Std. marinieren, dann durch ein Sieb abgießen und die Marinade auffangen (sie kann wiederverwendet werden). Die Fasern gut ausdrücken und trocken tupfen. Seitan-Rohmasse, Jackfruit und Lupinenproteinpulver homogen verkneten und zu einem ca. 2 cm dicken Rechteck (42 × 18 cm oder zu 2 Rechtecken 21 × 18 cm) formen und 1 Std. dampfgaren, anschließend 2 Std. abkühlen lassen. Den Backofen auf 220° (Umluft) vorheizen. Aus dem kalten Seitan 28 Streifen à 9 × 3 × 2 cm (Originalgröße Fischstäbchen) schneiden. Die Eier in einem tiefen Teller mit dem Haferdrink verquirlen. Das Paniermehl in einem zweiten Teller mit den Gewürzen mischen. Die Vischstäbchen ringsum mit dem Mehl bestäuben, durch die Eimasse ziehen und zum Schluss mit der Paniermehl-Gewürz-Mischung panieren. Die Panierung gut andrücken. Die Vischstäbchen auf einem mit Backpapier belegten Rost verteilen und im Ofen in 12–15 Min. goldbraun backen, dabei nach ca. 8 Min. vorsichtig wenden.

HAUSFRAUENSAUCE

Ei pellen, fein hacken und mit den übrigen Zutaten vermengen.

KARTOFFELSALAT

Kartoffeln schälen und in Salzwasser nicht zu weich kochen, anschließend abgießen, noch heiß in dünne Scheiben schneiden und mit Öl, Essig, Salz, Pfeffer und Zucker vermengen. Die Eier pellen und fein hacken. Radieschen waschen, putzen, in Scheiben hobeln, mit dem Meersalz mischen und 10 Min. ziehen lassen. Anschließend die vorbereiteten mit den übrigen Zutaten mischen.

FERTIGSTELLEN

Kartoffelsalat auf Teller verteilen und mit Petersilie bestreuen. Vischstäbchen daneben anrichten und mit Zitronenspalten servieren. Die Hausfrauensauce separat dazu reichen.

TINTENBALL!

V-CALAMARES MIT KNOBLAUCH-FENCHEL-DIP

Panierte und frittierte Tintenfisch-Reifen sind nicht nur in griechischen Lokalen der Renner, auch bei den Italienern und Spaniern schätzt man dieses Fingerfood als „Calamares a la Romana“. Die leicht gummiartige Original-Textur und das zarte Meeresaroma der Sepien lassen sich recht gut imitieren, indem wir Ringe von Veggie-Schnitzeln ausstanzen und vor dem Frittieren in einer speziellen Marinade baden.

FÜR 4 PERSONEN
Zubereitungszeit: ca. 35 Min.
Marinierzeit: 3 Std.
Pro Portion ca. 1.600 kcal,
35 g E, 130 g F, 60 g KH

FÜR DIE V-CALAMARES
500 g Valess Steaks (3 Packungen)
750 ml Marinade Nr. 3 (s. S. 32)
2 Eier
50 ml Weizenbier
2 EL Olivenöl
Salz, Pfeffer
50 g Mehl
150 g Paniermehl
1 l Öl zum Frittieren

FÜR DEN KNOBLAUCH-FENCHEL-DIP
2 Knoblauchzehen
100 g Fenchel
400 g vegane Mayonnaise (s. S. 38)
100 g Crème Fraîche
je 1 Prise Zucker und weißer Pfeffer
1 Spritzer Zitronensaft

ZUM FERTIGSTELLEN
1 Bio-Limette

VISCHALTERNATIVE
Valess Steaks (Basis: Milch); ersatzweise Like Meat Like Schnitzel (Sojaprotein)

Veganize me!

Like Schnitzel statt Valess Steaks verwenden. Crème fraîche durch Kochcreme und die Eier durch nach Packungsanweisung angerührtes Ei-Ersatzpulver ersetzen. Beim Weizenbier auf vegane Herstellung achten.

V-CALAMARES

Die Valess Steaks horizontal halbieren (z. B. mit einer Brotschneidemaschine) und daraus mit 2 verschieden großen Ausstechringen (z. B. 4 und 5 cm Ø) vorsichtig Ringe ausstechen. In einem Topf die Marinade kurz aufkochen und die Ringe einlegen. Den Topf vom Herd ziehen und die „Calamares“ 3 Std. abkühlen lassen. Die Ringe durch ein Sieb abgießen und abtropfen lassen (in diesem Fall kann die Marinade nicht wiederverwendet werden). Eier, Bier, Öl, Salz und Pfeffer in einer Schüssel mit dem Schneebesen verrühren. Den Backofen auf 100° vorheizen. Ein Backblech mit mehreren Lagen Küchenpapier auslegen und einschieben. Die Ringe erst in Mehl wenden, dann durch die Bierteig-Mischung ziehen und zum Schluss mit dem Paniermehl panieren. In einem hohen Topf das Öl auf 180° erhitzen und die „Calamares“ darin portionsweise goldgelb frittieren. Mit dem Schaumlöffel herausheben, kurz abtropfen lassen, auf das vorbereitete Blech legen und im Ofen entfetten und warm halten. Bei Verwendung der Like Schnitzel: Ebenso verfahren, vor dem Halbieren und Ausstechen der Ringe jedoch die Panierung abkratzen.

KNOBLAUCH-FENCHEL-DIP

Den Knoblauch abziehen und sehr fein hacken. Fenchel waschen, putzen und erst in schmale Streifen, dann in feine Würfel schneiden. Etwas Fenchelgrün trocken tupfen und beiseitelegen. Knoblauch und Fenchel mit den restlichen Zutaten vermischen und den Dip vor dem Servieren 1 Std. durchziehen lassen.

FERTIGSTELLEN

Die Limette heiß waschen, trocken tupfen und in schmale Spalten schneiden. Die „Calamares“ nach Belieben in mit Pergamentpapier ausgelegte Schalen verteilen und mit den Limettenspalten servieren. Den Dip nochmals umrühren, abschmecken und mit Fenchelgrün garniert dazu reichen.

DER TEURE JAKOB!

V-JAKOBSMUSCHELN MIT WASABI-SPINAT-RISOTTO

Das Fleisch der von Hand vom Meeresgrund oder Felsvorsprüngen getauchten Jakobsmuscheln ist eine sündhaft teure Superdelikatesse, mit der wir uns weder geschmacklich noch texturell bei unserer Veganisierung anlegen wollen. Allerdings landen fast immer geschmacksneutrale, wässrige oder zähe Tiefsee-Scallops aus Schleppnetzfang als „Jakobsmuschel" auf dem Teller. Dann lieber gleich unsere Pilzmuscheln.

FÜR 4 PERSONEN
Zubereitungszeit: ca. 1 Std. 30 Min.
Marinierzeit: 30 Min.
Pro Portion ca. 1.075 kcal,
25 g E, 60 g F, 80 g KH

FÜR DIE V-JAKOBSMUSCHELN
8 sehr große Kräuterseitlinge
20 g Kombu-Algen
750 ml Marinade Nr. 3 (s. S. 32)
50 g Butter, 4 EL Haselnussöl
100 ml trockener Wermut (z. B Noilly Prat)
Salz, Pfeffer

FÜR DEN WASABI-SPINAT-RISOTTO
600 ml Wurzelgemüsefond (s. S. 28)
150 g Baby-Blattspinat, 1 TL Wasabipaste
50 g Butter, 200 g Risottoreis (z. B. Vialone Nano), 2 Schalotten, 200 ml Muskateller
Salz, Pfeffer

FÜR DIE HOLLANDAISE
40 g Schalottenwürfel, 75 g Ingwerwürfel
2 EL Weißweinessig
100 ml Weißwein
3 EL trockener Wermut (z. B Noilly Prat)
100 ml Wurzelgemüsefond (s. S. 28)
100 g eiskalte Butterwürfel, 2 Eigelb
1 Msp. gemahlene Kurkuma
Salz, weißer Pfeffer, Zitronensaft

ZUM FERTIGSTELLEN
150 g Wakame-Algensalat (Asienladen)
1 EL gerösteter Sesam
1 Prise Shichimi Togarashi (Chilipulver)
100 g veganer Algen-Kaviar (z. B. Cavi-Art)

VISCHALTERNATIVE
Stiele von großen Kräuterseitlingen

Veganize me!

Statt Butter vegane Bratmargarine und statt den Eigelben 4 EL Kochcreme und eine Msp. Kaltbinder (Xanthan oder Johannisbrotkernmehl) verwenden. Bei Wein, Essig und Wermut auf vegane Herstellung achten.

V-JAKOBSMUSCHELN

Die Pilze putzen, die Hüte abschneiden und anderweitig verwenden. Aus den Stielen 16–20 gleich große Stücke in der Dicke von Jakobsmuscheln schneiden. Die Oberseite jeweils mit einem kleinen scharfen Messer gitterartig ca. 3 mm tief einschneiden. Die Algen mit der Schere zerkleinern. In einem Topf die Marinade mit den Algen aufkochen, die Pilzstücke einlegen und 15 Min. bei mittlerer Hitze köcheln lassen. Vom Herd ziehen und die Pilze noch 30 Min. marinieren, dann herausnehmen und trocken tupfen. In einer großen beschichteten Pfanne die Butter mit dem Öl erhitzen, die Pilze mit der eingeschnittenen Seite nach oben einlegen und bei mittlerer Hitze 2 Min. braten, wenden und auf der anderen Seite bei starker Hitze ebenfalls 2 Min. braten. Alles mit dem Wermut ablöschen und bei reduzierter Hitze noch 2–3 Min. köcheln lassen und die „Muscheln" mit Salz und Pfeffer würzen.

WASABI-SPINAT-RISOTTO

In einem Topf den Fond aufkochen und warm halten. Den Spinat verlesen, waschen und abtropfen lassen. Von dem Fond 100 ml abnehmen und den Spinat darin ca. 5 Min. kochen. Die Wasabipaste einrühren und den Spinat mit einem Messer sehr fein hacken. In einem Topf die Butter schmelzen und Reis darin bei mittlerer Temperatur 3 Min. anschwitzen. Die Schalotten schälen, fein hacken und 3 Min. mitgaren. Alles mit dem Wein ablöschen und diesen vollständig reduzieren. Die Spinat-Wasabi-Mischung unterrühren. Nach und nach den Fond zugießen und den Risotto ca. 18 Min. unter Rühren garen, bis der Reis nur noch leichten Biss hat. Den Risotto mit Salz und Pfeffer würzen und abschmecken.

HOLLANDAISE

In einem Topf Schalotten, 25 g Ingwer, Essig, Wein, Wermut und Fond auf ca. 50 ml einkochen. Die Reduktion durch ein Sieb in einen zweiten Topf passieren. Die kalten Butterwürfel bei mittlerer Hitze nach und nach mit dem Schneebesen unterrühren. Eigelbe und Kurkuma unterrühren und den übrigen Ingwer zufügen. Alles mit dem Pürierstab in 2 Min. fein pürieren, durch ein Sieb passieren und mit Salz, weißem Pfeffer und Zitronensaft abschmecken.

FERTIGSTELLEN

Wakame mit Sesam und Shichimi Togarashi mischen. Risotto und Algensalat auf Teller verteilen. Die „Muscheln" mit der eingeschnittenen Seite nach oben darauf anrichten und jeweils mit einer Nocke Algen-Kaviar toppen. Etwas Hollandaise angießen und alles sofort servieren. Die restliche Hollandaise separat dazu reichen.

SCHLEMMER-HÄMMER!

V-SCHLEMMERFILET À LA BORDELAISE MIT BUTTERGEMÜSE

Neben Fischstäbchen, Lachsersatzschnetzeln und Bismarckheringen ist das „Schlemmerfilet à la Bordelaise" für viele Landratten der einzige kulinarische Berührungspunkt mit Fischgerichten. Dabei enthält dieser TK-Klassiker weder eine Bordelaise-Sauce noch die Garnitur à la Bordelaise (in Rotwein blanchiertes Rindermark). Somit ist es auch keine Sünde, wenn wir uns ein veganes Fischfilet basteln.

FÜR 4 PERSONEN
Zubereitungszeit: ca. 2 Std. 45 Min.
Marinierzeit: 3 Std.
Kühlzeit: 2 Std.
Pro Portion ca. 930 kcal,
45 g E, 50 g F, 65 g KH

FÜR DEN VISCH
250 g Seitan Nr. 2 Rohmasse (s. S. 34)
400 g Jackfruit (aus der Dose)
750 ml Marinade Nr. 3 (s. S. 32)
50 g Lupinenproteinpulver

FÜR DIE PANIERUNG
50 g V-Speck Nr. 2 (s. S. 36)
100 g Butter, 100 g Zwiebelwürfel
100 g Paniermehl
50 g Panko (Asienladen)
30 g gehackte Kräuter
(Petersilie, Dill, Schnittlauch)
1 EL süßer Senf, Salz, Pfeffer

FÜR DAS GEMÜSE
4 kleinere Möhren (mit Grün)
1 große gelbe Möhre, 75 g Zuckerschoten
100 g grüne Bohnen, 50 g Butter
150 ml Wurzelgemüsefond (s. S. 28)
50 ml Gemüse-Jus (s. S. 30)
Salz, Pfeffer

ZUM FERTIGSTELLEN
Kresse (z. B. Shiso-Kresse) zum Garnieren

VISCHALTERNATIVE
Seitan Nr. 2 (Basis: Weizenprotein),
Jackfruit, Lupinenproteinpulver

Veganize me!

Butter durch vegane Bratmargarine ersetzen. Beim Senf auf vegane Herstellung achten.

VISCH

Die Seitan-Rohmasse Nr. 2 nach Grundrezept herstellen. Das Jackfruit-Fleisch mit den Fingern zu Fasern zerteilen, dabei die Kerne entfernen. In einem Topf die Marinade kurz aufkochen, Jackfruit zugeben, vom Herd ziehen und 3 Std. marinieren. Anschließend die Fasern durch ein Sieb abgießen und mit Küchenpapier gut ausdrücken. Seitan-Rohmasse, Jackfruit und Lupinenproteinpulver homogen verkneten. Die Masse in vier Portionen teilen, jeweils zu Quadern mit einer Grundfläche von ca. 15 × 10 cm formen und im Dampfgarer oder über kochendem Wasser 2 Std. dampfgaren. Anschließend den Visch 2 Std. abkühlen lassen.

PANIERUNG

V-Speck in sehr feine Würfel schneiden. In einer Pfanne die Butter erhitzen und den V-Speck darin zusammen mit den Zwiebeln bei mittlerer Temperatur 5 Min. hell anschwitzen. Paniermehl, Panko und Kräuter hinzufügen und alles gut vermischen. Die Masse mit Senf, Salz und Pfeffer würzen und abschmecken.

GEMÜSE

Das Gemüse schälen oder putzen und waschen. Das Möhrengrün auf ca. 4 cm kürzen. Gelbe Möhre in Scheiben, Zuckerschoten in Streifen schneiden und die Bohnen halbieren. In einer großen beschichteten Pfanne die Butter schmelzen und das Gemüse darin bei mittlerer Temperatur 5 Min. anschwitzen. Nach und nach Fond und Jus zugeben und das Gemüse bissfest garen. Alles mit Salz und Pfeffer würzen und das Gemüse abschmecken.

FERTIGSTELLEN

Den Backofen auf 180° vorheizen. Die Panierung auf den Vischstücken verteilen und glatt streichen. Die Quader auf ein mit Backpapier belegtes Backblech legen und im Ofen 30–35 Min. backen, bis die Panierung goldbraun ist. Den Visch mit dem Gemüse auf Tellern anrichten, mit Kresse garnieren und servieren.

PRODUKTE

PRODUKT	BASIS 1	WEITERE BASISZUTATEN	ZUSATZSTOFFE	PROTEINGEHALT IN G/100 G	VERWENDUNG IN BUCHREZEPT
Grundprodukte					
Tofu Natur	Sojabohnen	keine	Gerinnungsmittel: Calciumsulfat, Magnesiumchlorid	5–18	Königsberger Klopse
Aromatofu (Rauch, Curry)	Sojabohnen	keine	evtl. Gerinnungs-mittel: Calciumsulfat, Magnesiumchlorid	12–20	Chimichanga, Bami Goreng, Carbonara, Rouladen, Grünkohl
Alberts Nusstofu	Sojabohnen	Haselnüsse	keine	15	Bami Goreng
Alberts Lupinen-Tempeh	Süßlupinen-samen	keine	keine	16,5	Ramen, Bowl
Tempeh	Sojabohnen	keine	keine	16–19	Ramen, Bowl
Seitan natur (Convenience)	Weizen-protein (Gluten)	evtl. Weizenstärke; Soja	bei Bio keine	20–30	Diverse, in verarbeiteter Form z. B. Schnitzel oder Würste
DIY Seitan Nr. 1	Weizen-glutenpulver	Erbsenprotein-pulver, Kicher-erbsenmehl	flüssiges Eisenkonzentrat	ca. 20	Lebervurst
DIY Seitan Nr. 2	Weizen-glutenpulver	Erbsenprotein-pulver, Lupinen-proteinpulver	keine	ca. 27	Wiener Schnitzel, Vühnerfrikassee, Beev Wellington, Schlem-merfilet à la Bordelaise
DIY Seitan Nr. 3	Weizen-glutenpulver	Erbsenprotein-pulver	flüssiges Eisenkonzentrat	ca. 25	Cappelletti-Pesto-Pfan-ne, Rouladen, Schicht-braten, Rheinischer Sauerbraten
Austernpilze	Natur-produkt	keine	keine	3–4	Club Sandwich
Shiitake	Natur-produkt	keine	keine	2–3	Gyozas
Kräuterseitlinge	Natur-produkt	keine	keine	3–4	Gyozas, Pulled Trinity, Jakobsmuscheln
Jackfruit	Jackfruit-Stücke	keine	keine	1	Buffalo Chicken, Gyozas, Bao Buns, Pulled Trinity, Paella, Rheinischer Sauer-braten, Vischstäbchen, Schlemmerfilet à la Bordelaise
Jacky F Smoked Pulled Jackfruit	Jackfruit-Fasern	keine	Rauch	1,2	Lebervurst

PRODUKT	BASIS 1	WEITERE BASISZUTATEN	ZUSATZSTOFFE	PROTEINGEHALT IN G/100 G	VERWENDUNG IN BUCHREZEPT
Hack- und Grundprodukte					
Vantastic foods Soja Granulat (trocken)	Sojaprotein	keine	keine	50	Bolognese, Moussaka, Frühlingsrollen
Sonnenblumenhackgranulat (trocken)	Sonnenblumenprotein	keine	keine	50–55	Vöttbullar, Käse-Hack-Lauch-Suppe, Frühlingsrollen, Königsberger Klopse
Lotao Jackfruit-Granulat (trocken)	Erbsenprotein	Jackfruit-Pulver	keine	71	Bolognese, Bifteki, Moussaka, Frikadellen, Chili sin Carne
Lupinenschrot (trocken)	Süßlupinensamen	keine	keine	43	Gefüllte Auberginen, Chili sin Carne
Veganz oder Vantastic foods Soja-Medaillons oder Soja-Schnetzel (trocken)	Sojaprotein	keine	keine	50	Schaschlik, Gulasch
Vantastic foods Soja Big Steaks (trocken)	Sojaprotein	keine	keine	50	Döner, Grillfackeln, Pulled Trinity, Vitello Sojano, Jägerschnitzel, Saltimbocca, Cordon bleu, Rouladen
Yuba (trocken)	Sojamilch	keine	keine	40	DIY-Speck Nr. 1, Schichtbraten
Meatless Farm Hack	Sojaprotein	Erbsenprotein	Kaliumlactat, Methylcellulose, Sojalecithin, Ascorbinsäure	19	Falscher Hase
Rügenwalder Veganes Mühlen Hack feucht	Sojaprotein	Kokosöl, Rapsöl	Methylcellulose	14	Vöttbullar, Frikadellen, Königsberger Klopse, Maultaschensuppe
Rügenwalder Veganes Mühen Hack trocken	Sojaprotein	Weizenprotein	keine	18	Käse-Hack-Lauch-Suppe, Gefüllte Auberginen
Rügenwalder Vegane Mühlen Hackröllchen Typ Cevapcici	Sojaprotein	Kokosöl, Rapsöl	Methylcellulose	14	Bifteki, Köfte
Beyond Meat Beyond Mince	Erbsenprotein	Rapsöl, Kokosnussöl, Reisprotein	Methylcellulose, Sonnenblumen-Lecithin, Maltodextrin	15	Bifteki, Pappardelle mit Polpettine, Frikadellen, Köfte, Falscher Hase, Maultaschensuppe

PRODUKT	BASIS 1	WEITERE BASISZUTATEN	ZUSATZSTOFFE	PROTEINGEHALT IN G/100 G	VERWENDUNG IN BUCHREZEPT
Küchenfertige Grundprodukte					
Like Meat Like Chicken	Sojaprotein	Sonnenblumenöl	Maltodextrin	18	Saté, Mock Duck, Enten-Korma, Vühnerfrikassee, Königinpasteten
Vantastic foods Chunks (Veganes Hähnchenfilet in Stücken)	Sojaprotein	Weizenprotein	Calciumsulfat; Calciumcarbonat	15	Saté
Vantastic foods Vegane Ente	Weizen-protein	Sojabohnen	keine	20	Mock Duck, Pad Thai, Enten-Korma
Vantastic foods Vegane Hähn-chenbällchen	Sojaprotein	Sojafasern, Weizenfasern	Maltose	17	Pad Thai
Alberts Lupinen Geschnetzeltes	Süßlupinen-samen	Weizenprotein, Sonnenblumenöl	Weizenprotein	25	Gyrosteller, Königin-pasteten
Like Meat Like Gyros	Sojaprotein	Sonnenblumenöl	Johannisbrotkern-mehl	18	Gyrosteller
Vantastic foods Veganes Rind in Stücken	Sojaprotein	Sojamehl	keine	12	Chimichanga, Schaschlik
Mock Duck (Dose/Glas)	Weizen-protein	Sojaöl, Weizen-stärke	keine (evtl. Mononatriumgluta-mat)	15	Mock Duck
Lupinen-Vevapcici	Weizen-protein	Süßlupinensamen, Sonnenblumenöl	keine	25	Fajitas
Hermann Bratstreifen	Kräute-seitlinge	Reis, Hühnerei	keine	7,8	
Alberts Lupinen Filets	Süßlupinen-samen	Weizenprotein, Sonnenblumenöl	keine	23	Saltimbocca

PRODUKT	BASIS 1	WEITERE BASISZUTATEN	ZUSATZSTOFFE	PROTEINGEHALT IN G/100 G	VERWENDUNG IN BUCHREZEPT
Burger & Frikadellen					
Beyond Meat Beyond Burger	Erbsenprotein	Reisprotein	Methylcellulose, Sonnenblumenlecithin	17	Classic Burger, Portobello-Burger
Alberts Lupine Vrikadelle	Weizenprotein	Süßlupinensamen	keine	27	Welt-Burger
Meatless Farm Burger	Erbsenprotein	Reisprotein	Methylcellulose, Kaliumlactat, Ascorbinsäure	16,5	Gourmet-Burger
Viva Maris Algen Burger	Rapsöl	Erbsenprotein	Methylcellulose, Citronensäure, Natriumgluconat	5,2	Cappelletti-Pesto-Pfanne
Vantastic foods Burger Deluxe	Weizenprotein	Kokosfett, Erbseneiweiß	Eisenoxid	23	
Rügenwalder Vegane Mühlen Frikadellen	Weizenprotein	Rapsöl, Weizenmehl	Methylcellulose	14	Gourmet-Burger
Lotao Jackfruit Burger	Jackfruit-Fruchtfleisch	Kichererbsen, Haferflocken	keine	8,3	Welt-Burger
The Vegetarian Butcher Hack-Selig	Sojaprotein	Weizenprotein, Eiklar	Eisendiphosphat	17	Classic Cheeseburger
Garden Gourmet Sensational Burger	Sojaprotein	Rapsöl, Kokosnussöl	Methylcellulose	14	Groß-Burger
EDEKA No Meat. Just Burger	Erbsenprotein	Rapsöl	Methylcellulose	11,6	Groß-Burger
Rügenwalder Vegane Mühlen Burger Typ Rind	Sojaprotein	Kokosöl, Rapsöl,	Methylcellulose	14	Portobello-Burger
Meatless Farm Hackbällchen	Sojaprotein	Weizenprotein, Sonnenblumenöl	Methylcellulose, Kaliumlactat	21,6	Pappardelle mit Polpettine
DIY-Burgerpatty	Erbsenprotein, Sojaprotein	Jackfruitpulver, Marinade Nr. 1	Kaliumlactat, Methylcellulose, Sojalecithin, Ascorbinsäure	24	Groß-Burger
The Vegetarian Butcher Hack-Selig	Sojaprotein	Weizengluten, Eiklar	Dextrose, Eisendiphosphat	17	Classic Cheeseburger

PRODUKT	BASIS 1	WEITERE BASISZUTATEN	ZUSATZSTOFFE	PROTEINGEHALT IN G/100 G	VERWENDUNG IN BUCHREZEPT
Schnitzel & Nuggets					
Valess Steaks	Magermilch	Weizenstärke, Eiweiß	Calciumalginat, Methylcellulose, Kaliumlactat, Polyphosphat	16,1	Club Sandwich, Fajitas, Jägerschnitzel, Cordon bleu, Calamares
Like Meat Like Schnitzel	Sojaprotein	Sonnenblumenöl, Hafer, Maismehl	Methylcellulose, Maltodextrin, Dinatriumdiphosphat, Natriumcarbonate, Xanthan	11	Wiener Schnitzel, Schnitzelbrötchen, Calamares
Valess Schnitzel	Magermilch	Weizenprotein, Eiweiß	Calciumalginat, Methylcellulose, Kaliumlactat, Polyphosphat, Eisendiphosphat	11,8	Schnitzelbrötchen
Rügenwalder Vegane Mühlen Schnitzel	Sojaprotein	Weizenprotein	Methylcellulose	17	Schnitzelbrötchen
Meatless Farm Schnitzel	Weizen-protein	Erbsenprotein, Sonnenblumenöl	Methylcellulose, Kaliumlactat,	17,1	Wiener Schnitzel
The Vegetarian Butcher Wie'n Schnitzel	Sojaprotein	Weizenprotein	Methylcellulose, Milchsäure, Eisendiphosphat	9,2	Schnitzelbrötchen
Endori Veggie Nuggets	Erbsen-protein	Weizenprotein	Methylcellulose	12	Nuggets
Rügenwalder Vegane Mühlen Nuggets	Sojaprotein	Rapsöl, Weizen-protein	Methylcellulose	16	Nuggets
Valess Crispy Sticks	Milch	Sonnenblumenöl, Weizenprotein	Kaliumlactat, Calciumalginat, Methylcellulose, Polyphosphat	11,5	Nuggets
Like Meat Like Nuggets	Sojaprotein	Sonnenblumenöl, Hafer, Maismehl	Methylcellulose, Dinatriumdiphosphat, Natriumcarbonate, Xanthan	11	Nuggets
The Vegetarian Butcher Vegane Beflügel Nuggets	Sojaprotein	Rapsöl, Sonnenblumenöl, Hafer	Methylcellulose, Citronensäure, Eisendiphosphat, Natriumhydroxid	9	Nuggets
Garden Gourmet Nuggets	Sojaprotein	Sonnenblumenöl, Rapsöl, Maismehl	Methylcellulose, Guarkernmehl, Kaliumhydroxid	13,1	Nuggets
Vantastic foods Fish Fingers	Sojaprotein	Weizenmehl, Rapsöl, Kartoffelstärke	Methylcellulose	13	Vischstäbchen

PRODUKT	BASIS 1	WEITERE BASISZUTATEN	ZUSATZSTOFFE	PROTEINGEHALT IN G/100 G	VERWENDUNG IN BUCHREZEPT
Würstchen					
Rügenwalder Vegetarische Mühlen Würstchen	Rapsöl	Eiweiß	Methylcellulose, Xanthan, Eisenoxide	8,8	Schwäbischer Linsenteller
Meatless Farm Bratwürste	Sojaprotein	Weizenprotein	Calciumchlorid, Natriumalginat, Kaliumlactat, Kaliumacetat, Methylcellulose,	13,6	Grünkohl, Bratvurst
Viva Maris Algen Bratwurst vegan	Rapsöl	Kartoffelprotein, Erbsenprotein	Cellulose, Citronensäure, Natriumgluconat	5,2	Bratvurst
Taifun Bio-Wiener	Sojabohnen	Weizenprotein, Hafer	Magnesiumchlorid, Calciumsulfat,	15	Schwäbischer Linsenteller
Vantastic foods Vegane Bio-Bratwürstchen	Weizenprotein	Sonnenblumenöl	Johannisbrotkernmehl	26	Bratvurst
Valess Bratwurst mit Gouda	Milch	Gouda, Eiweiß	Kaliumlactat, Calciumalginat, Methylcellulose, Polyphosphat	14,3	Bratvurst
Alberts Bio Frankfurter Tofu-Würstchen	Sojabohnen	Weizenprotein	keine	16,9	Schwäbischer Linsenteller
Alberts Bio Lupinen Rostbratwürstchen	Weizenprotein	Süßlupinensamen	keine	24,2	Paella, Bratvurst
Like Schinkenbratwurst	Erbsenprotein	Kokosfett, Sonnenblumenöl	Calciumalginat, Methylcellulose, Eisenoxid	11	Grünkohl
Vantastic foods Vegane Bockwurst	Weizeneiweiß	Sonnenblumenöl	Johannisbrotkernmehl, Agar-Agar, Xanthan, Eisenoxide	25	Currywurst
Viva Maris Algen Currywurst vegan	Rapsöl	Weizenprotein, Kartoffelprotein	Methylcellulose, Cellulose, Citronensäure, Natriugluconat	5,8	Paella, Currywurst
Beyond Meat Beyond Sausage	Erbsenprotein	Rapsöl, Kokosöl, Sonnenblumenöl, Reisprotein, Ackerbohnenprotein	Methylcellulose, Calciumalginat	17	Currywurst
Viva Maris Algen Wiener Würstchen	Rapsöl	Kartoffelprotein, Erbsenprotein	Methylcellulose, Cellulose, Citronensäure, Natriugluconat	5,2	Hotdog

PRODUKT	BASIS 1	WEITERE BASISZUTATEN	ZUSATZSTOFFE	PROTEINGEHALT IN G/100 G	VERWENDUNG IN BUCHREZEPT
Wurst & Aufschnitt					
Veggyness veganer Fleischkäse	Weizenprotein	Rapsöl	Johannisbrotkernmehl, Agar-Agar, Eisenoxid	22,1	Döner, Leberkäse, Vleischsalat, Vitello Sojano, Grünkohl
Vantastic foods Vegane Bio-Brotzeitscheibe	Weizenprotein	Sonnenblumenöl	Johannisbrotkernmehl	23	Leberkäse, Grünkohl
Mühlen Vegane Pommersche Apfel und Zwiebel	Rapsöl	Erbsenprotein	Methylcellulose, Lecithin, Eisenoxide	4,2	Leberwurst
Rügenwalder Vegane Mühlen Salami Klassisch	Rapsöl	Weizenprotein	Carrageen, Konjak, Methylcellulose, Eisenoxide, Carotin	7,2	Pizza
Rügenwalder Vegetarischer Mühlensnack	Rapsöl	Weizenprotein, Eiklar	Eisenoxide, Carotine	16	Pizza
Rügenwalder Mühle Schinkenspicker mit buntem Pfeffer	Rapsöl	Eiklar	Xanthan, Johannisbrotkernmehl, Tarakernmehl, Anthocyane, Carotine	7,7	Vleischsalat
Schinkenspicker Mortadella	Rapsöl	Eiklar	Xanthan, Johannisbrotkernmehl, Tarakernmehl, Anthocyane, Carotine	8,2	Vleischsalat
Vantastic foods Cold Cuts Country Style	Rapsöl	Erbsenprotein	Carrageen, Johannisbrotkernmehl, Xanthan, Calciumcitrat	3,2	Vleischsalat, Vurstsalat
Gutfried vegetarische Fleischwurst	Rapsöl	Eiweiß	Carrageen, Johannisbrotmehl, Xanthan, Beta-Carotin, Citronensäure, Kaliumlactat, Natriumacetate	8	Vurstsalat
REWE Vegane Fleischwurst	Rapsöl	Erbsenprotein, Kartoffelprotein	Carrageen, Konjak, Methylcellulose, Eisenoxide, Carotin	5	Vurstsalat
Speck & Schinken					
Veggyness Veganer Speck	Weizenprotein	Kokosfett, Hafer	Johannisbrotkernmehl, Eisenoxid	32,4	
Vivera veganer Speck	Sojaprotein	Maltodextrin	Eisenoxid	15	Flammkuchen, Quiche
Vantastic foods Veganer Räucherspeck	Sojaprotein	Weizenprotein, Sojaöl	Calciumcarbonat, Titandioxid, Eisenoxid	14	Pizza, Club Sandwich, Grünkohl

PRODUKT	BASIS 1	WEITERE BASISZUTATEN	ZUSATZSTOFFE	PROTEINGEHALT IN G/100 G	VERWENDUNG IN BUCHREZEPT
Vantastic foods Bio-Carpaccio Bacon-Style	Weizenprotein	Hartweizenmehl, Kichererbsenmehl, natives Olivenöl	keine	27	Pizza, Flammkuchen, Club Sandwich, Quiche, Carbonara, Cordon bleu
Vantastic foods Veganer Schinkenaufschnitt	Sojaprotein	Weizenprotein, Sojaöl	Calciumcarbonat, Titandioxid, Eisenoxide	14	Cordon bleu, Rouladen
DIY Speck Nr. 1	Yuba	Marinade Nr. 1 (s. S. 31)	keine	ca. 2,5	Classic Cheeseburger, Groß-Burger, Schichtbraten
DIY Speck Nr. 2	Soja Big Steak	Marinade Nr. 1 (s. S. 31)	keine	ca. 10	Flammkuchen, Grünkohl

PRODUKT	BASIS 1	WEITERE BASISZUTATEN	ZUSATZSTOFFE	PROTEINGEHALT IN G/100 G	VERWENDUNG IN BUCHREZEPT
Speck & Schinken					
Veggyness Veganer Speck	Weizenprotein	Kokosfett, Hafer	Johannisbrotkernmehl, Eisenoxid	32,4	
Vivera veganer Speck	Sojaprotein	Maltodextrin	Eisenoxid	15	Flammkuchen, Quiche
Vantastic foods Veganer Räucherspeck	Sojaprotein	Weizenprotein, Sojaöl	Calciumcarbonat, Titandioxid, Eisenoxid	14	Pizza, Club Sandwich, Grünkohl
Vantastic foods Bio-Carpaccio Bacon-Style	Weizenprotein	Hartweizenmehl, Kichererbsenmehl, natives Olivenöl	keine	27	Pizza, Flammkuchen, Club Sandwich, Quiche, Carbonara, Cordon bleu
Vantastic foods Veganer Schinken Aufschnitt	Sojaprotein	Weizenprotein, Sojaöl	Calciumcarbonat, Titandioxid, Eisenoxide	14	Cordon bleu, Rouladen
DIY Speck Nr. 1	Yuba	Marinade Nr. 1 (s. S. 31)	keine	ca. 2,5	Classic Cheeseburger, Groß-Burger, Schichtbraten
DIY Speck Nr. 2	Soja Big Steak	Marinade Nr. 1 (s. S. 31)	keine	ca. 10	Flammkuchen, Grünkohl

DER AUTOR

PETER WAGNER

Obwohl der Kochbuchautor, Rezeptentwickler und Foodfotograf gerade sein 40-jähriges Berufsjubiläum als Journalist feiern konnte, kocht er noch ein paar Jahre länger, als er für Geld schreibt. Seit dem 16. Lebensjahr ist das Schnibbeln, Simmern und Sautieren sein liebstes Hobby. Als furchtloser Esser mag der ehemalige Musikkritiker alles, solange es von Hand mit Liebe und Verstand aus frischen Zutaten gekocht wird.
Seit vielen Jahren beschäftigt er sich auch hauptberuflich mit Essen, Genießen, Reisen und Gastronomie, in der er längst den Gegenwert eines Reihenhauses verzecht hat. Er veröffentlicht Kochbücher, entwickelt Rezepte, schreibt seit einem Dutzend Jahren die Küchen-Kolumne auf Spiegel Online, testet Restaurants für diverse Gastro-Guides und gründete 2008 Deutschlands erstes Männerkochmagazin www.kochmonster.de. Peter erarbeitet mit seinen Agenturen kochtext und foodbild köstliche Texte und Foodfotos von den Standorten Hamburg und Palma aus. Obwohl (oder weil?) er einige erfolgreiche Standardwerke der Fleischküche geschrieben hat, interessiert sich Peter seit vielen Jahren immer mehr für das kreative Kochen mit pflanzlichen Alternativen – aber nur, solange sie ihm so gut schmecken wie seine Fleischrezepte.

www.kochtext.de

DIE FOODSTYLISTIN

HELENA WOLODARSKI-BULLER

Ihre riesige Küche mit Blick auf den Plöner See ist für die Food-stylistin, Back-Expertin und Teig-Versteherin der liebste Platz im Haus, ihre kreative Werkstatt, Rückzugsort, und Partyraum. Helenas Gaumen wurde durch eine geballte Ladung unterschiedlicher Kochstile sozialisiert: Im ukrainischen Mariupol am Asovschen Meer in einer Familie mit griechischen, russischen und jüdischen Wurzeln aufgewachsen, lässt sie sich seit ihrem zwölften Lebensjahr in Norddeutschland die frische Brise um die Nase wehen. Für Helena bedeutet Kochen vor allem kulturellen Austausch, daher auch der Name ihres Koch- und Back-Blogs – MyKitchenJazz. Ihr Credo: „Man kocht nie aus und man wächst mit seinen Erfahrungen."

www.mykitchenjazz.com

DANKE!

Ich verbeuge mich zutiefst vor meiner geliebten Frau Silvie, die nicht nur alles essen musste, was ich für dieses Buch gekocht habe, sondern auch die wochenlangen Experimente in meiner „Jugend forscht"-Küche mit unglaublichem Langmut ertragen hat.

Großen Respekt verdient auch meine Lektorin Dr. Maria Haumaier, die sich im Verlag unverzagt selbst für meine versponnensten Ideen in Sachen Rezepten und Optik stark gemacht hat.

Ein dickes Dankesbussi geht an unsere liebe Freundin Helena, die mit ihren kongenialen Backrezepten meine Vleisch-Ideen vor allen teigigen Convenience-Verlockungen gerettet hat – hier wird wirklich fast alles selbst gebacken. Helena ist nicht nur die, die mit dem Teig tanzt – ihr frisches Foodstyling trägt wesentlich dazu bei, dass beim Anblick der Fotos sofort der Magen knurrt.

Und schließlich noch einen großen Dank an alle Freunde, die in den zwei Jahren der Rezeptentwicklung für dieses Buch auch vieles probieren mussten, was allenfalls halb fertig war. Allen voran das Paar, das ich als nichts ahnende Versuchskaninchen für mein Vleisch-Gulasch auserkoren hatte. Beides eingefleischte Meatheads mit Riesenhunger, die dennoch nur eine kleine Portion davon essen wollten. Als ich ihnen eine halbe Stunde danach offenbarte, dass es ein veganes Schmorgericht war, wurden sie stinksauer: „Manno, dann hätten wir uns doch nachgenommen – wir wollen halt im Moment nicht mehr so viel Fleisch essen!" Ein größeres Lob hätten sie mir nicht machen können.

BEZUGSQUELLEN

FLEISCHALTERNATIVEN ALLGEMEIN
www.vantastic-foods.com
www.ruegenwalder.de
www.valess.de

BASIS: LUPINE
www.purvegan.de

BASIS: ALGEN
www.viva-maris.de

BASIS: JACKFRUIT
www.jackyf.com
www.lotao.com

SAUCEN & RAUCHAROMEN
sydneyfrances.com

BILDNACHWEIS

BILDER
S. 12: Joerg Lehmann
S. 19, 1-7: Mathias Neubauer

ILLUSTRATIONEN
Adobe Stock: S. 4-1: Alexander Pokusay; S. 4-2: vladischern; S. 5-2: ~Bitter~; S. 28: Maria.Epine; S. 29: alhontess; S. 30, 31, 32, 33: Maria.Epine; S. 34: vectorgoods; S. 35: alhontess; S. 37: Lubovchipurko; S. 38: Maria.Epine; S. 39: alhontess; S. 41: Vector Tradition; S. 43, 44: Alexander Pokusay; S. 47: Sketch Master; S. 49, 51, 53, 55, 57: Maria.Epine; S. 59: jenesesimre; S. 61: nafanya241; S. 63, 65, 67, 69: Maria.Epine; S. 71: Margarita, S. 73, 75: nafanya241; S. 77: Maria.Epine; S. 78: vladischern; S. 81, 83: Maria.Epine; S. 85: jenesesimre; S. 87: Margarita; S: 89: Maria.Epine; S. 91: olga_zaripova; S. 93: vectorgoods; S. 95: Margarita; S. 97: Maria.Epine; S. 99: alhontess; S. 101, 103: Maria.Epine; S. 105: Margarita; S. 107, 109, 111, 113: Maria.Epine; S. 117: airmel; S. 119, 121, 123: Maria.Epine; S. 125: airmel; S. 127, 129, 131: Maria.Epine; S. 133: airmel; S. 135; 137: Maria.Epine; S. 139: Margarita; S. 141, 143, 145, 147, 149: Maria.Epine; S. 151: jenesesimre; S. 152: ~Bitter~; S. 155, 157: Maria. Epine; S. 159: jenesesimre; S. 161: Maria.Epine; S. 163: alhontess; S. 165: Nikolayenko Yekaterina; S. 167, 169: Maria.Epine; S. 171: nafanya241; S. 173: Maria.Epine; S. 175: Nikolayenko Yekaterina; S. 177: nafanya241; S. 179, 181, 183: Maria.Epine; S. 185: Margarita S. S. 187: Channarongsds; S. 189, 191: s_lena; S. 193: Maria.Epine

Shutterstock: S. 1, 3: Sketch Master; S. 5-1, 114: DiViArt

REGISTER

S

T

U

V/W/Y

Z

ISBN 978-3-8338-2201-8

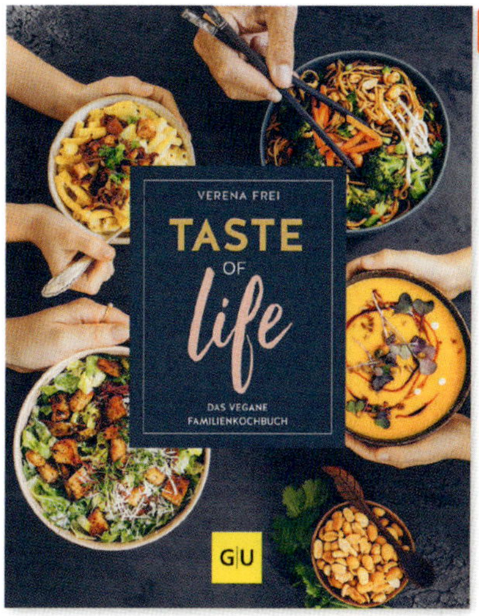

ISBN 978-3-8338-7785-8

ISBN 978-3-8338-3843-9

ISBN 978-3-8338-4177-4

ISBN 978-3-8338-7892-3

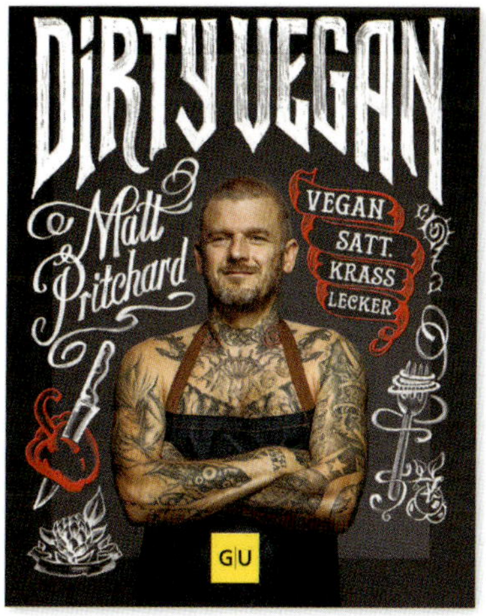

ISBN 978-3-8338-7594-6

IMPRESSUM

LIEBE LESERINNEN UND LESER,

wir wollen Ihnen mit diesem Buch Informationen und Anregungen geben, um Ihnen das Leben zu erleichtern oder Sie zu inspirieren, Neues auszuprobieren. Wir achten bei der Erstellung unserer Bücher auf Aktualität und stellen höchste Ansprüche an Inhalt und Gestaltung. Alle Anleitungen und Rezepte werden von unseren Autoren, jeweils Experten auf ihren Gebieten, gewissenhaft erstellt und von unseren Redakteur*innen mit größter Sorgfalt ausgewählt und geprüft.

Haben wir Ihre Erwartungen erfüllt? Sind Sie mit diesem Buch und seinen Inhalten zufrieden? Wir freuen uns auf Ihre Rückmeldung. Und wir freuen uns, wenn Sie diesen Titel weiterempfehlen, in Ihrem Freundeskreis oder bei Ihrem Online-Kauf.

Sollten wir Ihre Erwartungen so gar nicht erfüllt haben, tauschen wir Ihnen Ihr Buch jederzeit gegen ein gleichwertiges zum gleichen oder ähnlichen Thema um.

KONTAKT ZUM LESERSERVICE

GRÄFE UND UNZER VERLAG
Grillparzerstraße 12
81675 München
www.gu.de

GRÄFE UND UNZER

Ein Unternehmen der
GANSKE VERLAGSGRUPPE

GU ist eine eingetragene Marke der GRÄFE UND UNZER VERLAG GmbH, www.gu.de

ISBN 978-3-8338-8585-3
1. Auflage 2022

Autor: Peter Wagner
Projektleitung: Dr. Maria Haumaier
Lektorat: Katrin Wittmann
Korrektorat: Andrea Lazarovici
Satz und Gestaltung: Marion Feldmann
Umschlaggestaltung: ki36 Editorial Design, München, Stephanie Reindl
Layout: ki36 Editorial Design, München, Birgit Kohlhaas
Fotografie: Peter Wagner, außer Bildnachweis auf S. 203
Foodstyling: Helena Wolodarski-Buller
Illustrationen: s. Bildnachweis auf S. 203
Bildredaktion: Nafsika Mylona
Herstellung: Susanne Fuhrmann
Reproduktion: Longo AG, Bozen
Druck: aprinta GmbH, Wemding
Bindung: Conzella, Pfarrkirchen

Dieses Buch gibt die Meinung des Autors wieder. Es soll Informationen zum Thema des Buches liefern, stellt aber keinerlei professionelle Dienstleistung seitens des Autors und des Verlags dar. Der Autor und der Verlag übernehmen keinerlei Verantwortung und Haftung für etwaige Schäden oder Risiken, persönliche und andersartige, die als direkte oder indirekte Folge des Gebrauchs und der Anwendung irgendeines der Inhalte dieses Buches auftreten.

UMWELTHINWEIS:

Dieses Buch ist auf PEFC-zertifiziertem Papier gedruckt. PEFC garantiert, dass Holz- und Papierprodukte aus nachhaltig bewirtschafteten Wäldern stammen.

BACKOFENHINWEIS

Die Backzeiten können je nach Herd variieren. Unsere Temperaturangaben beziehen sich auf das Backen im Elektroherd mit Ober- und Unterhitze.